PRAXITÈLE

DIJON

IMPRIMERIE J.-E. RABUTOT, PLACE SAINT-JEAN

PRAXITÈLE

ESSAI

SUR L'HISTOIRE DE L'ART ET DU GÉNIE GRECS

DEPUIS L'ÉPOQUE DE PÉRICLÈS

JUSQU'A CELLE D'ALEXANDRE

PAR M. ÉMILE GEBHART

Membre de l'Ecole française d'Athènes, docteur ès-lettres, licencié en droit.

OUVRAGE PUBLIÉ SOUS LES AUSPICES

de S. Exc. M. DURUY, ministre de l'Instruction publique.

PARIS

F. TANDOU ET Cie, LIBRAIRES-ÉDITEURS

rue des Ecoles, 78.

1864

(C.)

A M. DAVELUY

Directeur de l'Ecole française d'Athènes, inspecteur général
de l'instruction publique.

Hommage d'affection et de respect.

AVANT-PROPOS

L'Ecole d'Athènes a beaucoup contribué à répandre en France l'étude des arts du dessin dans l'antiquité, et particulièrement de la sculpture grecque. Il suffit de mentionner la *Science du Beau*, de M. Ch. Lévêque, l'*Acropole d'Athènes*, de M. Beulé, et l'essai plus récent du même écrivain sur *la sculpture avant Phidias* (1), pour rappeler ce que l'histoire de l'art antique doit au talent et au goût de nos prédécesseurs. Le premier de ces deux maîtres a définitivement appliqué à l'étude de l'art grec la méthode philosophique et psychologique que nous avons adoptée pour notre propre travail. Encouragé par leur exemple, nous voulons présenter le résultat de nos réflexions sur cet art dont nous avons étudié les monuments tour à tour au

---

(1) *Gazette des Beaux-Arts*, 1863.

Louvre, dans les galeries de l'Allemagne, à Florence, à Rome, à Naples et au Parthénon.

Il n'est pas seulement question ici de Praxitèle et de la sculpture antique. Dans la Grèce de Périclès et d'Alexandre, toutes les œuvres de la pensée, toutes les manifestations de l'intelligence, la philosophie, les mœurs, la poésie, la politique et les arts, se sont développés avec logique et harmonie. Un progrès social introduisait dans la poésie un sentiment nouveau ; une révolution politique faisait naître sur le théâtre un genre de comédie jusqu'alors inconnu ; une théorie métaphysique ou une conception théologique donnait à une école de sculpture son génie original. Nous avions indiqué déjà cette loi remarquable de solidarité et d'analogie dans notre *Essai sur la Poésie de la nature chez les anciens* (1). A mesure que nous parcourions les musées de l'Italie, cette même loi s'est représentée et imposée à notre esprit. Il était difficile d'analyser l'œuvre de Praxitèle sans replacer auprès de lui Apelles son contemporain, et, dans un art différent, son émule et son rival; sans rapprocher des personnages du statuaire athénien les physionomies non moins aimables et non moins passionnées de quelques-uns des personnages de Ménandre et des poètes de la *Nouvelle Comédie;* sans interpréter la sculpture par les carac-

(1) Paris, Durand. 1860.

tères semblables de l'architecture du temps; enfin, sans rechercher dans l'expression la plus haute de l'esprit public à la même époque, c'est-à-dire dans la philosophie morale d'Epicure, dans ses idées sur la vie divine et l'âme humaine, comme la raison dernière et le sens du génie grec au IVe siècle. C'est ainsi qu'au lieu d'une simple monographie, c'est une étude synthétique que nous avons composée, étude où la musique elle-même, sur laquelle les manuscrits d'Herculanum nous ont fourni quelques textes intéressants, a pu trouver place.

Mais peut-être, borné à ces aperçus, notre plan eût encore été incomplet. Dans l'histoire de l'art où tout s'enchaîne, où les caractères d'une école contiennent en germe les caractères des écoles futures, il faut, pour bien connaître un artiste, le comparer aux maîtres qui l'ont précédé, et montrer, d'une période à une autre, les ressemblances et les différences. Ainsi, non seulement nous avons entouré Praxitèle de son siècle tout entier, mais nous avons en outre, avant et après lui, esquissé l'histoire des plus illustres écoles de sculpture, depuis les artistes d'Egine jusqu'à Lysippe, et aux sculpteurs de Rhodes et de Pergame. Nous nous sommes arrêté longuement auprès de Phidias, et autour de lui nous avons pareillement groupé les artistes de son époque, Polygnote, Ictinus et Sophocle; puis les maîtres philosophiques du temps,

Anaxagore et Socrate, dont les continuateurs Platon et Aristote, bien que vivant au IV° siècle, appartenaient par le génie de leurs doctrines à l'âge précédent, et avaient d'ailleurs beaucoup à nous apprendre sur l'art et l'esprit grecs du temps de Périclès.

Nous ne nous sommes pas dissimulé le danger d'une pareille étude. Souvent il arrive qu'on étreint mal en embrassant trop. Expliquer un art particulier par la civilisation même au milieu de laquelle il s'est produit, c'est risquer peut-être de rassembler un grand nombre de faits isolés, qui semblent indépendants les uns des autres et choisis arbitrairement pour remplir les vides d'un cadre trop ambitieux. Nous avons donc tâché d'éviter ce péril en faisant précéder nos études historiques d'un chapitre de théorie où nous recherchons d'une manière abstraite quelles sont les conditions absolues de la beauté de la personne humaine, ou plutôt de la beauté expressive de l'âme humaine, conditions auxquelles la statuaire n'est pas seule soumise, mais aussi la peinture, la poésie dramatique, et, d'une certaine façon, la musique et l'architecture elle-même. Les prémisses étant ainsi définies et posées, il était possible d'en montrer, à travers l'histoire du génie hellénique, la justification et la conclusion, et de relier, à l'aide des idées générales, en un faisceau compacte, tous les faits devenus désormais autant de preuves.

Ce travail est donc plutôt philosophique qu'archéologique. La philosophie, qui n'est déplacée nulle part, peut répandre sur l'histoire de l'art antique une grande lumière. Winckelmann comparait ce dernier à la mer, dont il a, disait-il, l'immensité et la vie. La philosophie, qui est la science des causes, si souvent lointaines et invisibles, peut plonger plus avant que la simple archéologie, qui se borne à noter les effets particuliers; elle sait découvrir, dans les dernières profondeurs, la cause des mouvements variés et du jeu infini des vagues; elle distingue quels accidents naturels donnent naissance aux larges courants et règlent leur marche. Enfin, la méthode philosophique assure aux conceptions et à la composition cette unité qui est un des caractères de la vérité. Elle permet de porter sur l'histoire un coup d'œil qui embrasse à la fois les grandes lignes et les détails. Elle retrouve les ensembles et reconstitue la vie. L'histoire de la civilisation et des arts de la Grèce étudiée ainsi nous a paru d'une simplicité et d'une beauté merveilleuses. Tout y est clair et raisonnable; rien d'étrange ni de heurté n'y dérange l'accord général. On reçoit, en la contemplant à ses deux périodes glorieuses de Périclès et d'Alexandre, une impression semblable à celle que donne le spectacle des horizons de ce beau pays. Si, par un jour éclatant d'été, du haut du Parthénon, on promène les yeux sur l'Attique et sur le golfe d'Egine, on est charmé d'abord de l'harmonie des proportions et des couleurs. La vue, du côté de l'orient, est arrêtée par des montagnes au noble aspect qui ferment la plaine sans l'amoindrir; l'Hymette et le Parnès s'allongent également vers le Pentélique, qui s'élève au fond du tableau simple et majestueux : quelques arbrisseaux parent la nudité des rochers dont les accidents produisent de grandes ombres, mais des ombres lumineuses ; d'un côté de la vallée, le long du Céphise, se déroule, comme un fleuve de verdure sombre, la forêt d'oliviers qui passe sur Colone et sur l'Académie; de l'autre, parmi les ravins arides, le long des rives déchirées et rougeâtres de l'Ilissus, se montrent seulement quelques bouquets de laurier sauvage. A l'occident sourit la mer, bornée comme la plaine par Egine et les hauteurs du Péloponèse, mais déjà immense vers les sommets d'Epidaure et les montagnes bleues d'Argolide, et gracieuse encore et claire comme un beau lac à l'entrée de la baie sainte d'Eleusis, au pied des roches dorées de Salamine. Enfin, d'un ciel étincelant et profond, descendent, avec les rayons du soleil, la joie et la vie. Aucun bruit, ni de la nature ni des hommes, ne trouble la sérénité du spectacle : à peine si l'on entend le murmure lointain de la ville, ou les abeilles qui, des pentes de l'Acropole, montent et bourdonnent dans l'ombre autour des derniers cavaliers des Panathénées, apportant le parfum des dernières asphodèles.

Nous envoyons donc ce livre en France, en répétant pour lui les adieux et les souhaits d'Ovide. Nous voudrions qu'il fût plus digne des conseils qui, à Athènes, dans le sein de l'Ecole française, nous ont été prodigués avec une bienveillance qui nous a soutenu et honoré; plus digne aussi de nos amis de l'Académie de Rome, au milieu de qui nous avons appris à aimer les choses de l'art, et dont l'hospitalité intelligente, que nous avons pu goûter à deux reprises, sera toujours mêlée à nos meilleurs souvenirs.

PRAXITÈLE

CHAPITRE PREMIER.

La sculpture idéaliste, expression de la vie invisible de l'âme, au moyen de la vie du corps.

Sommaire : 1° Théorie. L'art, en général, nous détourne, par la contemplation de la beauté, des imperfections de la vie réelle. Théorie de Platon, que l'art a pour point de départ la réalité. Beauté du corps humain, ses degrés et ses conditions ; vie physiologique et vie psychologique. La forme idéale, en sculpture, condition essentielle de la beauté. Expression des sensations et des sentiments. Conditions dans lesquelles la sensibilité, trop violemment excitée, produit la laideur. Le mysticisme dans l'art. Expression de la vie de l'esprit. Expression de l'activité par l'attitude et le mouvement. — 2° Histoire des idées qui influèrent sur l'art en Grèce. Socrate, dans Xénophon. Platon, *L'amour platonique*. Aristote, *Traité de l'âme*. Conclusion.

Il est pour l'homme deux sortes de vies : la vie *réelle* et la vie *idéale*. La vie *réelle* nous mêle aux choses de ce monde, et unit notre destinée propre à celle de nos semblables ; elle nous rend présents et utiles à tous les degrés de la communauté humaine, la famille, la cité et l'Etat. Elle a sa grandeur et même sa poésie ; elle est fertile en dévouements et en douces vertus : elle suffit au bonheur tranquille de ceux qui ont borné leur existence aux joies modestes du foyer domestique : elle contente l'activité des hommes qui touchent aux intérêts, grands ou petits, de leurs concitoyens. C'est par la vie *réelle* que nous commençons tous : la plupart se livrent à elle seule pour toujours ; il n'est personne qui n'y revienne sans cesse, poussé par l'invincible loi de notre nature. Car l'homme a été bien défini par Aristote un être sociable.

Mais si nécessaire et si attrayante que soit la vie sociale, elle amène dans son cours des heures de lassitude et d'ennui. C'est alors que naissent, dans les esprits élevés, l'aspiration vers la vie *idéale*, le désir de la science, et l'amour de l'art.

Nous avons en nous un instinct et un goût si vifs de la perfection, que nos jours s'écoulent, même à notre insu, dans la recherche de l'harmonie et de la beauté absolues. Les Grecs anciens racontaient qu'avant de tomber en ce monde notre âme avait vécu dans le ciel, face à face avec les merveilles divines, suivant les chœurs des bienheureux, et comprenant l'infini. Cette joie religieuse qu'elle éprouve encore ici-bas lorsque, à travers les tristes ombres de la vie réelle, se glisse un rayon affaibli de la souveraine beauté ; cette souffrance mélancolique qu'elle ressent des imperfections et des misères qui l'entourent, sont autant de ressouvenirs et de regrets de sa première jeunesse passée dans les régions éternelles. Alors, dédaignant les biens terrestres et le bonheur des sens, recueillie en elle-même, elle s'abandonne à la contemplation des grandes lois qui règlent toute justice, toute vérité et toute beauté. Platon a exprimé par une fable ingénieuse cette retraite de l'âme de l'artiste dans la vie idéale. « A la naissance des Muses, quand fut créée la musique, quelques hommes de ce temps-là furent saisis d'une volupté si grande que, toujours chantant, ils oublièrent de manger et de boire, et moururent doucement, sans douleur : c'est d'eux que sont venues les cigales, race privilégiée des Muses, qui vivent sans souffrir de la faim, et qui, sans jamais manger ni boire, chantent dès le premier jour jusqu'à leur mort, puis, s'en allant vers les Muses, rapportent à chacune d'elles les noms de leurs fidèles d'ici-bas (1). »

L'art a donc pour condition le détachement de la vie réelle, et la pratique de la vie supérieure de l'âme. Le premier artiste a été l'homme qui, jugeant l'existence monotone et vulgaire, s'est efforcé de donner aux conceptions de son esprit une forme perceptible aux sens ; le premier sculpteur a été celui qui, cherchant en vain des corps mieux proportionnés, des fronts plus intelligents, des attitudes plus puissantes ou plus gracieuses, un jour, d'un ciseau encore mal habile, ébaucha dans la pierre le dieu, c'est-à-dire l'homme parfait entrevu dans ses rêves.

Mais l'artiste doit-il, pour rendre l'idéal, oublier la réalité? Le peintre et le sculpteur pourront-ils, s'ils n'ouvrent jamais les yeux sur des modèles vivants, douer leurs personnages de force et de beauté?

Ici nous rencontrons chez Platon une théorie dont l'art grec, la poésie comme la sculpture, a sans cesse montré la profondeur et la fécondité : la vraie méthode, fait-il dire à Socrate dans le *Banquet,* la vraie méthode

---

(1) *Phédre,* 41.

de l'amour — entendons de l'inspiration de l'artiste et de la recherche de l'idéal — est de s'élever toujours au moyen des beautés réelles, comme par autant d'échelons, vers la beauté sans mélange, passant d'un seul beau corps à deux, et de deux à tous les beaux corps. Enfin, au-delà des beautés sensibles, à travers les choses intellectuelles, les institutions humaines et les sciences pures, la pensée du poète atteindra à la science suprême, et se reposera dans la jouissance ineffable de la beauté immortelle.

Nous résumerons ainsi la doctrine du maître : l'art doit chercher dans la réalité les éléments épars de l'idéal. Car l'idéal n'est pas un être de raison, accessible seulement à la logique abstraite des métaphysiciens : il existe partout, dans la nature, ou plutôt il est la nature elle-même, mais purifiée et agrandie. C'est au génie de l'artiste de le deviner sous les ombres qui l'obscurcissent. Imitez Phidias, disait sans doute Platon aux sculpteurs de son temps : comme lui, avant d'imaginer la beauté des dieux, étudiez dans les gymnases et sur la place publique la beauté des jeunes hommes; avant de produire des Jupiter et des Minerve, taillez dans vos ateliers des statues d'athlètes. Chaque individu est un exemplaire dégénéré d'un type en lui-même régulier et parfait : écartez, pour dégager le type dans sa pureté primitive, les imperfections sans nombre dont la race, le climat, la condition sociale, les passions dominantes et les mille accidents de la vie organique l'ont peu à peu recouvert. Développez ce front sous lequel l'intelligence paraît étouffée : abaissez ces lèvres gonflées par les instincts sensuels ; redressez cette tête et ce buste que la méditation savante ou le travail physique a inclinés vers la terre; corrigez cette attitude trop nonchalante, ce geste trop théâtral, cette démarche sans noblesse : en un mot, dans l'homme, tel qu'il apparaît, découvrez l'homme tel qu'il devrait être si rien ne s'était opposé au développement libre et harmonieux de l'âme et du corps. Partez de la réalité pour aboutir à la nature.

Mais cette nature humaine que l'art idéaliste doit reconstituer, est-elle tout entière dans le corps? Le sculpteur aura-t-il fait assez quand, s'aidant de l'anatomie et de la géométrie, il aura composé une statue irréprochable par la mesure des membres et leurs proportions réciproques? Si l'on me montre à l'amphithéâtre un corps, même admirable, sa beauté, qui n'est plus que matérielle, me semble incomplète, et le peu qu'il en reste n'est guère que le dernier vestige de l'existence qui l'a quitté. Il faut, pour qu'il m'intéresse, qu'il ait conservé je ne sais quelle apparence de vie, et que son aspect représente non pas l'immobilité froide de la mort, mais plutôt le repos profond du sommeil. « La beauté, disait Plotin, brille de tout son éclat sur la face d'un vivant, tandis qu'après la mort on n'en trouve plus que la trace (1). » La vie *physiologique* est donc une première condition de beauté pour le corps humain. Je passe à l'atelier et j'y regarde un modèle vivant : la santé fait courir sous ces chairs fermes et juvéniles un sang riche ; la saillie des muscles indique la vigueur des membres; la poitrine large, la chevelure abondante, la figure bien remplie, témoignent de la force virile dans toute sa

(1) *Ennéades*, VI, 7, 22.

fleur. Mais les yeux n'ont pas d'expression, mais la bouche est sans sourire, et les traits sans mouvement n'accusent ni pensée ni émotion intérieure; l'attitude est gauche ou insignifiante. L'âme est absente de ce beau corps, et mon admiration pour lui est mêlée d'un regret. La vie *psychologique* est donc pour l'homme une seconde condition de beauté. Que l'on me présente ensuite une tête de Raphaël, par exemple le petit Christ de la Madone *à la chaise*. Il est pâle, maladif, si l'on veut; mais ce jeune front est éclairé d'une intelligence si précoce; il y a dans ce regard tant de douceur et de résignation; l'âme de l'enfant et du Dieu se révèle si bien dans cette faiblesse craintive et cette majesté gracieuse, qu'il n'est personne qui, en face d'un tel tableau, ne saisisse par intuition la loi souveraine des arts du dessin, loi que l'on peut formuler ainsi : l'expression de la vie invisible de l'âme au moyen de la vie du corps.

Et cette loi ne s'applique pas seulement à la reproduction de l'homme par la couleur ou par le marbre : elle est la loi générale de tous les arts. Il y a aussi dans le paysage une âme cachée, et ceux qui savent l'entrevoir sont des poètes. Un horizon lointain de la campagne de Rome, par Poussin, avec ses grandes lignes et ses ombres solennelles; une vue de la mer au soleil couchant, de Claude le Lorrain; une scène champêtre de Ruysdaël ou de Rembrandt, dans les plaines modestes de Hollande, sous un ciel entrecoupé de rayons et de nuées, n'ont-ils pas une physionomie véritable, qui fait de ces accidents de terrains, de végétation et de lumière, une sorte d'être vivant, que nous comprenons et que nous aimons? Ecoutez un chant d'église ou une mélodie de Mozart, le *Miserere* d'Allegri à la chapelle Sixtine ou la romance de Chérubin, et dites si ces notes ne sont pas autant de paroles qui vous racontent les défaillances, les angoisses et les joies de l'âme humaine. Les monuments eux-mêmes sont parfois des symboles et comme une histoire muette. Le Parthénon, simple, harmonieux, tout pénétré d'une lumière blanche et égale, rappelle le peuple fin, artiste, raisonnable, sans passion vive et sans mysticisme, qui l'a élevé, comme les Notre-Dame gothiques de Strasbourg et de Cologne, avec leurs ogives pleines d'ombres où la voix grave des orgues roule en longs gémissements, nous entretiennent de l'existence attristée et de la foi rêveuse de nos pères.

Nous avons distingué les deux éléments constitutifs des arts en général, et particulièrement de la sculpture : d'une part, la matière, la forme plastique, le corps, qui est un ensemble de signes ; de l'autre, l'esprit, l'âme intérieure, qui échapperait aux sens, si le corps qu'elle pénètre ne la manifestait par ses propres modifications. Or tout signe se rattache à l'objet signifié par un rapport quelconque. La philosophie française est souvent revenue, au point de vue métaphysique et psychologique, sur la question des rapports de l'âme et du corps. Cabanis l'a rattachée, comme une branche désormais essentielle, aux études de physiologie médicale. La science esthétique peut se la poser à son tour. Avant d'étudier par quels caractères successifs l'art grec, jusqu'au temps de Praxitèle, a exprimé au moyen de la forme cette force vivante dont nous avons conscience et que nous appelons *moi*, il n'est pas hors de propos de rechercher, par l'observation et l'analyse, à quels états particuliers de l'âme correspondent les différentes manières d'être du corps.

Déclarons tout d'abord qu'en sculpture l'âme n'atteint sa beauté idéale qu'unie à un corps de formes idéales, c'est-à-dire que la beauté dans la personne humaine a pour condition essentielle la perfection de l'esprit et de son enveloppe matérielle. C'est comme une note unique qui résulte de l'accord absolu de deux sons. Il semble qu'il soit superflu d'énoncer cette vérité. Cependant quelques personnes pensent le contraire, et croient qu'il suffit à la beauté humaine d'une âme noble, intelligente, passionnée, lors même qu'elle est jointe à un corps mal proportionné, à un visage irrégulier ou disgracieux. Assurément les formes laides peuvent, tant l'âme est puissante à se révéler, se revêtir, à un certain degré, de la beauté intérieure. C'est ainsi qu'il advint pour Socrate, malgré sa face de satire. Nous reconnaissons même entre les différents arts une aptitude différente à montrer le beau sous une certaine laideur. Cela est évident pour la poésie dramatique, telle que l'ont conçue les modernes depuis Shakespeare. Dans la tragédie grecque les personnages n'étaient jamais difformes, et dans Philoctète infirme et OEdipe aveuglé et les yeux sanglants, il est certain que la beauté plastique avait sa part la plus grande possible. Le goût public ayant changé, nous avons eu Triboulet et Quasimodo. Mais dans le drame et le roman l'esprit du spectateur ou du lecteur est occupé au moins autant que son regard ou son imagination, et il l'est d'un autre côté. N'est-il pas vrai que le personnage se dédouble en quelque sorte, que sa vie morale, que l'énergie de sa passion, et par conséquent sa beauté morale nous attirent et nous charment indépendamment de sa laideur physique, de son attitude et de son geste? Là donc où nous recevons le sentiment de la beauté, c'est tout autre chose que le corps qui nous a émus. Il n'en peut être ainsi pour les arts du dessin qui n'ont de prise sur nous que par le sens de la vue, qui ne nous montrent la beauté spirituelle qu'à travers la forme et non comme la poésie à l'aide des paroles immatérielles et du complet développement des caractères. Néanmoins la peinture nous semble gouvernée encore par des règles moins sévères que la sculpture. En effet, dans un certain sens, la peinture serre la réalité de beaucoup plus près que la statuaire. Non seulement elle atteint, au moyen de l'ombre et de la lumière bien ménagées, au relief de la forme, mais par la couleur elle reproduit d'une manière achevée l'apparence et la vie des êtres. Nous pouvons donc demander à la peinture beaucoup de réalité et de vérité, et nous ne sommes point surpris s'il reste dans ses ouvrages quelque chose des imperfections que nous montrent partout la vérité et la réalité. Mais la sculpture n'est-elle pas un art plus idéaliste? Il est évident que, privée de la variété des couleurs, et renonçant en général à figurer par des matières colorées le globe de l'œil, elle est impuissante à représenter ce qu'il y a de plus mobile, de plus spontané, de plus délicat, et par conséquent de plus individuel et de plus *réel* dans nos sensations et nos passions. Toutes ces nuances fugitives dont l'ensemble compose bien plus que des tons tranchés et vigoureux notre vie morale, et, par une suite nécessaire, notre physionomie, ne sont pas du domaine de la sculpture. Elle est limitée à des expressions plus simples, plus précises, mais aussi plus choisies, moins individuelles, mais plus relevées et plus nobles. Il y a moins de vie dans ses personnages, mais c'est une vie supérieure et plus idéale. Mais cet idéal intellectuel ne peut être rendu qu'à travers l'idéal même de la forme plastique. En effet, si la forme est une suite de signes, et comme un langage organisé, qui manifeste l'invisible idée, ne serait-il pas insensé de reproduire une idée noble par des paroles vulgaires, et de révéler une âme dont la puissance et la beauté sont plus qu'humaines par un corps que déparerait quelqu'une des laideurs de la réalité? Ce serait exécuter une mélodie admirable sur un instrument faux et incomplet. Enfin n'oublions pas la condition que le goût des anciens avait faite à la sculpture. Ils n'admettaient que le nu, et lors même qu'ils recouvraient le corps de draperies, loin de le dissimuler, ils en accusaient toutes les lignes et toutes les inflexions sous ces tuniques légères dont l'étoffe docile se moulait sur les membres et ne les cachait point. Si la sculpture fut dans l'antiquité hellénique le premier des arts après la poésie, c'est que ce peuple adorait la beauté et la jeunesse, et qu'il considérait presque comme une impiété de proposer aux regards la laideur, signe de la malveillance et du ressentiment des dieux.

Ce point établi, nous allons rechercher comment la vie psychologique, la triple vie de la sensibilité, de l'intelligence et de l'activité volontaire, forme l'aspect original et la physionomie du corps humain.

La sensibilité physique marque, chez l'enfant, la

première apparition de l'âme. La rondeur et la mollesse des membres, la douceur de la peau fine et transparente qui les recouvre, facilitent et multiplient les sensations agréables ou pénibles du toucher. Il n'est point d'émotion, si fugitive qu'elle soit, qui n'ait sa trace sur le visage mobile et virginal où aucune ride n'altère encore l'épanouissement du sourire; les yeux purs et profonds expriment toutes les joies naïves, tandis que la bouche vermeille, entr'ouverte comme la corolle humide d'une jeune fleur, semble respirer le bonheur de vivre; la plus petite souffrance étend un nuage sur ces figures si candides; le regard se mouille de larmes, et de légers sillons trahissent au coin des lèvres le mal intérieur. Les contours moins arrondis, les membres plus déliés et en apparence plus frêles du corps de l'adolescent se prêtent mieux, par la souplesse et la facilité des attitudes, à l'expression variée de sensations chaque jour plus nombreuses. Aux affections spontanées du berceau, l'éducation ajoute de nouveaux sentiments préparés par le premier travail de la pensée. Le corps traduit l'enthousiasme naissant de l'âme; l'admiration pour la beauté se peint déjà dans le feu plus vif des yeux, dans le geste plus réfléchi et plus intelligent. Enfin, aux jours de la pleine jeunesse, la vie sensitive apparaît dans toute sa puissance. Grâce à la faiblesse des organes et à la mobilité de l'esprit, la sensibilité, durant le premier âge, n'est jamais qu'effleurée : en peu de mois l'enfant devient homme, la puberté du corps lui donne la volupté, et la virilité naissante de l'intelligence le dispose à la passion.

Cet âge a été chanté par les poëtes de toutes les

langues, et la science elle-même, quand elle a voulu le décrire, a souvent emprunté les images de la poësie. Les membres, inondés d'une séve printanière, ont repris l'embonpoint qu'ils avaient perdu pendant l'adolescence; mais on sent, à la fermeté des attaches, à la pureté des lignes, à l'élasticité moelleuse des chairs, que déjà la force se cache sous la grâce. Un souffle paisible soulève également la poitrine; tous les sens, en éveil, appellent le plaisir; et même quand le désir voluptueux sommeille, la pose abandonnée, et la lenteur des mouvements, le regard serein et le demi-sourire des lèvres indiquent la sensation vague du bien-être et le contentement habituel de l'âme.

Mais la sensibilité morale s'est développée en même temps que la sensibilité physique. Jusque-là l'âme, comme le corps, avait vécu pour elle seule. Désormais elle cherchera à se répandre au dehors parce qu'elle se sent incomplète. C'est l'âge généreux des premières amours, amour de la vérité et de la science, amour de la beauté et de l'art. Dès qu'une de ces grandes passions s'est emparée de nous, elle anime et transforme tout notre être, et l'on voit apparaître sur la physionomie l'émotion profonde du cœur; les yeux s'enflamment et s'éteignent tour à tour, les joues se colorent, tous les nerfs du visage frémissent, la respiration se précipite, le sang court dans les veines plus abondant et plus rapide, la force vitale semble doublée. Quelques traits particuliers signalent la passion dominante : l'amour se manifeste par la douceur et la tendresse du regard qui s'arrête, avec un respect mêlé de désir, sur l'objet aimé. Un même sentiment s'interprète par les apparences les plus diverses. Les figures suaves d'Angelico *da Fiesole* expriment l'adoration autrement que les têtes ardentes, tristes et presque farouches de certains maîtres espagnols; là où le moraliste marque une nuance, même très fine, de la passion, l'artiste reconnaît dans les apparences plastiques le signe original qui y correspond.

De même que la sensation et la passion satisfaites, la sensation blessée et la passion contrariée se marquent sur le visage et le corps adultes par une empreinte si vive, suivant le degré et la durée de l'émotion, qu'elles fixent quelquefois la physionomie pour l'existence entière. La figure se contracte douloureusement, les sourcils se rapprochent, les yeux deviennent immobiles, tantôt ardents et tantôt languissants, les larmes coulent, les joues pâlissent, la bouche s'ouvre pour pousser une plainte, la tête s'incline sous le poids de la souffrance, les muscles se raidissent ou se relâchent, et laissent retomber dans l'affaissement le corps anéanti. Laocoon, replié sur lui-même, les bras étendus, fait un effort prodigieux pour arracher les serpents qui l'enlacent d'une étreinte mortelle; cette puissance inouïe déployée dans la lutte indique le malaise physique aussi bien que la terreur morale : la résistance désespérée se mesure à la violence de l'attaque. Le génie de la *Science,* dans la *Melancholia* d'Albert Dürer, assis au milieu de ses instruments inutiles et de ses travaux interrompus, les ailes pendantes, les bras immobiles, montre un découragement sans bornes que le spectacle du ciel, des forêts et des lacs pleins de vie et de lumière, ne saurait consoler. L'accablement résigné de l'attitude répond à la tristesse infinie de l'âme.

Essayons, pour résumer les rapports de l'âme et du corps dans la manifestation extérieure des faits sensibles, de leur attribuer un caractère commun, et de les faire rentrer dans un phénomène unique. Lorsque l'âme est indifférente, sans jouissance et sans peine, la force vitale rayonne également à travers l'enveloppe matérielle, et de l'équilibre exact de toutes les parties où l'existence circule uniformément, résulte l'impassibilité de l'ensemble. Dès que s'éveille la sensation, la force vitale se porte, plus abondante et plus intense, jusqu'à l'organe affecté, et de là se répand sur le corps entier dont elle émeut toutes les fibres, ou bien, vaincue par une force étrangère, se retire des membres vers son foyer intérieur. Dans l'absence de la passion, rien n'altère la paix du visage : dès que l'âme se trouble, la vie spirituelle reflue vers la physionomie qu'elle traverse en l'éclairant, et dont chaque détail, aussitôt modifié, prend, avec une situation particulière, l'expression et comme le langage du phénomène psychologique. Ainsi, à chaque nouvel état de l'âme répond un état nouveau du corps. Tout changement est un mouvement, et tout mouvement est signe de vie. Aristote, pour qui la nature, collection de substances vivantes, vit elle-même d'une existence générale dont la fin est en Dieu, fit aboutir son *Traité de physique* à une théorie du mouvement. Il analysa les caractères de la sensibilité, et affirma que toute sensation est une altération, ἀλλοίωσις, c'est-à-dire un *mouvement* (1). En même temps donc que le métaphysicien note les degrés de la vie universelle, l'artiste

---

(1) *Phys.*, liv. vii, ch. 3 ; — *Traité de l'âme*, liv. ii, ch. 5.

distingue les degrés de la beauté ; la mer lui paraît plus belle qu'une plaine immobile, parce qu'une force infatigable la fait tressaillir ; une figure humaine animée par la passion est plus belle que tous les aspects de la nature, parce que les mouvements de la vie organique dévoilent la force immatérielle, l'émotion morale et la conscience.

Nous devons résoudre une question très importante. Puisque les faits sensibles se manifestent sur le visage et le corps de l'homme par une altération ou un mouvement, tout mouvement étant susceptible d'une infinité de degrés, la sculpture doit-elle reproduire à tous ses degrés la vie sensitive ? La sensibilité, trop violemment excitée, ne détruit-elle pas la beauté ? Y a-t-il un point où l'artiste s'arrêtera sous peine de produire la laideur, et la science esthétique peut-elle rigoureusement indiquer les limites de l'art ?

Observons et analysons de nouveau la réalité. Lorsque la sensation voluptueuse est poussée à l'excès, l'intelligence se trouble, les idées deviennent confuses, incohérentes ; l'âme, incapable de se posséder, ne peut résister au plaisir, la raison s'affaiblit et disparaît, l'instinct déchaîné triomphe de la pensée. Platon a décrit, avec une remarquable chasteté de langage, dans le mythe du *Phèdre,* cette lutte entre les sens et la raison. A grand'peine l'âme du philosophe arrache le coursier sensuel aux jouissances vers lesquelles il se précipite, entraînant l'attelage tout entier. « Ils s'en vont tous les deux ; le coursier blanc, par pudeur et par crainte, inonde l'âme de sueur ; et l'autre, délivré de la souffrance que le mors et le fouet lui faisaient sentir, encore tout haletant, emporté par la colère, accuse le cocher et son compagnon d'avoir lâchement déserté l'ordre et le bonheur (1). » Et si le sage doit livrer des combats si sanglants, combien d'âmes vulgaires ne céderont pas aux séductions du plaisir? Mais la nature trop sollicitée se venge cruellement. Si l'intelligence, à chaque nouvelle sensation, est momentanément suspendue, l'habitude des sensations extrêmes amène l'affaiblissement habituel et parfois l'anéantissement complet de l'esprit; le visage s'altère en même temps que l'âme se dégrade. L'intelligence abandonne les yeux qui n'ont plus qu'un regard appesanti, et le sourire, qui n'exprime plus que le contentement du désir assouvi. Les traits, devenus plus grossiers, ont perdu cette mobilité qui révélait si bien les mouvements variés de la vie spirituelle; les parties inférieures de la figure, siége des appétits physiques, développées à l'excès, attirent à elles toute la vie qu'ont perdue les parties supérieures où résidait la pensée. Peu à peu la physionomie humaine, modifiée par le vice dominant, s'est rapprochée de la physionomie de la bête. De grands artistes, Hogarth et Callot, ont gravé toutes ces difformités physiques qui ont pour principe autant de difformités morales. Considérez de près leurs personnages, que l'on appelle justement des *grotesques*. Ils sont très vivants, très actifs, mais à la façon de l'animal : l'instinct s'est accru chez eux avec une puissance telle qu'il a tout absorbé; à mesure que cette force aveugle de la chair et du sang grandissait, leur pensée s'éteignait. Là est la raison première de leur laideur. La dispo-

---

(1) *Phèdre*, xxxv.

sition des organes nous annonçait des hommes, et nous n'apercevons que des bêtes; la sculpture ne peut aller jusque-là, et l'art grec ne l'a jamais tenté. Il eut toujours conscience de ce fait, que la beauté de l'homme se dissipe aussitôt que l'intelligence est effacée du visage par l'excès de la sensation. L'allégorie des compagnons d'Ulysse changés en animaux par Circé l'enchanteresse est profonde : dans l'ivresse de la volupté, il semble que la figure humaine se transforme, tandis que l'âme, troublée par la passion, perd la direction d'elle-même.

Les mêmes phénomènes psychologiques se produisent en nous lorsqu'une douleur trop aiguë nous affecte. Nous ne pouvons souffrir que jusqu'à un certain point, variable à la vérité suivant nos forces physiques ou notre force morale. Nos sens, a dit Pascal, ne perçoivent rien d'extrême. Dès l'antiquité, Aristote avait exactement marqué, dans son *Traité de l'âme,* les bornes de la sensation douloureuse. « La sensation, disait-il, est un certain rapport et une certaine puissance à l'égard de l'objet senti, et cela même nous fait voir clairement pourquoi les qualités excessives dans les choses sensibles détruisent les organes de la *sensation*. Si le mouvement est plus fort que l'organe, le rapport est détruit, et ce rapport était pour nous la sensation, tout de même que l'harmonie et l'accord sont détruits quand les cordes sont trop fortement touchées..... » Et plus loin : « La sensibilité ne peut pas sentir l'objet, quand la sensation qu'il produit est trop forte ; ainsi elle ne perçoit pas le son au milieu de sons violents; et quand les couleurs sont trop vives, ou les odeurs trop fortes, elle ne peut ni voir ni odorer. La violence des sensations du toucher, et, par exemple, la violence du froid, de la chaleur, de la dureté, peut détruire l'animal. C'est que l'excès de toute chose sensible détruit l'organe qui la sent (1). » A mesure que la souffrance éprouvée est plus vive, l'intelligence ou la conscience, qui rattache la sensation au sujet sentant, s'affaiblit, jusqu'à ce que, vaincu par le mal, l'homme perde complétement connaissance de lui-même et s'évanouisse ; alors le visage ne garde plus aucune trace de la vie intérieure, et de cette beauté qui n'est que le reflet de l'âme à travers son enveloppe matérielle. On dirait même que la vie physiologique l'a quitté, car rien ne ressemble mieux à la mort qu'un évanouissement complet. Chaque fois que l'art idéaliste a montré l'homme dans un pareil état, il a dû corriger la réalité. Les maîtres laissent, sous les traits immobiles et froids, une dernière trace de pensée et d'émotion (2). Et cette tradition même a passé des peintres anciens aux artistes modernes. « Ménœcée, dit Philostrate, baigné dans son sang, expire avec un visage plein de douceur et paraît s'endormir. » Antiloque mort, entouré de ses amis qui le pleurent, sourit encore comme un homme heureux. La souffrance n'a pu altérer le beau visage de Panthée ; il conserve sa sérénité gracieuse, et ses yeux mourants témoignent encore de sa grande intelligence (3). Ainsi, dans la représentation de l'évanouissement ou de la mort, le statuaire, non moins

---

(1) *Traité de l'âme*, liv. II, ch. 12 ; III, 4, 13.
(2) Voyez, à l'Académie des Beaux-Arts de Florence, le S*aint François qui reçoit les stigmates*, de Cigoli.
(3) Philostr., *Imagin.*, *passim*.

que le peintre, animera ses créations de cette vie de l'esprit qu'il n'entrevoit déjà plus dans la réalité. Quant aux agitations de la figure humaine causées par la souffrance et qui précèdent l'évanouissement, la sculpture ne doit les traduire qu'en réservant sur la physionomie la part de la pensée dont la défaillance est le commencement de toute laideur. Celle-ci s'achève par la contraction trop violente des muscles qui, dérangeant l'harmonie des traits, détruit la beauté plastique (1). Mais les convulsions ne sont pas du domaine de l'art; la tête de Laocoon est belle parce que les sculpteurs qui l'ont exécutée y ont répandu l'intelligence; il résiste encore au serpent qui tout à l'heure l'étouffera : la douleur physique n'est pas encore assez vive pour déformer son visage où apparaît surtout l'angoisse de l'âme. L'épouvante ne l'a pas abattu, et sa conscience demeure entière; il relève son front vers le ciel, et de sa bouche entr'ouverte sort une prière ou une plainte pour ses dieux qui l'abandonnent.

Les mêmes considérations s'appliquent à l'expression des sentiments pénibles. Mais ici une distinction est nécessaire. Toutes les souffrances morales, même excessives, ne portent pas atteinte à la beauté soit spirituelle, soit matérielle de la figure humaine. Quelques-unes au contraire redoublent l'intensité de nos facultés intellectuelles qu'elles concentrent dans la pensée unique et toujours présente du bonheur perdu, en même temps qu'elles ralentissent les mouvements de la vie organique et qu'elles donnent au regard à

---

(1) V. Emeric David, *Recherches sur l'art statuaire*, p. 383.

demi-voilé et à tous les traits une tranquillité profonde. Ces diverses affections ont pour signe constant la tristesse ou la mélancolie. Voyez Mignon, dans les peintures poétiques d'Ary Schœffer. Cet amour sans espérance dont elle doit mourir et qui met dans ses yeux noirs et sur son front pâli un deuil inconsolable, y entretient aussi la méditation des joies absentes de la patrie terrestre, et l'aspiration mélancolique vers la patrie future. De telles émotions, loin de nous agiter, assoupissent nos sens, et laissent un grand calme à tout notre être. Mais il en est d'autres qui produisent en nous les plus graves altérations. La fureur précipite le sang vers le visage qui s'enflamme: les yeux égarés s'allument d'un éclat sauvage, des cris inarticulés s'échappent de la poitrine; jamais passion plus ardente ne fait tomber l'homme plus près de la bête fauve. C'est alors qu'Ovide, guidé à son insu par un véritable instinct philosophique, enlève à ses personnages la forme humaine. « L'âme est devenue bête, » dit Dante (1), et le poëte prête à Ugolin acharné sur sa victime la rage aveugle d'un chien :

> Quand' ebbe detto ciò, con gli occhi torti,
> Riprese il teschio misero co' denti
> Che furo all' osso, come d'un can, forti (2).

L'épouvante à son comble amène les mêmes effets que la souffrance physique; elle décompose le visage et peut causer l'évanouissement. Dante, après le récit

---

(1) *L'anima ch'era fiera divenuta*, Enf., ch. 25.
(2) Enf., ch. 33.

— 31 —

de Francesca, tombe comme un corps mort (1). Ainsi, toute une classe d'émotions douloureuses, les unes par une surexcitation violente de la vie animale, les autres par l'anéantissement presque absolu de notre énergie physique, aboutissent au même effet psychologique, l'absence momentanée de la raison et de la conscience. Aucune force intelligente ne réglant plus nos mouvements organiques, les phénomènes plastiques que nous avons indiqués tout à l'heure reparaissent avec ces caractères de désordre et de laideur que l'art idéaliste ne peut reproduire. Winckelmann, à propos d'un bas-relief du palais Barberini, représentant la mort d'Agamemnon, remarque que l'artiste a mis Clytemnestre à l'écart, observant ainsi cette maxime d'Aristote qu'il ne faut pas donner aux femmes de passion sanguinaire (2); la fureur dont elle est transportée n'a pas enlevé à la reine d'Argos la dignité de son visage; mais les serpents qui s'enroulent autour de son bras et dans sa chevelure, la torche qu'elle élève pour éclairer les meurtriers d'Agamemnon marquent assez son désir implacable de vengeance. La Clytemnestre d'Eschyle avait été en proie à un emportement plus extrême. « Je l'enveloppai, comme on fait les poissons, dans un filet sans issue : c'était un riche voile, mais un voile de mort; deux fois je frappe, deux fois il pousse un cri plaintif, la force l'abandonne, il tombe. Tombé, un troisième coup l'achève (3). » La poësie, faite avec des idées que l'esprit de l'auditeur modifie et atténue,

---

(1) *E caddi, come corpo morto cade*, Enf., ch. 5.
(2) *Monumenti antichi*, part. II, sect. 2, ch. 26.
(3) *Agamemnon*, v. 1382.

peut exprimer les excès de la passion dans une mesure plus grande que les arts du dessin, constitués par des formes matérielles qui s'imposent au regard.

Les émotions diverses de la sensibilité morale satisfaite se rapportent toutes à la joie ou à l'amour, ou plutôt elles ne sont qu'une variété de l'amour heureux qui, en possession de son objet, produit la joie, signe de son épanouissement intérieur. Mais si vives qu'on les suppose, jamais elles n'occasionnent les accidents psychologiques que nous venons d'analyser. Il n'en est pas de notre bonheur comme de nos souffrances physiques ou morales : il est toujours proportionné à nos propres forces. On l'a dit avec finesse : la joie ne fait pas mourir ; c'est parce que la conscience demeure entière que la passion monte à son comble. Plus la raison connaît l'excellence et les perfections de l'être aimé, plus l'amour est ardent : *Ignoti nulla cupido*. Ainsi plus l'émotion est profonde, et plus vivement la beauté spirituelle brille sur la physionomie ; ajoutons que l'âme, recueillie dans une seule idée et dans un seul désir, indifférente au monde extérieur et aux sollicitations des sens, communique aux traits du visage et au corps un calme harmonieux, nouvel élément de beauté. « L'amour, dit Platon citant les vers d'un ancien poëte, l'amour donne la paix aux hommes, la tranquillité à la mer infinie, et endort les vents (1). »

Le sentiment moral le plus élevé est l'amour de Dieu ; lorsque cet amour s'est emparé de l'âme au point de la transformer, on l'appelle *mysticisme*. Le

---

(1) *Banquet*, 19.

mysticisme extrême peut-il anéantir notre raison et la conscience que nous avons de notre personnalité? Une grande école philosophique a répondu par l'affirmative. Les Néo-Platoniciens ont prétendu que la destinée de l'âme est de s'unir au bien suprême qui est Dieu. Mais l'âme, pour se confondre en Dieu, doit lui ressembler. Or, l'Etre parfait n'a ni activité, ni intelligence; lors donc que l'âme, éprise d'un immense amour, cherche à posséder l'objet infini de ses désirs, «cette fleur, dit Plotin, où s'épanouit la beauté éternelle,» elle doit laisser sur le seuil du monde intellectuel, toute science et toute pensée, oublier le corps qui l'enfermait, afin que, libre de la vie sensible et de la vie de l'esprit, et ne se connaissant plus elle-même, elle plonge et s'abîme dans le néant de la nature divine. L'*extase* Alexandrine suspend les lois de l'ordre physique tout autant que les lois de l'ordre moral. Pour l'auteur inconnu du livre des *Mystères,* l'initié contracte une insensibilité absolue : le feu, le fer et l'eau n'ont plus de prise sur son corps où la vie animale a fait place à la vie divine (1). Le mysticisme chrétien a souvent reproduit ces imaginations. Les légendes racontent que des saints se sont enlevés dans les airs; l'art même a parfois adopté ces traditions étranges. Le Louvre possède un tableau espagnol où un moine est suspendu dans sa cellule, en prière, et entouré par les anges. L'artiste n'a racheté la bizarrerie de l'attitude matérielle que par une remarquable expression de sentiment religieux, qui a pour principe un ordre d'idées très différentes.

(1) *De Mysteriis*, sect. III, 4.

En effet, le mysticisme des grands docteurs du moyen âge, d'accord avec notre nature, n'exige pas que l'homme meure à la vie de l'intelligence. Les premiers peintres religieux de l'Italie ou de l'Allemagne n'expriment ni la sensation ni l'activité qui sont ou coupables ou dangereuses : la foi est leur unique inspiration. Mais l'art chrétien, bien qu'il écarte certaines puissances de l'âme, ne supprime pas l'âme. La pose tranquille et le recueillement des personnages d'Holbein, le sourire très léger qui effleure leurs lèvres, la couleur claire et égale qui ne cache rien de la douceur et de la placidité de leur visage, sont autant de signes du sentiment plutôt profond que passionné, et de la pensée heureuse qui les remplit. Néanmoins leur beauté est incomplète, les esprits semblent engourdis, les corps manquent de ressort et de vie. Suivant le progrès des temps ou le génie des maîtres, à mesure que des attitudes plus souples et plus variées accusent une vie spirituelle plus complète, la perfection de l'art s'accroît. Le chœur d'adolescents, par Luca della Robbia (1), où est indiqué le caractère de chaque chanteur, a une beauté expressive supérieure à celle du groupe de la crèche sculpté par Nicolas de Pise sur la chaire de son baptistère, de même que les têtes de l'artiste toscan, toutes également animées d'une seule émotion, sont plus belles que les visages immobiles et muets dont Philippo Calendario a couronné les chapiteaux du palais ducal de Venise. Rien de plus charmant que les vierges d'Angélique de Fiesole, comparées à la grande ma-

(1) *Offices* de Florence.

done byzantine de Cimabué, dans Sancta-Maria-Novella. Le progrès de Raphaël sur Francia et Pérugin, ses maîtres, est frappant; Moïse et Elie, dans la *Transfiguration,* sont ravis en extase. Les deux prophètes montent en pleine lumière vers le Christ, mais la splendeur du Fils de Dieu ne les éblouit point; ils le regardent en l'adorant, et l'on reconnaît à l'intelligence qui éclate sur leur visage les vrais précurseurs du Messie. Le plus grand peintre de la renaissance germanique, Albert Dürer, se dégagea pareillement des traditions trop mystiques d'Holbein, et, libre des sentiments qu'il avait gravés dans son eau-forte de *Melancholia,* traça d'une main toute-puissante ses apôtres Jean et Paul, les deux chefs-d'œuvre de la peinture religieuse en Allemagne. Jean fait lire dans son évangile l'apôtre Pierre, humble et courbé comme un disciple. Sur le front large du maître, Dürer a mis la supériorité dédaigneuse en même temps que la pensée sublime. Le saint Paul est une conception analogue : debout et de profil, couvert de son manteau blanc, appuyé sur sa grande épée nue, son livre à la main, l'apôtre des Gentils plonge dans le lointain un regard d'aigle; immobile et dans l'oubli des choses de la terre, Paul semble écouter en lui-même cette voix tonnante qu'il a jadis entendue sur le chemin de Damas, et caché dans la nuit, éperdu, et montrant ses dents blanches, saint Marc contemple en frissonnant cet apôtre qui n'était pas parmi les douze, et à qui il sera donné de convertir le monde (1).

Trois faits principaux ressortent des considérations

---

(1) Grande Pinacothèque de Munich, salle I.

qui précèdent : 1° Les sensations de plaisir ou de souffrance, et les sentiments douloureux portés à l'extrême suspendent dans l'âme et font disparaître de la physionomie la raison et la conscience. 2° Ce phénomène spirituel est toujours accompagné, soit de désordres organiques qui altèrent la face humaine, soit de l'évanouissement qui enlève au corps l'apparence de la vie physiologique. Un certain degré de laideur est la conséquence de ces divers accidents. 3° Certaines émotions pénibles, ainsi que la joie et l'amour, quel qu'en soit l'objet, sont favorables à la manifestation de l'esprit, ainsi qu'à l'harmonie des traits du visage. Il nous est maintenant facile de donner la loi esthétique qui règle et limite, pour la sculpture, la représentation des états variés de la sensibilité. Un acte de l'entendement étant nécessaire pour que les faits sensibles aient, dans la conscience du sujet, leur réalité; et les parties du corps, tant que l'âme se connaît et maîtrise ses organes, demeurant dans l'ordre et les proportions naturelles, la beauté, tant expressive que plastique de l'homme, a pour condition essentielle l'activité intérieure de l'intelligence et son rayonnement extérieur. Une belle statue doit penser, en même temps que jouir ou s'attrister. La pensée est comme le fond de la vie de l'âme, et le signe certain de sa présence. La formule de Descartes est encore la définition la plus profonde et la plus vraie qu'on en ait donnée.

Recherchons donc quelle est sur la physionomie et dans l'attitude du corps humain la marque de la vie pleine et libre de l'intelligence.

Aristote, qui avait rapporté la sensation à une classe du mouvement, écrit dans son *Traité de l'âme* : « La pensée ressemble à un repos et à un arrêt, bien plutôt qu'à un mouvement. » Et dans les *Leçons de physique* : « Quant aux qualités de la partie pensante et intellectuelle de l'âme, elles ne sont pas des altérations non plus (1). » L'intelligence est donc immobile et passive. Le désir ou la volonté seuls la portent vers la connaissance. Par cela même, et dans le repos absolu de la sensibilité et de l'activité, elle réfléchit les idées que lui donnent la perception externe ou la conscience, aussi intacte et aussi tranquille qu'un lac où l'on voit glisser les nuages du ciel, et dont les eaux n'ont pas une ride. Si les troubles que produisent dans l'âme les phénomènes sensibles se manifestent au dehors par les modifications de la force vitale, l'indifférence et la passivité de l'intelligence communiquent à tout notre être un calme absolu. Mais cet état psychologique est des plus rares. Ceux mêmes qui, par la dignité habituelle de l'âme, se sont le plus affranchis de l'empire des sens pour s'adonner à la méditation, ont grand' peine, parvenus à une certaine profondeur de pensée, à échapper aux émotions que la vérité saisie ou seulement entrevue leur fait ressentir. L'amour du vrai, du juste et du beau est à l'origine et au terme des réflexions du savant et du moraliste, et des conceptions de l'artiste. Les idées élevées produisent les grands sentiments. C'est donc moins la réalité qu'il faut interroger sur les apparences visibles de l'intelligence que les œuvres de l'art qui nous ont transmis, en écartant par une sorte d'abstraction tout signe de

---

(1) *Traité de l'âme*, liv. I, chap. 3, 13 ; II, chap. 5, 8. — *Phys.*, liv. VII, chap. 4, 7.

la vie sensible, les têtes les plus vivement éclairées de la flamme pure et paisible de l'esprit.

Je prendrai pour modèles, dans la sculpture comme dans la peinture, des personnages de la physionomie desquels la sensation physique est absente ; d'autres chez qui elle se montre en *puissance* sinon en *acte* ; d'autres enfin dont il semble que la volupté ne s'emparera jamais, tant leur âme est tout entière à la méditation, tant leurs traits sont devenus pour ainsi dire incapables d'exprimer la joie du plaisir.

Le buste de Platon est au Vatican, dans le cabinet du *Méléagre*. Il a le front droit et haut, les arcades sourcilières légèrement prononcées ; les yeux, autour desquels on ne remarque aucun de ces plis délicats, signes des émotions intérieures, ont un regard assuré et immobile. Les parties inférieures de la face, les joues unies, la bouche presque close et qui ne sourit pas, puis la chevelure qui retombe des deux côtés de la tête, et la barbe qui descend sur la poitrine, sans que rien trouble leur parfaite régularité ; tout, en un mot, indique que chez le philosophe la sensibilité est endormie, et que seule l'intelligence veille. Platon pense; mais sa pensée n'est pas une recherche difficile : aucun sillon n'est creusé entre ses sourcils ; c'est à peine si une ride peu profonde traverse son front. Il contemple plutôt qu'il ne raisonne : c'est Platon poète, le Platon du *Phèdre* et du *Banquet,* oubliant la terre et songeant au ciel. Son buste en bronze, à Naples, avec les mêmes caractères et la même sérénité, a plus de majesté encore : les parties du visage ont plus de grandeur et de saillie ; la tête, par un mouvement admirable, s'incline en avant : il plonge plus profondément que tout-à-l'heure dans ses rêveries métaphysiques : il va pouvoir écrire les discussions subtiles du *Parménide* ou du *Phédon*.

Le buste d'Alcibiade, au musée *Chiaramonti*, est également remarquable par l'immobilité du bas de la figure. Toute l'expression s'est concentrée dans les yeux et sur le front, qui prend, entre les sourcils, à la racine du nez, un développement qui n'existe pas chez Platon. Les cheveux et la barbe sont disposés avec soin, mais sans recherche. Nous sommes loin de l'Alcibiade voluptueux et étourdi qui, à demi-ivre et couronné de violettes, vient heurter à la porte d'Agathon. C'est à peine si les lèvres, très découpées et un peu relevées, rappellent son penchant pour le plaisir sensuel. Ses passions, si diverses et si vives, sont comme suspendues : l'artiste l'a saisi dans ces moments trop rares où les paroles de Socrate le forçaient de descendre en lui-même, parfois lui arrachaient des larmes, et lui inspiraient un tel amour pour la sagesse que, charmé et dompté, il eût voulu vieillir auprès de son ami (1).

L'intelligence règne seule sur le visage de Platon : on soupçonne à peine le goût du plaisir dans les traits sérieux d'Alcibiade. On l'aperçoit au premier coup d'œil, dans les portraits de César Borgia et de Léon X par Raphaël (2) ; là, il est pour moitié avec l'esprit dans l'expression de la physionomie. César Borgia est debout, la tête haute et fière, une main sur la garde de son épée. Le front est puissant : il saisit et renvoie

---

(1) *Banquet*, 32.
(2) Galerie Borghèse et palais Pitti.

la lumière par tous ses reliefs. Le regard est calme, ferme, incisif. La décision froide qu'on lit dans les yeux indique une rare netteté d'intelligence. Mais on reconnaît, dans le reste de la figure, des passions et des instincts qui troubleront la clarté de l'esprit, et par leur impétuosité feront perdre à César la prudence et la possession de soi-même. Le nez très arqué, dont les ailes se dilatent comme dans le désir de la jouissance : la bouche fine, serrée, et qui ne doit jamais sourire ; la lèvre inférieure très accusée et voluptueuse ; la rigidité altière de tous les traits, trahissent le libertin orgueilleux, implacable et perfide, qui se jette sans mesure dans tous les excès du plaisir, et qui ne reculera devant aucune vengeance. Avec plus de douceur et de bonté, la figure de Léon X, par l'ampleur du front, la majesté du regard, et par le développement des organes de l'appétit physique, reproduit ce mélange d'un esprit souple, délicat et parfois profond, et d'une sensualité peu réservée, que l'on retrouve chez les plus grands hommes de l'Italie de ce temps.

Rien de semblable dans le portrait de Dante, tel que l'a peint son contemporain Giotto (1). Toute la vie s'est portée dans les yeux et sur ce vaste front où la pensée apparaît grave, recueillie, mais sans amertume. Il n'a pas ce visage sombre et passionné que lui ont donné les artistes modernes. Ni les haines patriotiques du citoyen, ni les colères de l'exilé, ni les visions terribles du poète ne l'agitent. Sans tristesse et sans passion, il prête l'oreille au langage austère de ses médi-

---

(1) Fresque du palais du Podestat à Florence.

tations. En même temps il est impossible que le plaisir égaie jamais cette tête monacale, et que la joie adoucisse son rude profil, la rigidité de ses traits, et ces lèvres sévères d'où ne tomberont désormais que des paroles mélancoliques. La figure de Raphaël dans l'*Ecole d'Athènes,* plus jeune, plus sereine, a des qualités analogues. Son *Adolescent,* au Louvre, et son *Joueur de violon,* au palais Sciarra, à Rome, sont encore des privilégiés de l'intelligence : c'est l'homme de génie en son printemps, gracieux et pensif. Mais leur âme, dans le ravissement des choses de l'esprit, ignore la sensation : de longtemps le désir n'enflammera leurs traits, délicats et purs comme ceux d'une jeune fille, et rien n'altère la chasteté charmante de leurs pensées.

Ainsi le front et les yeux sont, dans la face humaine, le foyer principal de la vie de l'intelligence. Le front large et haut, mais eu égard aux proportions du reste du visage, monte, avec une courbe presque insensible, jusqu'au sommet de la tête, qu'il couronne. Il fait saillie au-dessus des sourcils, et enferme les yeux dans la demi-ombre de l'orbite où leur éclat s'adoucit. Par les degrés divers de la lumière qui leur est ainsi ménagée, par les mouvements des paupières qui ont tout leur jeu au fond de l'arcade, les yeux prennent une variété infinie d'expressions, et traduisent tous les états de l'âme. Le bas de la figure, siége de l'odorat et du goût, n'exprime l'intelligence que par des qualités en quelque sorte négatives. On dit souvent d'une bouche qu'elle est spirituelle. Entendons que des lèvres fines, dont le sourire délicat n'indique point le désir sensuel, sont le signe de cette joie légère qui effleure l'âme sans l'agiter, et qu'éveillent en nous les idées ingénieuses et les pensées piquantes.

Une âme intelligente donne à son corps une pose intelligente. Nous savons que l'activité des membres est en raison inverse de l'activité de la raison. Pour que l'esprit atteigne sa fonction la plus élevée et la plus difficile, la méditation scientifique, il faut que les organes demeurent immobiles et que la sensibilité même soit un moment suspendue. « Je fermerai maintenant les yeux, je boucherai mes oreilles, je détournerai tous mes sens, » dit Descartes, sur le point de pénétrer dans l'étude métaphysique de Dieu. Le buste de Platon baisse son front vers le sol, afin d'échapper à la distraction du spectacle extérieur : l'adolescent de Raphaël, accoudé, le visage appuyé sur la main, tient à peine à la terre. Socrate, à la recherche d'une solution philosophique, demeura debout au même endroit, tout un jour et toute une nuit (1). Le comique Epicrate décrit ainsi l'école de Platon absorbée dans l'étude des genres et des espèces : « Tous, sans paroles, sans mouvement, les yeux fixés à terre, méditaient longuement... » Un médecin de Sicile ayant raillé, les disciples s'irritèrent. « Alors, continue le poëte, au milieu d'eux, Platon, avec une douceur parfaite et sans s'émouvoir, leur ordonna de rechercher de nouveau le genre des citrouilles, et tous se remirent à la méditation (2). » Ecartez la satire, c'est-à-dire l'objet ridicule dont se préoccupent les jeunes philosophes, il restera un tableau expressif et vrai :

(1) Platon, *Banquet*, 36.
(2) *Athénée*, II, 54.

l'Académie, groupée autour du maître, comme une assemblée de statues pensantes.

La troisième et dernière forme de la vie psychologique que nous devons analyser au point de vue de la statuaire, est l'activité volontaire.

L'activité purement intellectuelle, qui a pour point de départ une idée, aboutit à une détermination dont l'effet est intérieur et invisible. Cette forme de l'activité n'apparaît sur la physionomie que par les traits généraux de l'intelligence. Nous ne connaissons qu'un seul signe qui la manifeste particulièrement : c'est un pli profond creusé entre les sourcils, et qui marque une lutte habituelle contre des idées rebelles ou des émotions difficiles à maîtriser. Les bustes de Démosthènes portent ce sillon caractéristique, ainsi que le visage de Goethe.

Mais lorsque nous voulons réagir sur le monde matériel, le corps, qui est notre instrument, prend aussitôt l'attitude, le geste et le mouvement conformes à l'action projetée. Le jeu des organes devient une sorte de physionomie très expressive. La situation d'un membre, la tension d'un muscle, l'inclinaison de la tête et du tronc, la promptitude ou la lenteur de la marche, révèlent, dans les œuvres de certains maîtres avec une précision et une finesse remarquables, l'état présent de la conscience, sans qu'il soit même nécessaire de consulter les figures.

Je choisis, comme types de la vie active de l'âme rendue par les mouvements du corps, les personnages du premier plan des *Grimpeurs*, seul débris de ce fameux carton de Michel-Ange qui fit une révolution dans l'art, et autour duquel les jeunes peintres du temps formèrent une école nouvelle (1). La gravure représente les Florentins surpris à l'improviste par les Pisans, au moment où ils se baignaient dans l'Arno. L'alarme est donnée, le rappel battu, et les baigneurs, escaladant la rive, se préparent à la résistance.

Le premier à gauche, un pied dans le fleuve, un genou sur le bord, appuyé sur les deux mains, regarde au loin les ennemis que lui montre un de ses compagnons. Il se hâtait vers ses armes quand une autre pensée l'a arrêté : il compte les assaillants : l'élan de son corps est interrompu. On voit encore dans ses bras l'effort à l'aide duquel il s'enlevait, et sur toute la partie gauche le mouvement d'ascension qui a suivi cet effort. Mais la jambe droite ne quitte pas l'Arno. Sa fuite, comme sa résolution, est suspendue.

Deux Florentins veulent aider les retardataires à remonter auprès d'eux. L'un, agenouillé, soutenu sur un bras, se penche et tend une main à un nageur que nous ne voyons pas encore. Peut-être son camarade est-il en péril, car, malgré le tumulte, oubliant son propre salut, il se porte tout entier vers cette action unique. Ses genoux largement écartés; le bras droit, sur lequel il s'appuie, éloigné de la poitrine, et ployé comme un ressort; la main qui saisit étroitement l'arête du rocher; toute son attitude contribue à la solidité de son assiette. L'autre, au contraire, revient comme malgré lui vers l'Arno. Debout, incliné sur le fleuve, il encourage de la voix seulement un soldat

(1) *Benvenuto Cellini*, chap. 3; Q. de Quincy, *Michel-Ange*, p. 30.

dont les mains sortent de l'eau : mais la jambe gauche qui recule, et sur laquelle il s'appuie d'un bras, tandis que l'autre se replie au-dessus de la tête ; le mouvement général du corps qui tend à se rejeter en arrière, indiquent un trouble tel que le nageur ne doit compter sur aucun secours.

Au centre de la gravure, est assis un baigneur dont nous ne voyons pas le visage, mais dont la pose est, si j'ose dire, d'une admirable expression psychologique. A peine assis sur le rivage, il se retourne et tend un bras pour saisir ses vêtements : une de ses jambes pend encore au-dessus du fleuve ; l'autre, repliée, ne tient au bord que par l'extrémité inférieure : il glisserait dans l'Arno, repoussé par le mouvement rapide que son corps fait en arrière, si sa main gauche ne s'attachait à terre par instinct. Dans la hâte qu'il met à s'armer, il néglige de prendre une pose plus commode ou plus sûre. Il sait que le temps presse. Son buste, son regard, son geste, sa pensée, se dirigent vers un seul point ; le reste est comme abandonné.

Ce coup d'œil jeté sur l'œuvre de Michel-Ange nous a convaincu que l'âme occupée par une seule idée ou par une seule émotion, ou partagée entre plusieurs pensées ou désirs contraires, se manifeste clairement par les rapports variés qu'elle établit entre les membres. Dans la réalité, il arrive souvent qu'un organe demeure en dehors du mouvement général et ne contribue pas à la physionomie de l'ensemble : mais c'est une imperfection. Dans les œuvres de l'art, il n'est aucune disposition des parties du corps humain qui ne doive expliquer la vie spirituelle. Nous pouvons donc conclure de nos analyses précédentes que le corps, dans la manifestation des phénomènes de sensibilité, d'intelligence et d'activité, est véritablement le signe de l'âme : il traduit par ses modifications extérieures les états innombrables de la vie psychologique : il est l'âme elle-même rendue visible. Nous savons que si la mort, l'évanouissement, l'idiotisme, l'ivresse de la passion, enlèvent au visage et aux organes l'expression de l'esprit, ils perdent à la fois leur beauté la plus certaine. La sculpture idéaliste est donc celle pour qui le corps, avec toutes ses proportions régulières et parfaites, n'est qu'une matière transparente qui laisse entrevoir l'être spirituel qu'elle renferme.

Nous croyons que la théorie qui précède contient les principes essentiels et les conditions de la beauté dans les arts du dessin, de cette beauté qui est l'achèvement de l'harmonie purement matérielle du corps, et qui lui est supérieure. Nous avons eu sans cesse à la pensée les œuvres les plus parfaites de la statuaire grecque, et il nous semble que l'analyse philosophique nous fait bien comprendre son développement et ses différents caractères. Mais ce n'est pas assez d'une théorie abstraite pour rendre compte de telle ou telle époque de l'histoire de l'art. Les artistes ne sont pas des raisonneurs, et ce n'est pas la logique qui crée des tableaux et des statues. Un rayon de soleil descendu d'un ciel troublé, et qui produit un effet inattendu et rapide ; un sourire qui brille sur un jeune visage ; une tête intelligente et mélancolique qui passe ; tel est le point de départ de leur inspiration. S'il y a, dans leur exécution, quelque procédé constant, et comme un système caché, qui fixe l'originalité de leur génie et de leur école, ils le doivent souvent au goût et aux prédilections de leur temps. Les sentiments des contemporains pénètrent dans les ateliers. Cela est vrai surtout pour la Grèce antique où les habitudes de la vie publique établissaient entre les citoyens un courant perpétuel d'opinions qui, parties des philosophes et des politiques, allaient jusqu'au peuple, assez intelligent pour y participer. Je vais donc rechercher, chez les moralistes comme chez les métaphysiciens, depuis le moment où l'on raisonna scientifiquement sur la beauté, sur l'âme, sur ses rapports avec le corps, jusqu'à l'âge de Praxitèle et de son école, quelles idées ont dû exercer leur influence sur l'esprit public, et par conséquent sur les arts. J'interrogerai les trois plus illustres représentants du génie philosophique de la Grèce, Socrate, Platon et Aristote.

Socrate était fils d'un sculpteur, et sculpteur lui-même dans sa jeunesse. L'antiquité avait gardé le souvenir de ses statues des trois Grâces, que Pausanias vit encore aux Propylées d'Athènes (1). Le scholiaste d'Aristophane dit même qu'elles étaient placées derrière la statue de Minerve (2). Plus tard, devenu l'ami de la science, comme il dit de lui-même, il ne perdit jamais ce goût de la beauté que sa première éducation avait développé. Il aimait à s'entourer des plus beaux jeunes gens de la ville, et l'un de ses élèves les plus chers fut Alcibiade. Il discutait avec les artistes aussi bien qu'avec les sophistes ou les

---

(1) I, 22, 8.
(2) Schol. *In Nub.*, v. 771.

politiques. Xénophon, qui lui a prêté moins que Platon, a sans doute exactement reproduit ses idées sur l'art et la beauté. « La peinture, disait-il à Parrhasius (1), est-elle seulement l'imitation des choses visibles, de la rondeur et de la concavité, de la dureté et de la mollesse, de l'ombre et de la lumière? Afin de représenter un corps parfait, vous empruntez à plusieurs modèles les parties régulières et élégantes de chacun. Mais l'âme, comment imitez-vous sa douceur et sa grâce aimable? » Parrhasius doutait que l'on pût imiter ce qui n'a ni proportion ni couleur, l'invisible. « L'homme, répondait Socrate, qui s'intéresse à ses amis, a-t-il dans leur prospérité ou leur malheur, le même visage que celui qui leur est indifférent? La joie et la tristesse ont leurs signes propres : elles peuvent donc être exprimées. La physionomie, le geste, les mouvements indiquent l'intelligence, la sagesse, la magnanimité, la faiblesse ou la bassesse de l'esprit. Les qualités de l'âme sont donc susceptibles de représentation. »

« J'admire tes athlètes, tes coureurs et tes lutteurs, disait-il à Cliton le statuaire; ils me charment parce qu'ils sont très vivants. Mais par quel procédé leur donnes-tu la vie? » Cliton hésitait à répondre. « N'est-ce pas en imitant sur le marbre les formes vivantes, en élevant ou en abaissant, en contractant ou en relâchant les membres, en tendant ou en dilatant les muscles? C'est l'action et la passion qui plaisent dans une statue. Les combattants auront des yeux menaçants, et les vainqueurs un visage joyeux. » Et Socrate

---

(1) *Memorab.*, liv. III, ch. 10.

concluait par cette définition excellente : « Le statuaire doit représenter par la forme visible les actes de l'âme (1). »

Une autre fois il analysait le corps humain, marquant l'emploi de chaque organe, et sa place appropriée à sa fonction, rapprochant ces deux idées de la fin atteinte et de la beauté réalisée, avec une finesse d'observation qui rappelle les meilleures pages de l'*Esthétique* de Jouffroy (2). Mais l'âme s'ajoute aux perfections matérielles, et ce n'est pas seulement la disposition des membres qui fait que l'homme vit dans la nature comme un dieu, supérieur à tous les êtres. L'âme, plus belle que le corps, est plus que lui digne d'amour. Socrate professa avant Platon la théorie de l'amour platonique. Ganymède, dit-il, est aimé de Jupiter, non pour sa jeunesse en fleur, mais pour le charme de son esprit (3).

La beauté de l'homme n'est le sujet d'aucun dialogue particulier de Platon ; mais le philosophe y fait de fréquentes allusions, qu'il s'entretienne de l'amour, de l'âme, de la politique ou des lois. On peut, à travers son œuvre entière, reconstituer toute sa pensée, dont la portée esthétique est pour nous très grande, car il avait sous les yeux les statues de Phidias et de Polyclète ; il était contemporain de Scopas, et il précède immédiatement l'école de Praxitèle.

Le corps humain, dit Platon, a une beauté matérielle qui est sa perfection propre. Pour acquérir cette

---

(1) Δεῖ τὸν ἀνδριαντοποιὸν τὰ τῆς ψυχῆς ἔργα τῷ εἴδει προσεικάζειν.
(2) *Mémorab.*, liv. I, ch. 4.
(3) Xénoph., *Banquet*, VIII.

beauté, il faut qu'il se développe avec régularité dès la première enfance (1). « Supposez que le corps ait une jambe inégale ou quelqu'autre membre disproportionné ; en même temps que cette difformité l'enlaidit, elle fait naître des difficultés et des spasmes; dès qu'on veut s'appliquer à un travail, le corps vacille, tombe, et se cause à lui-même une foule de maux (2)... C'est par la gymnastique que nous donnons au corps la vigueur, la proportion et la beauté (3). La gymnastique comprend la danse et la lutte, et tous les exercices qui, par des inflexions et des mouvements variés, assouplissent et fortifient les organes (4). La danse doit rechercher les attitudes nobles et les mouvements tranquilles, qui maintiennent entre les parties du corps des rapports harmonieux, et fuir l'agitation désordonnée, ainsi que l'imitation des êtres contrefaits ou ridicules (5).

L'âme aussi est belle, lorsqu'elle imite Dieu, et qu'elle est comme lui intelligente, active et aimante. Mais l'âme est invisible. Il semblerait même à qui ne jette sur les doctrines de Platon qu'un coup d'œil trop rapide, que le corps, loin de la manifester, la voile et la défigure. Jamais on n'a plus éloquemment décrit les obstacles que le corps, par ses désirs et par ses passions, oppose à la vie libre, pure et heureuse de l'âme. Il est sa prison et son tombeau : il faut, par des mœurs chastes, et par la méditation de l'absolu et

---

(1) *Lois*, VII, 788.
(2) *Timée*, 87.
(3) *Lois*, VII, 789.
(4) Ibid., 796, 797.
(5) Ibid., 815, 816.

du divin, affranchir la captive sacrée de ces liens grossiers qui meurtrissent ses ailes. Le vrai sage est semblable au cygne mourant : il salue en chantant sa dernière heure, et bénit les dieux qui le rappellent à eux (1). « Pour vous dire sérieusement ma pensée, écrit Platon dans les *Lois*, l'union de l'âme et du corps n'est à aucun point de vue plus avantageuse à l'homme que leur séparation (2). »

Ces idées sont du moraliste qui juge les sens ennemis de la raison et qui condamne le corps, parce qu'il trouble la pensée pure. Mais, dans Platon, le métaphysicien et l'artiste réconcilient les deux adversaires, et reconnaissent que la vie et la beauté de l'un sont nécessaires à la vie et à la beauté de l'autre.

L'âme immortelle est principe de mouvement ; elle n'a ni commencement ni fin ; elle ne suppose aucun principe supérieur à elle-même ; c'est d'elle seule que le corps qu'elle anime tient le mouvement et la vie. Lorsqu'elle tombe ici-bas, elle s'empare de la matière, la pénètre, lui donne une forme, et son union avec un corps de terre produit un seul être vivant (3). « Ce n'est pas, à mon avis, le corps, si bien constitué qu'il soit, qui par sa vertu rend l'âme bonne ; c'est au contraire l'âme qui, lorsqu'elle est bonne, donne au corps, par la vertu qui lui est propre, toute la perfection dont il est capable (4). » Ainsi l'âme crée et sculpte son enveloppe matérielle. La beauté de l'homme résulte de leur harmonie. Si un corps faible et chétif

---

(1) *Phèdre* et *Phédon, passim.*
(2) Ibid., liv. VIII, 828.
(3) *Phèdre*, 24, 25.
(4) *Répub.*, III, 403.

traîne une âme grande et puissante qui, par l'ardeur de la pensée, le mine et le détruit; si, au contraire, il est supérieur à la pensée débile qu'il enferme, dans les deux cas, la beauté de l'ensemble est altérée. Contre ce double mal il n'y a qu'un moyen de salut : ne pas exercer l'âme sans le corps, ni le corps sans l'âme (1). « Le plus beau des spectacles pour quiconque pourrait le contempler, ne serait-il pas celui de la beauté de l'âme et de celle du corps unies entre elles, et dans une parfaite harmonie (2)? » Cette harmonie a pour conditions la pratique de la musique et de la gymnastique, dans une mesure égale (3). Grâce à une telle éducation, l'âme est devenue visible. L'activité des membres, réglée par la danse, exprime la joie intérieure. « Les mouvements sont plus vifs si la joie est plus grande; plus lents, si elle est moindre. De plus, celui qui est d'un caractère plus modéré et d'une âme plus forte, est aussi plus tranquille dans ses mouvements (4). » La pensée est dans la tête, organisée et sculptée par Dieu pour le service de l'intelligence. « Il fit parfaitement ronde la partie de la moëlle qui devait contenir le germe divin, comme un champ contient la semence (5). » Il mit peu de chair sur les os qui renfermaient le plus d'âme, parce que la chair, en s'entassant sur elle-même, émousse les sensations, ralentit la mémoire, et paralyse l'intelligence. « L'espèce humaine, avec une tête charnue, nerveuse et

---

(1) *Timée*, 87, 88.
(2) *Lois*, III, 402.
(3) *Républ.*, III, 412.
(4) *Lois*, VIII, 815.
(5) *Timée*, 73.

forte, aurait vécu deux fois, ou même bien des fois plus longtemps qu'elle ne le fait, exempte d'infirmités et de douleurs. Mais ceux qui nous ont fait naître, ayant à choisir pour nous entre une vie plus longue mais pire, et une vie plus courte mais meilleure, préférèrent celle-ci à une existence plus prolongée et plus triste. C'est pour cela qu'ils formèrent la tête d'un os mince... La tête est ainsi le membre le mieux disposé pour la sensation et la pensée, et en même temps le plus faible de tout le corps humain (1). »

Le corps, dans la danse, révélait la sensibilité par chacun de ses organes ; la raison réside sur le front dégagé et saillant, sur les traits fins, sur les lèvres qui s'entr'ouvrent, dit Platon, pour laisser couler le ruisseau des paroles intelligentes (2).

C'est alors que l'homme est véritablement beau et que sa beauté est digne d'amour. Mais il faut bien comprendre le caractère de l'amour *platonique*. Il commence par le culte de la beauté du corps... «Celui qui est encore tout plein de nombreuses merveilles qu'il a vues, en présence d'un visage presque céleste, ou d'un corps dont les formes lui rappellent l'essence de la beauté, frémit d'abord... il contemple cet objet aimable et le révère à l'égal d'un dieu ; et s'il ne craignait de voir son enthousiasme traité de folie, il sacrifierait à son bien-aimé comme à l'image d'un dieu, comme à un dieu même (3). » Mais la sagesse doit calmer cette première effervescence de la passion. La raison de l'amant entrevoit, au-delà de la jeunesse et de la grâce éphé-

(1) *Timée*, 75.
(2) Ibid., ibid.
(3) *Phèdre*, 31.

mères du corps, la jeunesse et la beauté de l'âme que les années ne peuvent flétrir. C'est elle seule qu'il adorera désormais. Rien de plus pur que cette union des deux âmes dont les plaisirs sont un échange de beaux sentiments et de grandes pensées. « Les deux amants passent dans le bonheur la vie de ce monde, maîtres d'eux-mêmes, réglés dans leurs mœurs, parce qu'ils ont asservi ce qui portait le vice dans leur âme, et affranchi ce qui y respirait la vertu. Après la fin de la vie, ils reprennent leurs ailes et s'élèvent avec légèreté, vainqueurs dans l'un des trois combats que nous pouvons appeler olympiques : et c'est un si grand bien que ni la sagesse humaine ni le délire divin ne sauraient en procurer un plus grand à l'homme (1)... »

Ainsi, pour Platon, la beauté humaine consiste dans l'union d'un corps bien proportionné et d'une âme intelligente et vertueuse. La perfection de l'âme fait même oublier la rudesse et la difformité du visage. Dans Socrate, le Silène recouvrait le Dieu. Il charmait et attirait. Alcibiade redemandait à Agathon une des bandelettes dont il venait de le couronner, afin d'honorer cette tête de satyre qu'il proclamait merveilleuse (2).

Socrate et Platon avaient maintenu la distinction substantielle de l'âme et du corps. Aristote, qui fut le contemporain de Praxitèle, supprima cette distinction, et affirma l'unité métaphysique de la vie spirituelle et de la vie physiologique.

Ce que le vulgaire nomme *matière*, dit Aristote,

---

(1) *Phèdre*, 37.
(2) *Banquet*, 30.

n'existe pas pour la science. La matière n'est que l'ensemble confus des qualités et des attributs possibles, agités et entraînés dans le flux et le reflux éternel d'Héraclite. Un corps peut être pesant ou léger, rond ou carré, blanc ou noir, dur ou mou, froid ou chaud. Toutes ces manières d'être, qui peuvent ou non se réaliser, sont la matière de ce corps. La *forme* seule lui donne l'existence. Elle arrête, groupe et subordonne entre eux les attributs non contradictoires. Elle est principe d'unité, de développement et de mouvement. L'être, de possible, est devenu réel, actuel, vivant, parfait. La forme est l'achèvement — ἐντελέχεια — de la matière : hormis Dieu, qui est une forme et un acte purs, toute existence suppose l'union de ces deux causes (1). La forme est dans le minéral la force de cohésion qui retient les molécules; dans la plante, la puissance de nutrition qui, par les racines, puise les sucs nécessaires à la vie du végétal; dans l'animal, la puissance de nutrition, de locomotion, de reproduction, et le principe de cette sensibilité et de ce raisonnement imparfait qu'Aristote reconnaît dans les bêtes : dans l'homme enfin, à ces propriétés de plus en plus riches, la forme, ou, pour l'appeler de son vrai nom, l'âme, ajoute une sensibilité plus exquise, le raisonnement scientifique et la raison pure. L'âme est donc la vie du corps, et, suivant la définition péripatéticienne, « l'*entéléchie* première d'un corps naturel qui a la vie en puissance (2). »

Puisque l'âme est la forme et la vie du corps humain,

---

(1) *Métaphys.*, *passim*.
(2) *Traité de l'âme*, liv. II, ch. 1, 6.

c'est à elle seule qu'il faut rapporter tous les phénomènes organiques. « L'âme, dit Aristote, est la cause et le principe du corps vivant... » Elle est non seulement cause formelle, mais cause motrice et cause finale. « Ainsi tous les corps formés par la nature sont les instruments de l'âme... Le principe d'où vient primitivement la locomotion, c'est l'âme, bien que cette faculté n'appartienne pas à tous les êtres vivants. De plus, l'altération et l'accroissement se rapportent aussi à l'âme (1). » « De même aussi, toutes les modifications de l'âme semblent n'avoir lieu qu'en compagnie du corps : courage, douceur, crainte, pitié, audace, joie, amour et haine. Simultanément à ces affections, le corps éprouve aussi une modification (2). » « La fonction qui semble surtout propre à l'âme, c'est de penser ; mais la pensée même, qu'elle soit d'ailleurs une sorte d'imagination, ou qu'elle ne puisse avoir lieu sans imagination, ne saurait jamais se produire sans le corps (3). »

De tous les textes que nous venons de rapprocher on pourrait conclure que dans la théorie péripatéticienne l'âme est l'homme tout entier, puisqu'elle est la cause de toutes les fonctions physiologiques et intellectuelles. Les successeurs de Stahl, qui sont aussi les disciples lointains d'Aristote, réservent avec soin les droits de l'âme, en tant que substance indivisible, immatérielle et capable d'immortalité. Mais Aristote pousse à ses conséquences logiques sa définition de l'âme. L'âme n'est réellement pour lui que la vie du

---

(1) *Traité de l'âme*, ch. 4.
(2) Ibid., liv. I, ch. 1, 14.
(3) Ibid., ch. 12.

corps. Elle n'est pas corporelle, mais « elle est quelque chose du corps (1). » Elle n'est pas une essence distincte. Elle n'est pas dans le corps comme le pilote dans le vaisseau. Elle est inséparable des organes dont elle est le principe vital. Et lorsqu'à la mort les organes s'altèrent, n'est-ce pas un signe que l'âme qui les vivifiait s'est évanouie? Aristote a des comparaisons remarquables qui nous découvrent toute sa pensée. L'âme est l'essence du corps, comme la faculté de couper est l'essence de la hache, comme la puissance de voir est l'essence de l'œil vivant. « L'âme, écrit-il, est comme la vue, et comme la puissance de l'instrument... De même que l'œil est à la fois la pupille et la vue, de même aussi l'âme et le corps sont l'animal (2). » Mais la faculté de couper et de voir sans la hache et sans l'œil matériel, sont de pures abstractions. L'âme sans le corps n'est donc qu'une abstraction : l'âme n'existe que de nom dans le système d'Aristote.

Il semble qu'il ait eu conscience du vice de sa doctrine, et qu'il ait essayé d'y porter remède par des idées qui sont comme une contradiction de lui-même. Il affirme en termes vagues l'immortalité d'une sorte d'intelligence impassible, supérieure à la sensibilité, dénuée de souvenir et de personnalité (3). Mais ailleurs il fait consister l'entendement dans la succession des idées particulières, sans unité substantielle qui les rattache entre elles. La pensée, dit-il avant Spinoza, ce sont les pensées. Mais si les pensées forment une

---

(1) Σῶμα μὲν γὰρ οὐκ ἔστι, σώματος δέ τι, *Traité de l'âme*, liv. II, ch. 3.
(2) Ibid., ch. 1, 10.
(3) Ibid., liv. III, ch. 5.

unité parce qu'elles se suivent, c'est comme le nombre; elles ne sont pas comme la grandeur (1). Il combat par des arguments très justes cette idée, déjà discutée dans le *Phédon,* que l'âme est une *harmonie,* c'est-à-dire la résultante des parties du corps combinées entre elles comme les cordes d'une lyre. Mais après avoir soutenu que l'âme n'est pas un simple rapport, il se fait subitement une objection qui trahit le fond de sa pensée. « Si l'âme est autre chose qu'un mélange, pourquoi la vie lui est-elle ôtée en même temps qu'à la chair et aux autres parties de l'être animé? Puisque chacune des parties du corps n'a pas une âme, si l'âme n'est pas le rapport du mélange, qu'est-ce donc qui est détruit quand l'âme vient à faire défaut (2)? » L'école péripatéticienne répondit à la question du maître. Le musicien Aristoxène prétendit que l'âme est au corps ce que le son est à l'instrument; et Dicéarque qu'elle n'est rien qu'un nom vide de sens, et que la forme seule du corps établit une différence entre l'homme et la bête, entre la bête et la plante (3).

Néanmoins nous croyons qu'un sculpteur initié aux théories d'Aristote en eût retiré, pour la pratique de son art, des principes analogues à ceux qu'il eût puisés dans les entretiens de Socrate ou de Platon. Aristote ne nie pas la vie spirituelle, mais il la rapporte à une cause dont la condition première est l'existence de la matière, et qui, celle-ci détruite, n'a plus de raison d'être. Cette doctrine, très grave pour le métaphysi-

---

(1) *Traité de l'âme,* liv. I, ch. 3, 13.
(2) Ibid., ch. 4.
(3) Cicéron, *Tusculanes,* liv. I, ch. 10.

cien et le moraliste, ne l'est pas pour l'artiste. S'il est vrai que les arts plastiques doivent exprimer l'âme par le corps, on ne saurait mieux faire l'éducation d'un statuaire qu'au moyen des idées répandues dans le *Traité de l'Ame*. Grâce à cette identité substantielle de la force invisible et de la matière qu'Aristote cherche à prouver, il n'est aucun mouvement des organes qui n'ait pour cause une modification de l'âme, et aucun acte de l'âme qui ne soit continué et complété par un mouvement du corps (1).

Ainsi la théorie et l'histoire sont en harmonie. On peut pressentir, avant même d'analyser les chefs-d'œuvre, le génie des sculpteurs grecs. La contemplation de la nature vivante, à laquelle étaient si favorables l'existence en plein air des anciens et les habitudes du gymnase et des thermes, leur donnait un premier sentiment de la beauté et de ses conditions. Puis les idées philosophiques, dont tous les esprits se préoccupaient, et qui, sorties de l'Académie ou du Lycée, s'emparaient des conversations et passaient même sur le théâtre, venaient confirmer les impressions personnelles. L'époque la plus brillante de l'art grec a été celle où ce double enseignement de la nature et de la science s'est produit avec le plus d'unité. Le décadence n'a commencé qu'au jour où cette unité féconde s'est rompue.

---

(1) Aristote a tiré de sa doctrine métaphysique de l'âme une application qui concorde parfaitement avec les idées que nous exposons. Nous parlons de ses *Physiognomonica*, œuvre curieuse, pleine d'une observation profonde, dont nous indiquerons surtout le chapitre quatrième : Δοκεῖ δέ μοι ἡ ψυχὴ καὶ τὸ σῶμα συμπαθεῖν ἀλλήλοις, etc.

CHAPITRE II.

L'art grec avant Praxitèle.

SOMMAIRE : L'Egypte et Dédale. Représentation de la vie active de l'âme. Les métopes de Sélinunte. Le soldat de Marathon. Premiers centres de l'art. Athènes. Argos. Sicyone. Egine. Calamis. Pythagore. Myron. Polyclète. La Junon d'Argos. Le *Canon*. Caractères de la beauté suivant Polyclète. Signes de décadence après Polyclète. Phidias. Les dieux d'Homère, âmes passionnées. Théodicée des philosophes : Dieu conçu comme intelligence pure. Le Jupiter olympien. La Minerve du Parthénon. La Vénus *Uranie* de Phidias. Les métopes, les frontons et la frise intérieure du Parthénon. Les autres arts recherchent, au siècle de Périclès, le même idéal que la sculpture. Polygnote. Le Parthénon et l'ordre *dorique*. La musique *dorienne*. Sophocle. Conformité des caractères de l'art au temps de Périclès et des doctrines esthétiques de Platon. Organisation intellectuelle de la cité athénienne. Règne intellectuel de Périclès. Conclusion.

L'art de Praxitèle fut préparé par le génie de Phidias et de Polyclète, comme l'art de Phidias et de Polyclète l'avait été par les vieilles écoles d'Argolide et d'Attique. La statuaire antique s'est développée suivant une loi continue et dans un esprit qui apparaît dès les siècles les plus lointains. Il faut donc remonter jusqu'aux premières sources, et, pour bien comprendre une époque particulière, refaire l'histoire, non pas de tous les sculpteurs, mais des progrès réguliers de la sculpture dans l'expression de la vie physique et de la vie spirituelle. L'art grec a traversé, sans s'altérer, mais en se perfectionnant sans cesse, jusqu'à la fin du IVᵉ siècle, une civilisation chaque jour plus complexe et plus puissante. Il ressemble à ces grands fleuves qui descendent jusqu'à la mer sans perdre la teinte de leurs eaux. Ils franchissent, sans se mélanger, des lacs profonds, ils donnent leur propre couleur aux rivières qu'ils reçoivent et aux bords qu'ils réfléchissent; leur cours s'élargit et se précipite, leur lit se creuse, mais rien ne trouble cette pureté originelle qu'ils doivent à un petit ruisseau caché dans un repli des montagnes.

Le nom de Dédale, le plus ancien sculpteur grec qui nous soit connu, est mêlé aux légendes primitives. On disait qu'il avait rapporté d'Egypte le plan du labyrinthe qu'il construisit en Crète pour Minos (1). Homère, décrivant le bouclier d'Achille, se souvient du chœur de danse que Dédale avait sculpté pour Ariadne (2). Son fils avait donné son nom à la mer d'Icare (3). La critique moderne a donc rélégué au rang des fables l'existence individuelle de Dédale (4). Le vieil artiste personnifierait la classe des premiers sculpteurs ou ciseleurs en bois — δαιδάλλειν — comme Homère celle des plus anciens chanteurs de la Grèce. Mais on a soulevé en même temps, autour du nom de Dédale, une question qui doit nous arrêter, parce qu'elle marque le point de départ et les caractères primitifs de la statuaire antique.

L'art grec vient-il de l'Egypte? Les anciens le pensaient. Pour eux l'Egypte était le berceau mystérieux

---

(1) Diodore de Sicile, liv. I, ch. 61.
(2) *Iliade*, XVIII, 592.
(3) Diod., IV, 77.
(4) Overbeck, *Geschichte der Griechischen Plastik*, t. I, p. 37.

d'une civilisation lointaine qui, apportée en Grèce aux temps de Cécrops et de Danaüs, avait adouci les mœurs grossières des Pélasges. Platon rappelle que les habitants de Saïs faisaient de Minerve la fondatrice de leur ville, et se disaient frères des Athéniens, tout en célébrant leur prodigieuse antiquité. « O Solon, Solon, vous autres Grecs êtes toujours des enfants, et il n'y a pas de vieillards parmi vous (1)!.. » La parenté des arts, dans les deux pays, semblait alors évidente. Pausanias retrouve, dans le gymnase de Messène, les statues égyptiennes de Mercure, de Thésée et d'Hercule (2). Il compare la statue d'Hercule Erythréen non aux œuvres éginétiques, ni aux produits des premières écoles de l'Attique, mais aux statues de l'Egypte (3). Diodore de Sicile est encore plus précis. « Les proportions des vieilles statues égyptiennes, dit-il, sont les mêmes pour les statues que Dédale fit en Grèce (4). »

La science allemande conteste aujourd'hui l'origine égyptienne de la statuaire hellénique. Il y a, dit Brunn (5), entre les statues de l'Egypte et celles de la Grèce, des différences essentielles. Les dieux du Nil demeurent assis, immobiles, les bras liés au corps, les pieds et les jambes enchaînés et comme soudés ensemble. Dédale délie les membres et donne à ses œuvres le mouvement. Si la sculpture égyptienne, dit

---

(1) *Timée*, 22.
(2) Ibid., IV, 32, 1.
(3) Ibid., VII, 5, 5.
(4) Τόν τε ῥυθμὸν τῶν ἀρχαίων κατ' Αἴγυπτον ἀνδριάντων αὐτὸν εἶναι τοῖς ὑπὸ Δαιδάλου κατασκευασθεῖσι παρὰ τοῖς Ἕλλησι, I, 87.
(5) *Geschichte der Griechischen Künstler*, t. I, p. 21.

— 63 —

Overbeck après Winckelmann (1), n'est pas sortie, durant de longs siècles, de sa raideur originelle, c'est que la tradition religieuse lui imposait des règles canoniques qu'elle n'osait violer. Jamais elle ne fut que la représentation géométrique et mécanique du corps humain. Mais les proportions matérielles ne sont pas la vie. Les statues grecques, même les plus archaïques, sont capables d'action. Assises, elles peuvent se lever ; debout, elles peuvent marcher. En outre, les différences organiques des deux races, fidèlement reproduites par la sculpture des deux peuples, excluent toute probabilité d'une influence égyptienne. En Egypte, les épaules sont toujours hautes et larges, les hanches étroites, le corps allongé. Jamais, dans les œuvres grecques, ces caractères ne sont tous réunis. L'Apollon de Ténée a le corps long et grêle, mais les épaules inclinées ; dans les métopes de Sélinunte, si les épaules sont droites et élevées, les bustes sont courts et ramassés. Enfin Ottfried Müller (2) oppose à l'influence douteuse de l'Egypte sur la Grèce l'influence incontestable, suivant lui, de l'Asie. L'Egypte a vécu isolée, loin de ce grand courant de la civilisation indo-germanique qui, du Haut-Orient, est descendu sur la Grèce et sur l'Europe. C'est de l'Assyrie et de Babylone que la Grèce a reçu ce culte de la forme humaine représentée par la sculpture, culte que l'Egypte n'a jamais connu. Les légendes de Danaüs et de Cécrops n'ont aucun sens scientifique. Les premiers dieux grecs, les dieux pélasgiques, ont leur berceau

---

(1) *Gesch. der Griech. Plastik.*, t. I, ch. 1 ; — Winckelm., *Hist. de l'Art*, t. I, p. 76 et suiv.
(2) *Kleine deutsche Schriften*, t. II, p. 523.

dans les montagnes de Thrace et d'Arcadie : aucun d'eux ne vient des rives du Nil. Les lions de Mycènes diffèrent des lions égyptiens du Capitole comme le profil de Minerve, sur les plus vieilles monnaies, diffère du profil d'Isis. L'architecture grecque ne doit rien non plus à l'Egypte. L'art dorien est autochtone : l'art ionien est né en Asie mineure. Et qui oserait comparer aux proportions simples et faciles des monuments grecs cette grandeur que l'art égyptien réalise, mais aux dépens de la grâce et de l'harmonie ?

Il y a, dans cette question d'origines, un problème archéologique et un fait esthétique. Le premier attend encore, suivant nous, une solution plus certaine : il n'a d'ailleurs qu'un intérêt restreint. L'originalité de l'art grec y est moins engagée qu'il ne semble au premier coup d'œil. Qu'importe que ces essais soient dus à une invention spontanée ou à une éducation étrangère, si, dès le début, tourné vers l'étude de la nature vivante, il adopte comme tradition souveraine la loi du progrès ? Là est le fait esthétique que nous voulons dégager de cette histoire obscure des rapports d'art entre l'Egypte et la Grèce.

Il est certain qu'au temps de Dédale la sculpture grecque se distingua de la sculpture égyptienne par des qualités qui, faibles et imperceptibles d'abord, deviendront, dans les ateliers de Phidias, de Polyclète et de Praxitèle, le principe de sa perfection. Le rayonnement de la vie spirituelle manque aux statues de l'Egypte. Des voyageurs nous ont assuré que des sculptures, récemment découvertes, ont une grande beauté d'expression. Il y aurait eu, si toutefois ces sculptures ne sont pas l'œuvre d'artistes grecs du temps des Ptolémées, il y aurait eu, en dehors de l'art hiératique, condamné à l'immobilité, un art plus libre, plus humain et plus parfait. Mais l'art sacerdotal, chez ce peuple où la science, la politique et le droit appartenaient à la caste des prêtres, fut évidemment l'art national, l'art véritable. Les Grecs paraissent l'avoir seul connu ; c'est à lui seul qu'ils songeaient chaque fois qu'ils lui comparaient leur propre sculpture. Là, toutes les puissances de l'âme sont assoupies, et le corps lui-même répond par la rigidité de l'attitude à l'engourdissement profond de l'esprit. Le colosse de Thèbes, accroupi, le corps droit, les mains collées aux genoux, sera toujours incapable de mouvement, parce qu'il est privé de volonté (1). En Egypte, la statuaire était asservie à l'architecture ; la statue était un pilier ; à demi-enveloppée par la muraille massive, elle subissait passivement l'étreinte de son monument. Jamais le sourire n'entr'ouvre les lèvres éternellement closes de ces dieux de granit ; jamais un rayon de félicité n'éclaire leur visage impassible. Néanmoins ils sont encore beaux à contempler à la lumière enflammée de leur ciel, au sein de leurs grandes ruines, dans le désert vide où ils veillent toujours. Les colosses d'Abou-Sembil se penchent sur le Nil, qui coule à leurs pieds, à travers un horizon immense : dans les débris du temple de Sébouah un dieu debout se dresse en face d'un sphinx : leurs ombres s'allongent et se confondent sur le sable fauve qui on-

(1) Nous avons sous les yeux, outre l'*Expédition d'Egypte,* la belle collection de vues photographiques de Nubie et d'Egypte, de M. Félix Taynard.

dule comme les vagues d'un fleuve ; leur majesté remplit la solitude. Mais l'impression très vive que produisent de tels monuments est due surtout aux accidents extérieurs ; le paysage qui les environne accroît encore leur aspect ; c'est la nature elle-même qui prête aux œuvres de l'art sa puissance et sa grandeur.

Le progrès ajouté par Dédale à la statuaire demeura dans le souvenir des anciens. Il semble, rapporte Diodore, que les statues de Dédale marchent et respirent. Il fut si supérieur à tous les artistes, que ses œuvres paraissaient vivantes : elles avaient le mouvement, la démarche, le regard (1). Aristote rappelle, d'après Philippe le Comique, que Dédale avait sculpté une Vénus de bois dont les membres s'agitaient lorsqu'il y versait du vif-argent (2). Parfois même il mettait des ailes à ses statues (3). Mais d'autre part les anciens témoignent de l'imperfection de cet art naïf et grossier. Dédale, dit Platon (4), serait ridicule si, vivant de nos jours, il produisait des statues pareilles à celles qui ont fait sa gloire. Les œuvres de Dédale, dit Pausanias, ont un aspect à la fois divin et étrange (5). Cicéron compare à l'antique sculpteur ces poëtes obscurs des premiers siècles de Rome, dont on ne relit plus les vers barbares (6).

Mais si rude qu'ait été le ciseau de Dédale et des

---

(1) Liv. IV, 76.
(2) *Traité de l'âme*, I, 3.
(3) *Schol. in Euripid. Hecub.*, v. 826.
(4) *Grand Hippias*.
(5) II, 4, 5.
(6) *Brutus*, 18.

artistes qu'il avait formés, il est constant que la sculpture primitive en Grèce indiquait déjà, par l'aspect du corps, la vie invisible de l'esprit. Vie incomplète, sans doute, bornée au développement de la force active de l'âme, et qui de longtemps n'apparaîtra sur la figure humaine avec les signes expressifs de l'intelligence et de l'émotion. L'art en son enfance reproduit la première manifestation de l'âme dans l'homme enfant, le mouvement. Dans la première période de notre existence, ni la pensée, ni la passion réfléchie n'est le principe du mouvement, mais cette volonté aveugle et inconsciente, qui n'est autre que le pur instinct. L'activité psychologique se confond encore avec les agitations de la vie organique. Plus tard nous conservons toujours dans la marche, dans le repos complet, où l'âme abandonne la direction du corps, dans le sommeil, ces mouvements instinctifs qui échappent à toute délibération volontaire. *L'attitude* est le résultat de leurs combinaisons variées. La statuaire grecque conçut donc l'attitude vivante du corps humain avant de créer la physionomie, c'est-à-dire avant de donner aux traits du visage l'intelligence et la passion.

Nous ne possédons, à part les lions de Mycènes, aucun monument de la sculpture primitive antérieure au VIIe siècle. Les contemporains d'Homère croyaient voir, dans un rocher du mont Sipylos, Niobé assise et pleurant ses enfants (1). Pausanias n'y reconnut plus qu'une apparence vague et informe (2). Les ado-

---

(1) *Iliade*, XXIV, 617.
(2) 1, 21, 3.

lescents d'or qui portent les flambeaux dans la maison d'Alcinoüs, les colombes qui se jouent sur les anses de la coupe d'Hector ; les scènes champêtres et héroïques ciselées par Vulcain sur le bouclier d'Achille, n'existent que dans l'imagination du poëte, plus artiste que son siècle. Homère ne nous apprend rien sur le *Palladium* de Troie, sinon que la déesse était assise (1). Pausanias vit dans le temple de Junon, à Olympie, le coffre de Cypsélus dont il décrit les bas-reliefs (2). OEnomaüs y poursuivait Pélops fuyant avec Hippodamie ; Hercule combattait l'hydre en présence de Minerve ; Apollon conduisait le chœur chantant des Muses ; Hélène fuyait devant Ménélas à travers Troie en ruines ; Borée enlevait Orithye ; Hercule luttait contre Géryon, Achille contre Memnon sous les yeux de Thétis, Ajax contre Hector, Etéocle contre Polynice, Hercule enfin contre les Centaures.

Vers le VIIe siècle, les progrès de l'art se multiplient et les premières écoles de sculpture s'annoncent. Dibutadès invente à Corinthe la *plastique* en remplissant d'argile la silhouette que sa fille avait tracée sur une muraille pour se rappeler le visage de son amant (3). Roekos et Theodoros découvrent à Samos l'art de fondre le bronze. Les premières statues de marbre sortent de l'atelier de Mélas et de ses descendants, à Chios ; la *toreutique* apparaît avec les Dédalides Dipœnos et Skyllis. Ceux-ci fondent à Sicyone une école (4) où Sparte envoya ses artistes. Dontas et

---

(1) *Iliade*, VI, 93, 273.
(2) V, 17, 18, 19.
(3) Pline, XXXV, 43.
(4) Ibid., XXXVI, 4.

Dorycléidas de Lacédémone avaient représenté, sur le faîte du Trésor des Mégariens à Olympe, la guerre des Géants et des Dieux (1), ainsi que la lutte d'Hercule et d'Achéloüs, où intervenaient Mars et Minerve. Ces œuvres, dit Pausanias, avaient le caractère le plus archaïque. Le même écrivain décrit les scènes sculptées par Bathyclès de Magnésie sur le trône d'Apollon Amycléen. Elles représentent encore les épisodes dramatiques de la vie des dieux et des héros, les travaux d'Hercule, l'enlèvement de Céphale, Minerve fuyant Vulcain, le rapt d'Hélène par Thésée et Pirithoüs, Junon enchaînée par Vulcain, les funérailles d'Hector (2).

Aucun témoignage ne nous est parvenu sur la perfection relative de ces vieilles sculptures. Mais on peut en juger par les œuvres les plus archaïques qui aient survécu : les deux premières métopes du temple de Sélinunte et le soldat de Marathon.

Les métopes de Sélinunte représentent, l'une, l'aventure d'Hercule avec Candalos et Atlante ; l'autre, l'histoire de Persée et de Méduse (3). Les visages des deux héros sont grossièrement taillés ; leurs yeux, énormes et à fleur de tête, n'ont point d'expression vraiment humaine. Mais la pose et le mouvement de leur corps répondent bien à l'action qu'ils exécutent. Hercule emporte les deux brigands suspendus par les pieds à une même branche reposant sur son épaule ; sa main gauche presse sur le genou de celui qui est

---

(1) Pausan., VI, 19.
(2) III, 18.
(3) Musée de Palerme. V. Serra di Falco, *Antiquit. de Sicile*, t. II.

attaché par devant, afin de maintenir en équilibre la seconde capture. Il marche et se penche en avant ; ses jambes, largement écartées, lui donnent une base solide. Persée décapite Méduse ; un de ses bras, raidi par l'effort, tient la chevelure de celle-ci ; l'autre, replié sur lui-même, ramène à lui l'épée qui traverse le cou du monstre. Les deux personnages, avec leur corps massif, leur taille trapue, ont une singulière apparence de force physique : les muscles, soigneusement mis en saillie, font songer à quelque Michel-Ange barbare. Les membres, que Dédale avait le premier détachés, se meuvent librement, et accomplissent déjà les volontés de l'âme.

Le bas-relief sculpté sur une stèle de marbre pentélique, et connu sous le nom de *soldat de Marathon* (1), résume les défauts et les mérites de l'art naissant. Le personnage, debout et de profil, s'appuie sur sa lance ; les cuisses sont trop massives et les bras trop courts ; les pieds, bien que séparés, posés à plat sur le sol, l'un devant l'autre, n'ont ni le mouvement de la marche, ni l'assiette solide du repos. L'œil, trop peu enfoncé sous l'arcade sourcilière, présente l'ovale qu'il aurait sur un visage vu de face. La tête manque de beauté expressive ; les cheveux, tressés en petites boucles, cachent le front ; le regard est vague ; la bouche, à peine apparente sous la barbe, ne sourit pas. Mais l'artiste connaît déjà l'anatomie extérieure du corps humain. Les muscles ont tout leur relief ; la poitrine respire : le soldat de Marathon, maintenant immobile comme une sentinelle à son poste, pourra tout à l'heure agir et combattre.

(1) Au *Theseum* d'Athènes.

Au commencement du siècle qui vit fleurir Eschyle, Pindare et Simonide, quatre écoles de sculpture, Argos, Sicyone, Egine et Athènes développèrent dans les arts plastiques un double progrès. 1° Elles donnèrent au corps une beauté matérielle plus parfaite. 2° Elles exprimèrent par les attitudes et les mouvements propres la force des passions intérieures et la puissance de la volonté.

L'athénien Hégias, premier maître de Phidias, composa un groupe de Castor et Pollux : Kritios et Nésiotès composèrent un groupe d'Harmodius et Aristogiton, sujet souvent repris par les artistes de cette époque. Les critiques anciens signalent dans cette école athénienne toutes les imperfections de l'art archaïque (1). Quintilien la compare aux Etrusques primitifs (2).

A l'école d'Argos appartenait le maître de Myron, de Polyclète et de Phidias, Agéladas, sur le génie de qui les anciens ne nous ont laissé aucun témoignage. Winckelmann lui attribue, sans preuve très concluante, la muse *Barberini*, du musée de Munich, où l'on reconnaît aujourd'hui un Apollon *Musagète* (3). Agéladas avait exécuté des athlètes, un Jupiter viril et un Jupiter enfant, deux Hercule, un quadrige conduit par les triomphateurs, un ex-voto des Tarentins à Delphes, représentant des combattants et des femmes (4).

A Sicyone s'illustrèrent deux frères, Kanachos et Aristoklès. Cicéron reprochait de la raideur aux œu-

---

(1) Lucien, *Rhet. præcept.*, 9.
(2) XII, 10, 7.
(3) *Monum. antich.*, II, 2.
(4) Pausan., VII, 24, 2 ; X, 10, 3 ; VI, 10, 7.

vres de Kanachos (1). On lui devait une Vénus d'or et d'ivoire et de jeunes coureurs (2) ; enfin l'Apollon de Milet, son chef-d'œuvre (3), dont le *British Museum* possède une imitation en bronze. Les pieds du dieu reposaient sur deux lignes non parallèles. Les bras, qui, à l'Apollon de Ténée, pendaient encore sans mouvement le long des hanches, se portaient en avant, et présentaient les attributs que l'on retrouve sur les monnaies de Milet, le cerf et l'arc. On peut reconnaître au bronze de Londres de la souplesse dans les membres déjà mieux arrondis, et de la finesse dans le visage moins anguleux.

Mais l'école la plus importante était alors Egine, où travaillaient deux artistes fameux, Kallon et Onatas. Amyclée possédait une Proserpine, et Corinthe une Minerve de Kallon. Quintilien qualifie d'un mot les œuvres de ce dernier : *duriora Callonis* (4). Pausanias est plus explicite sur son compatriote : « Bien qu'Onatas appartienne, par le style de ses œuvres, à l'école éginétique, je ne l'estime pas moins qu'un Dédalide, et qu'un artiste sorti des ateliers attiques (5). »

Ces deux témoignages rapprochés jettent un grand jour sur l'art des Eginètes, sur son caractère primitif, et les progrès qu'y ajouta Onatas. Ils sont le commentaire utile des deux groupes du musée de Munich, le monument le plus important que nous possédions de

(1) *Brutus*, 18.
(2) *Celetizontes pueri*, Pline, XXXIV, 57.
(3) V. Ottfried Müller, *Deutsche Schriften*, II, 537.
(4) XII, 10, 7.
(5) V, 25, 13.

la sculpture antique avant Phidias, et auquel nous allons consacrer toute notre attention.

Ainsi donc l'art éginétique, tel que le représentait encore Kallon, héritier des vieilles traditions, avait la raideur et l'immobilité archaïques; Onatas, comme autrefois Dédale, donna la vie à ses statues.

Il avait composé pour Olympie un groupe en bronze des héros grecs tirant au sort le nom du guerrier qui combattrait Hector. Ils étaient nus, et armés seulement du casque, de la lance et du bouclier. Nestor était debout au milieu d'eux, mêlant les noms dans un casque. Pausanias nomme en outre Agamemnon, Ulysse et Idoménée (1). Les Tarentins, vainqueurs des Peucétiens, envoyèrent à Delphes un autre groupe, œuvre d'Onatas. Des cavaliers et des fantassins luttaient autour d'Opis, allié des Peucétiens, tombé dans la bataille, et assisté de deux Lacédémoniens, Taras et Phalanthos (2).

Ces deux compositions ont plus d'un trait de ressemblance avec les groupes de Munich. La première rappelle un épisode de la guerre de Troie, et les héros, sans vêtements, y sont disposés autour d'un personnage qui devient le centre et produit l'unité de l'action. La seconde représente une mêlée sur le corps d'un guerrier étendu à terre, vers lequel se portent tous les efforts des agresseurs. Si Onatas n'est pas l'auteur des marbres d'Egine, l'artiste inconnu qui les a sculptés se guidait d'après les mêmes principes et égalait son génie.

(1) V, 25, 7; *Iliade*, VII, 175.
(2) Pausan., X, 13, 10.

Des deux groupes d'Egine découverts en 1810 par les *Dilettanti* et restaurés par Thorwaldsen, l'un, celui du fronton occidental du temple, représente le combat d'Hercule et de Télamon contre le troyen Laomédon, autour du corps d'Oïklès ; l'autre, le plus considérable, la lutte des Grecs et des Troyens sur le corps d'Achille. C'est ce dernier que nous voulons analyser (1).

Il se compose de onze personnages. Minerve armée est debout au centre, les Grecs à sa droite, les Troyens à sa gauche. Achille est à ses pieds. Il n'est pas encore mort, mais étendu : il se soulève sur un bras dont la main tient encore l'épée ; de l'autre il se couvre de son bouclier. Un troyen s'élance pour le saisir ; mais la déesse abaisse son bouclier et l'arrête. Ce troyen a l'attitude d'un coureur, les jambes fort écartées, l'une raidie, l'autre ployée, le corps courbé en avant, les deux bras étendus, les mains ouvertes. Derrière lui, un guerrier protége sa tentative en attaquant Ajax qui veille sur Achille. Les deux combattants, également sur l'offensive et la défensive, ont une pose identique. Ils marchent l'un vers l'autre, légèrement inclinés ; s'opposent du bras gauche leurs deux boucliers ; se menacent de leurs lances que leurs mains, relevées derrière leurs têtes, tiennent à la hauteur du casque. A la suite des deux principaux agresseurs, deux troyens d'un côté, deux grecs de l'autre, tous appuyés sur le genou droit, soutiennent leurs compagnons. Le premier troyen bande son arc : à son bonnet phrygien et

---

(1) V. Welcker, *Alt. Denkm. die Giebelgruppen der Pallastempels auf Ægina.*

à son vêtement étroit on reconnaît Pâris. Le dernier pousse sa lance devant lui. Un archer grec s'oppose à Pâris ; un doryphore grec, sur la défensive, sa pique en avant, son bouclier haut, attend le dernier troyen. Enfin, à chacune des extrémités du fronton, est un héros blessé et mourant, soutenu sur un bras, et d'une main tenant la flèche qui s'est enfoncée dans son corps.

Ainsi la lutte est ardente, passionnée : chaque parti, chaque combattant déploie une activité extraordinaire : debout, courbés, agenouillés, tous les corps ont pris la situation naturelle et convenable pour attaquer ou pour résister. Ils vont en avant, mais s'effacent sous leurs boucliers ; l'effort est tendu, mais mesuré, parce que chaque héros soutient un combat singulier et règle ses mouvements sur ceux d'un adversaire. Les armes bien dirigées semblent la continuation des bras qui les supportent. De là une lutte harmonieuse et comme rhythmée, où toutes les attitudes se répondent, où tous les mouvements sont d'accord. Les blessés eux-mêmes font effort : ils résistent à leur propre faiblesse, ils retardent une chute dont ils ne se relèveront jamais.

Minerve assiste le fils de Thétis et combat avec les Grecs. Mais la déesse demeure immobile : seulement, de son bouclier légèrement tendu, elle forme au-dessus d'Achille un rempart sacré que nul troyen ne franchira. Elle est immobile parce qu'elle est toute-puissante. Le travail, l'effort, sont un signe de faiblesse humaine. Les héros s'agitent et ramassent toute leur énergie : Minerve fait à peine un signe. Ici commence une des grandes et philosophiques traditions de l'art grec : la sérénité des dieux. Désormais nous la retrouverons à travers toutes nos recherches; il suffit en ce moment d'en signaler l'apparition.

Les combattants ont une taille plus petite que nature. Leurs corps sont souples, svaltes et bien proportionnés. Ils ont la grandeur normale : sept longueurs de tête. Les détails anatomiques sont bons. On y a seulement relevé quelques légers défauts : l'os du genou trop saillant, les muscles de la poitrine trop accusés, les jambes, du genou en bas, trop longues par rapport aux parties supérieures. Mais l'imperfection la plus grande est dans la répétition constante d'un type unique. Les organes ont chez tous le même développement et la même maturité. Rien n'y indique les différentes périodes de la vie. Le corps d'Achille, très jeune encore, et que Platon qualifie d'imberbe (1), ne se distingue pas du corps d'Ajax. Le premier n'a pas la grâce, le second la vigueur virile de son âge. Il semble qu'on ait sous les yeux des abstractions sculptées, l'homme *en général,* dirait Platon, et non des individus.

Jusqu'ici, néanmoins, tout, dans le groupe d'Egine, est relativement parfait. A ne considérer que les corps, sans regarder aux visages, on reconnaît que les organes obéissent exactement aux volontés de l'âme. Toutes les fonctions physiques, tous les mouvements exigés par la situation sont accomplis; rien ne manque à l'expression des passions qui animent les lutteurs. Si l'on n'avait découvert que les corps décapités, on aurait pu, avec autant de précision, restaurer et nommer le groupe. Si les têtes seules étaient tom-

---

(1) *Banquet,* 7.

bées entre les mains des *Dilettanti*, personne n'y eût reconnu des combattants d'Homère. Elles sont très finement sculptées, mais toutes sur le même modèle. Grecs et Troyens, à l'exception de l'adversaire d'Ajax, ont la même figure juvénile. Leurs cheveux tressés descendent bas sur leurs fronts étroits. Leurs regards sont vides. Leurs bouches ne poussent pas un cri : tous leurs traits ont une égale placidité. Ni l'ardeur du combat, ni la colère, ni l'effroi, ni l'espoir du triomphe n'en altèrent la régularité monotone; je ne sais quel sourire vague repose sur leurs lèvres muettes. Ils ne sont ni intelligents ni passionnés : Achille et les deux blessés ne témoignent aucune souffrance; si leurs paupières étaient abaissées, on les croirait endormis.

Minerve n'est pas encore la déesse de la pensée réfléchie. Elle conserve dans sa pose, dans les plis réguliers et droits de sa robe, toute la raideur archaïque. On peut lui comparer la Pallas d'*Herculanum*. Il semble que les progrès aient été plus lents dans la représentation des dieux que dans celle des héros. Ceux-là n'ont pas encore le prestige de l'intelligence et de la toute-puissance; il leur manque aussi cette vie libre des organes que nous avons signalée dans les combattants du groupe d'Egine. La Minerve éginétique a les pieds posés parallèlement l'un près de l'autre. Mais la Minerve de Dresde prend déjà une attitude plus facile et plus naturelle. La Diane de Naples marche.

L'art, après les groupes d'Egine, avait à réaliser deux progrès : 1° Alors même qu'il demeurait fidèle à la tradition primitive, c'est-à-dire qu'il exprimait seulement l'*action* intelligente ou passionnée par le mouvement, et non la pensée ou la passion par la *physionomie*, il devait rechercher une exactitude anatomique irréprochable : plus de variété, de vérité dans les formes ; plus de liberté, de délicatesse et de grâce dans les détails ; enfin, donner tant aux dieux qu'aux héros la grandeur et la majesté des proportions. 2° Il devait s'élever à la représentation complète de la vie spirituelle. Le premier de ces progrès s'acheva dans Calamis, Pythagore et Myron ; il fut à son comble dans Polyclète. Phidias seul, avant Scopas et Praxitèle, atteignit au second.

L'activité de Calamis, sculpteur et ciseleur, fut remarquable. On cite de lui un Jupiter Ammon, trois Apollon, un groupe d'enfants en prière, une Victoire *sans ailes*, les statues de Mercure *porte-bélier*, de Bacchus, de Sosandra, de Vénus, d'Esculape, d'Alcmène et d'Hermione (1). Il excellait, suivant Pline, dans les coursiers, *semper sine æmulo expressi* (2), et Hiéron lui commanda un groupe de chevaux et de cavaliers pour le sanctuaire d'Olympie. Praxitèle lui-même ajouta un cocher sculpté de sa main à un quadrige de Calamis (3).

Deux textes, l'un de Cicéron, l'autre de Quintilien (4), rapprochent Calamis de Kanachos et de Kallon : *molliora Calamidis, minus rigida Calamidis*. Il appartenait donc encore à la vieille école ; il fermait la tradition archaïque et en préparait une nouvelle.

---

(1) Pausan., I, 23, 2 ; II, 10, 3 ; V, 25, 5 ; V, 26, 6 ; IX, 20, 4 ; IX, 22, 1 ; X, 16, 4.
(2) XXXIV, 71.
(3) Id., ibid.
(4) *Brutus*, 18 ; *Instit. orat.*, XII, 10, 7.

Les deux écrivans latins placent après son nom celui de Myron, et Cicéron ajoute celui de Polyclète, qui, suivant lui, a réalisé la beauté complète.

Les anciens ne nous apprennent pas si Calamis avait tenté de représenter les dieux avec leurs types individuels. Il passait pour plus habile artiste dans ses personnages humains que dans ses dieux (1). Pline et Lucien nous ont laissé sur l'Alcmène et la Sosandra de Calamis des jugements significatifs. Personne, dit le premier, n'eût représenté Alcmène avec plus de noblesse (2). La Sosandra de Calamis, dit le second, donnera à notre statue idéale sa chasteté et ce sourire digne qui s'ignore lui-même (3). Elle lui donnera aussi la décence harmonieuse de ses vêtements. De tous ces témoignages nous pouvons conclure que, dans Calamis, la forme humaine eut un aspect plus imposant. Mais nous n'y découvrons pas encore, comme Owerbeck, la *physionomie* (4). L'épithète même dont Lucien qualifie le sourire de Sosandra s'y oppose. Ce sourire sans conscience est toujours celui des statues d'Egine. C'est ainsi, dit un critique allemand, que souriaient les personnages des maîtres primitifs, les saints de Francia et du Pérugin (5).

Pythagore de Rhegium ne travailla que le bronze. Il exécuta la lutte d'Apollon contre le serpent Python et le combat d'Etéocle et de Polynice. On ignore dans quelle situation il représenta son Persée. On cite en-

---

(1) Denys d'Halicarn., *De Isocrate.*
(2) XXXIV, 22.
(3) Μειδίαμα σεμνὸν καὶ λεληθός, *Imag.*, 6.
(4) *Gesch. der Griech., Plast.*, liv. II, ch. 6.
(5) Brunn., *Gesch. der Griech., Kunstler*, t. I, p. 130.

core de lui un Apollon à la lyre, une Europe montée sur le taureau, un Philoctète boiteux, si célèbre, qu'on le désignait *le boiteux* ; enfin un grand nombre de statues d'athlètes vainqueurs, et, entre autres, le *pancratiaste*, qui fut jugé supérieur à celui de Myron, et le Locrien Euthymos que Pausanias admirait parmi tous les triomphateurs qui peuplaient le trésor d'Olympie (1).

Pythagore, écrit Pline, donna le premier un soin particulier aux muscles, aux veines et à la chevelure. Il s'appliqua donc à la vérité anatomique, et à ces détails délicats qui concourent à la grâce de l'ensemble. Il était célèbre par ses athlètes. Le mérite propre d'un lutteur n'est pas dans la beauté expressive du visage. La tête petite, le front abaissé, le cou épais, les épaules larges, le corps ramassé, les chairs robustes, les muscles tendus et gonflés composent le type de l'athlète. L'Apollon Pythien, l'Etéocle et le Polynice de Pythagore étaient sans doute conformes à ce type : une santé riche et peu d'âme.

Diogène de Laërce signale chez notre artiste une autre qualité : « Le premier, dit-il, il parut atteindre au *rhythme* et à la *symétrie* (2). » La symétrie, en sculpture, est la proportion que toutes les parties du corps ont entre elles, quant à leur taille respective ; le rhythme est le rapport qu'elles gardent mutuellement quant à leur direction générale et au mouvement unique qu'exécute le personnage. « Le rhythme, dit

---

(1) Pausan., VI, 13, 1 ; 7, 3 ; 4, 2 ; 10, 4 ; 18, 1 ; 6, 1. — Pline, XXXIV, 59.

(2) Πρῶτον δοκοῦντα ῥυθμοῦ καὶ συμμετρίας ἐστοχάσθαι. *Pythag.*, 25.

Platon, est l'ordre dans le mouvement (1). » Le rhythme du Philoctète boiteux, tel que le montre une médaille du musée de Berlin, résulte de l'attitude du corps rejeté en arrière, pesant sur une seule jambe, et appuyé d'un bras sur un bâton, tandis que la jambe blessée, raidie, et comme inutile, s'avance péniblement, et rétablit ainsi l'équilibre général. Cette proportion des organes, et surtout cette mesure rhythmée de la pose sont déjà sans doute dans les statues d'Egine ; mais enfin elles constituent, avec l'exactitude matérielle, l'originalité propre de Pythagore, dont la réputation fut néanmoins surpassée par celle de Myron.

Myron d'Eleuthère, plus ancien, suivant la critique allemande (2), que Phidias et Polyclète, ses condisciples dans l'atelier d'Agéladas, se rendit célèbre par sa génisse (3) et ses athlètes ; principalement par son *coureur* Ladas et son *Discobole* que possède aujourd'hui le musée Pio-Clémentin. Lucien décrit ainsi cette dernière œuvre : « Il lance le disque et se courbe dans le mouvement du jet ; il tourne la tête vers la main qui tient le disque ; il fléchit légèrement un genou, et se redressera en jetant le disque (4). » L'athlète se soutient du bras gauche sur l'autre genou ; le bras droit est tendu en arrière à la hauteur du front. C'est à cette action animée et compliquée du corps que se rapporte le texte de Quintilien : *Quid tam distortum et elaboratum quam est ille Discobolos Myro-*

---

(1) Τῇ τῆς κινήσεως τάξει ῥυθμὸς ὄνομα, *Legg*., 665.
(2) Brunn. Owerbeck.
(3) Pline, XXXIV, 58.
(4) *Philopseud*., 18.

nis (1), et la phrase si discutée de Pline : *Primus hic multiplicasse varietatem videtur, numerosior in arte quam Polycletus, et in symmetria diligentior* (2). En admettant, avec Brunn (3), que les deux premiers jugements de Pline se rapportent peut-être à la fécondité de Myron, on ne peut interpréter le troisième que par l'idée même indiquée par Quintilien, *distortum, elaboratum*. Nous traduisons, ou plutôt nous paraphrasons ainsi les paroles de Pline : « Le premier, Myron compliqua la variété des mouvements ; son art eut des combinaisons plus savantes que celui de Polyclète ; il s'appliqua plus que lui aux attitudes recherchées, mais toujours harmonieuses (4). »

Pline continue : « Habile seulement dans la science du corps humain, il ne sut pas exprimer les sentiments de l'âme : *Ipse tamen, corporum tenus curiosus, animi sensus non expressisse.* » D'autre part Pétrone écrit : « Il avait presque enfermé dans le bronze la vie des hommes et des animaux : *Pœne hominum animas ferarumque œre comprehenderat* (5). » Myron est tout entier dans l'opposition de ces deux mots *animus* et *anima*. *Animus* indique la vie de l'esprit ; *anima* la vie organique. Deux épigrammes de l'Anthologie nous font ainsi connaître son *coureur*. « Que Ladas bondisse ou vole à travers le stade, sa rapidité toute divine est impossible à décrire. » « Tu courais comme le vent,

---

(1) II, 13.
(2) XXXIV, 58.
(3) *Gesch.*, etc., t. I, p. 151.
(4) Ovide, *Art. amat.*, III, 219, qualifie Myron d'*operosus*, épithète conforme au jugement de Pline.
(5) 88, 3.

Ladas, d'une ardeur prodigieuse, l'haleine retenue dans ta puissante poitrine : c'est ainsi que Myron t'a représenté en bronze ; dans son œuvre, tout ton corps aspire à la couronne de Pise. Il est plein d'espérance, et sur le bord des lèvres le souffle monte du fond des entrailles. L'athlète d'airain court à la récompense, et sa base ne peut le retenir : son âme s'élance au-delà de la matière qui l'enchaîne (1).

Le poëte de l'Anthologie ne dit rien du visage de Ladas. Sa description se borne à développer le jugement de Pétrone. Les œuvres de Myron eurent donc cette vie énergique et vraie qui résulte d'un ensemble de mouvements mesurés et puissants. Ses statues avaient le *souffle,* suivant le mot de l'épigramme : elles le dirigeaient et le maîtrisaient. Mais on peut croire qu'elles manquaient de la finesse et de la grâce qu'avaient déjà recherchées Calamis et Pythagore. En cela Myron semblait revenir vers l'art d'Egine. *Capillum quoque et pubem,* écrit Pline, *non emendatius fecisse quam rudis antiquitas instituisset* (2).

Nous atteignons maintenant le milieu du Ve siècle, et nous rencontrons les deux illustres sculpteurs de la Grèce de Périclès, Phidias et Polyclète. Phidias est antérieur de quelques années à son condisciple. Néanmoins, comme il n'influa pas sur le génie de Polyclète, nous pouvons commencer par étudier ce dernier. Le maître athénien avança l'art bien au-delà de Polyclète. Il importe donc à l'unité de ce travail que nous signalions, chez les artistes contemporains, la gradation des progrès accomplis.

(1) *Anthol. Græc. Planud.*, lib. IV, 53, 54.
(2) XXXIV, 58.

Polyclète, né soit à Sicyone, soit à Argos, fut le dernier et le plus complet représentant de la tradition générale dont nous avons parcouru l'histoire de Dédale à Myron. Il réunit toutes les qualités des sculpteurs précédents, et les tempéra harmonieusement les unes par les autres. Il eut la pleine conscience de son génie et écrivit la théorie de son art. Là, se borne son originalité.

On ne connaît de lui qu'une seule statue importante de divinité, la Junon colossale d'Argolide, dont la taille, suivant Strabon, était cependant inférieure à celle des dieux de Phidias (1). « La statue d'or et d'ivoire de Junon, dit seulement Pausanias, œuvre de Polyclète, est assise sur un trône élevé : sa couronne supporte les Grâces et les Heures ciselées avec art : la déesse d'une main tient une grenade, de l'autre le sceptre (2). » L'anthologie loue vaguement la beauté de la Junon d'Argos (3). Martial n'est pas plus précis : il se contente d'une jolie subtilité (4). Maxime de Tyr célèbre ses bras blancs par l'épithète d'Homère ; puis ses beaux yeux, sa robe éclatante et sa prestance royale (5). Quintilien, dans un texte très précieux pour l'histoire de l'art, confirme et justifie le silence de tous ces écrivains sur la beauté expressive de la Junon de Polyclète. « Personne n'égala Polyclète pour la finesse des détails et la dignité de l'ensemble. La plupart lui donnent la palme : mais il semble, pour ne

(1) VIII, 572.
(2) II, 17, 4.
(3) *Planud.*, IV, 216.
(4) *Epigr.*, X, 89.
(5) Λευκώλενον... εὐῶπιν. *Dissert.*, XIV, 6.

rien lui enlever, qu'il ait manqué de majesté. En effet, si, dans la forme humaine, il s'est élevé au-dessus de la réalité, il n'a pas atteint avec autant de bonheur au caractère imposant des dieux... Ce qui manqua à Polyclète, on l'accorde à Phidias et à Alcamène : et Phidias est regardé comme plus parfait artiste dans ses dieux que dans ses personnages humains. « *Diligentia ac decor Polycleto supra cæteros ; cui quanquam a plerisque tribuitur palma, tamen, ne nihil detrahatur, deesse pondus putant : nam, ut humanæ formæ addiderit supra verum, ita non explevisse deorum auctoritatem videtur... At, quæ Polycleto defuerunt, Phidiæ atque Alcameni dantur ; Phidias tamen diis quam hominibus efficiendis melior artifex creditur* (1). »

On regrettait donc dans la Junon d'Argos, dans le Jupiter *pacificateur* et dans le Jupiter *patron de l'amitié* (2), — si toutefois ces deux dernières statues n'ont pas été, suivant la conjecture de quelques critiques, l'œuvre de Polyclète le jeune, — on regrettait l'absence de l'intelligence souveraine et de l'âme divine. Le Jupiter de Mégalopolis avait l'apparence d'un Bacchus ; il portait le cothurne, et tenait d'une main la coupe et de l'autre le thyrse (3). Les termes de Quintilien, *pondus, auctoritas,* se rapportent certainement à ce rayonnement de la vie spirituelle qui éclaire le visage et y met, à un degré singulier, la supériorté et la majesté. Les têtes de Junon, à la villa Ludovisi et à la villa Borghèse, peuvent nous donner une idée de

---

(1) XII, 10.
(2) Pausan., II, 20, 1 ; VIII, 31, 4.
(3) Id., ibid.

la Junon de Polyclète. Elles ont les seules qualités indiquées par le critique romain : *diligentia*, la pureté irréprochable de l'exécution : *decor*, la noblesse et la plénitude des formes. Les lignes du visage sont larges et pures ; toute la partie inférieure a de l'ampleur. On devine ces bras merveilleux que vantait Homère. Mais le front est toujours moins apparent et plus bas que celui de Minerve, par exemple. La chevelure, disposée en diadème, l'enveloppe étroitement ; il est plus large que haut, et indique moins l'intelligence que la domination. La tête de la déesse ne se penche pas, comme le buste de la Minerve de Munich, avec une attitude méditative : ses yeux, qui se portent vaguement à l'horizon, rappellent assez le regard calme et languissant des génisses qu'Homère lui comparait (1).

Un dernier témoignage qui est loin de contredire les précédents, nous semble préciser d'une manière concluante les mérites de Polyclète. Denys d'Halicarnasse le range à côté de Phidias pour la décence auguste, la perfection et la dignité de ses personnages divins (2). L'opinion de Quintilien demeure entière. Les conditions de ce *decorum*, si fort estimé des Romains, n'ont rien d'intellectuel. Cicéron l'analyse ainsi : « Debout, en marche, assis, couché, par le visage, par le regard, par le mouvement des mains, le corps doit garder sa dignité. Il faut éviter deux défauts extrêmes : la mollesse efféminée et la rudesse rustique (3). » Cette description convient à Junon, qui fut

(1) V. Brunn., *Gesch.*, etc., t. I, p. 229.
(2) Κατὰ τὸ σεμνὸν καὶ μεγαλότεχνον καὶ ἀξιωματικόν. *De Isocrate*, 95.
(3) *De Officiis*, 1, 35.

le type le plus conforme aux procédés et au génie de Polyclète. Cette divinité n'était pas, comme Minerve, Jupiter et Apollon, douée de tous les prestiges de la pensée. Elle régnait sur l'Olympe, sans volonté et sans liberté, par l'ascendant d'une beauté sévère et froide, d'une dignité orgueilleuse et impuissante.

Ainsi, dans la représentation des Dieux, Polyclète ne fit que perfectionner l'art de Calamis. Il dut aussi, avec une égale supériorité, présenter dans ses créations cette activité toute dramatique que l'antiquité, avant lui, s'était efforcée si souvent de reproduire. Cicéron mentionne son Hercule triomphant de l'hydre (1), et Pline un Hercule qui saisit ses armes (2). Son Amazone d'Ephèse, qui l'emporta sur celle de Phidias, avait sans doute une attitude guerrière (3). L'Amazone du Vatican, qui en est peut-être une copie, détend un grand arc. Mais les œuvres les plus importantes de Polyclète, son *Diadumenos* et son *Doryphore*, montraient le corps humain dans un repos parfait, ou occupé à des mouvements tranquilles et harmonieux. Une attitude paisible laisse aux proportions physiques toute leur intégrité. Aucune partie n'attire à elle la force et le travail du corps entier, et ne trouble l'équilibre général. Polyclète inventa la science des mesures normales et des rapports rigoureux des membres entre eux. Il appela *canon* ou *règle* la statue qui devait être le type idéal de l'homme, et le traité, malheureusement perdu, où il avait exposé ses principes. Les écoles de sculpture se réglèrent

(1) *De Orat.*, II, 16.
(2) XXXIV, 56.
(3) Id., ibid., 53.

dans la suite d'après le canon de Polyclète. « Seul, dit Pline, par une œuvre d'art, il créa l'art humain (1). » Le *Doryphore*, que les anciens considéraient généralement comme le canon même, servit aussi de modèle, suivant Quintilien, aux plus fameux peintres (2). On peut, d'après les témoignages de l'antiquité, restaurer en partie l'œuvre disparue de Polyclète.

Il serait intéressant de connaître, non pas tant la taille précise que Polyclète assignait à l'homme, que le rapport de la tête avec le tronc et le corps entier. Mais sur ce point le plus important, la critique doit renoncer à rien établir de certain. Vitruve, après avoir loué le génie de Polyclète, — et en même temps de Lysippe, dont le canon était différent, — établit ainsi les proportions des parties du corps. « La nature, dit-il, a composé le corps humain de telle sorte que la figure, du menton au sommet du front et à la racine des cheveux, en est la *dixième* partie, de même que la main, de l'articulation à l'extrémité du medius (3). »

Cette mesure, qui fait la tête petite et le corps très allongé, ne peut être celle de Polyclète. Le rapport moyen de la tête au reste du corps, suivant le calcul d'Albert Dürer, confirmé avec une minime différence par Montabert (4), est de 13 1/2 à 100. L'hercule *Farnèse*, que l'on doit à l'école de Lysippe, mesure $8 + 37/144$

---

(1) Fecit et quem *canona* artifices vocant, lineamenta artis ex eo petentes, velut a lege quadam : solusque hominum artem ipse fecisse artis opere judicatur. XXXIV, 55.
(2) V, 12, 21.
(3) *De Architect.*, III, 1.
(4) *Traité de la Peinture*, ch. 184.

longueurs de tête prise jusqu'au dernier sommet. Or, Lysippe changea le canon de Polyclète (1). Il rendit les têtes plus petites, les tailles plus élancées et plus minces, afin, dit Pline, d'agrandir l'aspect de ses personnages (2). Dans le canon de Polyclète, le corps était donc plus ramassé, plus compacte que dans celui de Lysippe. Celse commente ainsi l'épithète de *Quadrata*, que Varron donnait aux statues de l'artiste Argien : « Le corps le plus souple est carré ; — en grec τετράγωνον — il n'est ni grêle ni obèse (3). » Lucien imagine un danseur parfait. « Pour le corps, dit-il, il faut nous conformer à la règle de Polyclète. Il ne sera ni trop haut et long au-delà de toute proportion, ni d'une taille trop basse et semblable à un nain; mais d'une mesure moyenne et convenable ; ni trop charnu, car alors ses mouvements paraîtraient forcés ; ni d'une légèreté extraordinaire, car il ressemblerait à un squelette et à un mort (4). »

Ainsi, quant aux proportions générales, le canon tenait le milieu entre les extrêmes, également éloigné de la grandeur et de la médiocrité de la stature, de la maigreur et de l'embonpoint (5). Le type de Polyclète fut l'homme en bonne santé, tel qu'on le rencontre le plus souvent dans une race robuste, sous un

---

(1) Nova integra que ratione *quadratas* veterum staturas permutando.

(2) XXXIV, 56. Capita minora faciendo quam antiqui ; corpora graciliora siccioraque, per quæ proceritas signorum major videretur.

(3) II, 1.

(4) *De Saltati*, 75.

(5) V. Lanzi, *Notizie della scultura degli antichi*, p. 52.

ciel clément, chez un peuple civilisé, mais non efféminé, lorsqu'aucun accident extérieur, aucun dérangement organique n'a hâté ou ralenti à l'excès le développement de la taille. Nous ne saurions parvenir sur ce premier point à des données plus précises. Mais les textes anciens nous fournissent des détails précieux sur le genre de beauté réalisé par Polyclète.

« Dans la forme humaine, dit Quintilien, il s'est élevé au-dessus de la réalité. » Polyclète a donc conçu la forme idéale. Il a imaginé l'homme dans son état de beauté absolue, participant à cette éternelle et immuable beauté que décrit Platon, qui n'est ni la beauté du Grec, ni celle du Barbare, qui est indépendante des temps et des contrées, qui n'augmente et ne diminue jamais, qui ne naît pas et qui ne peut mourir. Mais l'homme, même idéal, n'est pas une pure abstraction. Puisque, dans la réalité, il est un moment de la vie où la personne humaine atteint son plus haut degré de perfection relative, l'art doit rechercher et représenter ce moment précis. Polyclète le fixa à l'issue de l'adolescence, à l'âge que les Grecs appelaient *éphébique,* c'est-à-dire vers la vingtième année. L'homme alors a à peu près toute sa taille ; mais comme la croissance s'arrête à peine, la force vitale ne s'est pas encore, en quelque sorte, dilatée dans ses membres ; ses muscles ne ressortent pas encore ; la charpente osseuse qui, dans l'âge viril, se marque par des arêtes et des angles saillants, est plutôt soupçonnée qu'aperçue. Les chairs, arrondies et polies, brillent d'une fleur de jeunesse : l'homme est dans toute sa grâce. « Polyclète, dit Quintilien, évita l'âge viril, et n'osa rien au-delà des joues imberbes (1). » Ses deux œuvres capitales après la Junon d'Argos : son Doryphore et son athlète *à la bandelette, Diadumenos,* appartiennent à cet âge moyen entre l'adolescence et la virilité, que Pline indique très bien par ses expressions composées : *Diadumenum fecit molliter juvenem... idem et Doryphorum viriliter puerum* (2). Le *Diadumène* en marbre du palais Farnèse est tout à fait conforme au texte de l'écrivain latin. Il est très jeune et de formes délicates, et néanmoins robuste. Les lignes de son corps sont encore molles et arrondies : l'effort habituel de la lutte n'a pas encore laissé son empreinte sur les membres de l'athlète adolescent. Le visage est fin, mais sans expression. Le nez et l'un des bras sont brisés. Bien que mutilée et abandonnée à la poussière, cette statue, qui mériterait d'être restaurée, nous a paru une copie intéressante du chef-d'œuvre du sculpteur grec.

Polyclète demeura fidèle à ses principes dans la représentation de la beauté de la femme. La jeune fille nubile fut pour lui la femme idéale. On voyait en Sicile ses deux *Canéphores* que Verrès n'eut garde de laisser à leur propriétaire Héius. « Il y avait aussi, dit Cicéron, deux statues, non pas très grandes, mais d'une grâce merveilleuse (3); elles avaient le port et le vêtement des vierges, et de leurs mains tenues en l'air, elles supportaient sur leurs têtes des objets sacrés, à la manière des jeunes filles d'Athènes. On les appelait les

---

(1) Quin ætatem quoque graviorem refugisse, nihil ausus ultra leves genas. XII, 10.
(2) XXXIV, 55.
(3) Non maxima, verum eximia venustate. *In Verr.*, IV, 111.

Canéphores; mais leur auteur, quel était-il? On me répond avec raison : Polyclète. » Le mot *Venustas* marque ce genre de beauté plus juvénile et plus féminine qui n'est plus la beauté imposante de Junon. Il n'y avait pas seulement, entre la déesse d'Argos et les Canéphores, une différence de proportion, mais une différence de nature. La première, par sa taille surhumaine, son attitude immobile et altière, la perfection de ses grandes formes, n'inspirait qu'une admiration craintive; les jeunes prêtresses, moins majestueuses, mais plus vivantes et plus séduisantes, étaient déjà dignes d'amour. Néanmoins le sculpteur Argien, lors même qu'il s'éloignait le plus de l'art sévère et religieux, garda toujours, de l'avis des anciens, un ciseau chaste. « Croyez-vous, dit Cicéron, que Phidias, Polyclète et Zeuxis aient consacré leur génie aux représentations voluptueuses (1)? »

Pline mentionne un dernier chef d'œuvre de Polyclète : deux jeunes garçons nus et jouant aux osselets, que l'on voyait dans l'atrium de l'empereur Titus. Ce groupe paraissait réaliser la perfection de l'art (2).

Nous sommes maintenant en mesure d'assigner à Polyclète sa véritable place dans l'histoire de la sculpture grecque. Il fut, par excellence, l'artiste du corps humain, dont il éleva les formes jusqu'à leurs proportions les plus idéales. Il jugea que la condition de la beauté physique dans l'homme est la jeunesse, et que le premier caractère de cette beauté est la grâce. Ses prédécesseurs, Calamis et Myron, avaient pressenti

---

(1) *De Finibus*, II, 25.
(2) Quo opere nullum absolutius plerique judicant. XXXIV, 55.

déjà ces vérités esthétiques. Mais leur art, toujours inhabile par quelque endroit, n'était jamais parvenu à la perfection complète des conceptions, ni à la pureté irréprochable de l'exécution. Le canon de Polyclète parut aux anciens l'œuvre suprême du génie, au delà de laquelle on ne pouvait désormais rien tenter. Xénophon le nomma le prince des statuaires (1). Si la grâce fut pour lui l'élément principal de la beauté, elle eut pour condition première le calme des attitudes et des mouvements. Les écoles antérieures avaient su rendre, par des poses habilement combinées, les agitations de la passion : Myron excella dans l'exécution des mouvements compliqués et rhythmés. Les personnages de Polyclète gardaient une tranquillité presque divine. Son Doryphore était sans doute au repos, et veillait immobile. Le *Diadumenos* soulève légèrement ses deux bras repliés et inclinés vers la tête avec un double mouvement symétrique, analogue à celui que Cicéron indique dans les Canéphores, et, de ses deux mains, tient l'extrémité de la bandelette dont il couronne lentement son front. Lucien proclame sa rare beauté (2). Par ces deux qualités, la grâce et la sérénité, Polyclète fut le digne contemporain de Phidias, et l'un des maîtres de Praxitèle.

Néanmoins, si admirable qu'il ait été, l'art de Polyclète fut incomplet. L'antiquité a refusé à ses dieux la beauté intellectuelle qui est le caractère le plus essentiel de la divinité. Elle a estimé et célébré les formes régulières et déjà charmantes de ses jeunes

---

(1) *Memor.*, I, 4.
(2) *Philopseud.*, 18.

hommes. Nulle part, sans doute, elle ne lui reproche, comme à Myron, d'oublier l'âme humaine en songeant trop au corps. Mais nulle part aussi elle ne contredit, en faveur de ses athlètes, le jugement qu'elle porte sur ses divinités. Il est impossible de supposer qu'il ait doué son Doryphore d'une perfection dont fut privée sa Junon d'Argos, l'œuvre capitale de sa vie d'artiste. D'ailleurs le type de l'athlète, qu'il a si diversement reproduit, n'était guère propre à provoquer un tel progrès.

Enfin le canon, tant le traité théorique que la statue, tout en présentant aux sculpteurs des règles et un type excellents, préparait à l'art un grand danger. Il mettait l'homme tout entier dans le corps humain. S'il fixait la plus belle forme, il ne recherchait pas la plus belle physionomie. A son insu, et au nom même des lois éternelles de l'art, Polyclète détruisait ou tout au moins affaiblissait cette harmonie intime de l'esprit et de la matière qui, dans l'art aussi bien que dans la réalité, est un principe de vie, de dignité et de beauté. Il avait, pour montrer l'homme dans sa perfection idéale, corrigé et transformé le corps. Mais enfin il n'enseignait aux artistes aucun autre modèle. D'autres après lui, altérant ou exagérant ces doctrines, feront de l'exactitude matérielle la fin dernière et unique de l'art. Ils remplaceront par l'imitation minutieuse et servile cette préoccupation de la beauté sans tache qui vivifiait le génie du grand sculpteur d'Argos. Ses élèves directs, dont Pausanias et Pline nous ont conservé les noms assez nombreux, avec une liste de leurs œuvres, mais sans renseignements précis, se livrèrent presque exclusivement au travail des statues d'athlètes dont les fêtes religieuses et politiques de la Grèce, alors dans tout leur éclat, renouvelaient chaque année l'occasion. Mais l'influence de Polyclète s'étendit au dehors même de son école immédiate. Elle est incontestable dans le Discobole de Naucydès, sculpteur d'Argos, plus jeune que Polyclète, qui fut peut-être son maître et certainement son modèle (1). On avait élevé à l'*Heræum* une Hébé d'or et d'ivoire ciselée par Naucydès, à côté de la Junon de Polyclète (2). Visconti lui attribue le Discobole debout que l'on voit au musée Pio-Clémentin dans la salle *della biga* (3), et qui contraste singuliérement avec l'athlète de Myron placé en face de lui. Tandis que celui-là, sur le point de lancer le disque, se porte en avant, le buste courbé, le corps étayé en quelque sorte par un bras afin de résister à l'impulsion qui l'entraînerait, le Discobole de Naucydès garde la pose tranquille du Doryphore et du Diadumène: il laisse pendre le bras qui tient le disque; il se rejette un peu en arrière; sa tête se penche doucement comme pour observer un but rapproché, vers lequel se dirige sans effort son bras droit à demi soulevé et maintenu le long du corps jusqu'au coude; il semble mesurer l'espace et se recueillir avant d'agir; sa taille, sans être ramassée, n'est cependant pas svelte ni élancée; le Discobole de Naucydès n'est ni un adolescent ni un homme fait. Je crois que c'est ainsi que l'eût imaginé et sculpté Polyclète.

(1) Pline, XXXIV, 80.
(2) Pausan., II, 17, 5.
(3) *Mus. Pi. Clem.*, vol. III, 26.

Naucydès conservait encore, dans ce qu'elles eurent d'élevé et d'irréprochable, les traditions de Polyclète. Mais, dès avant Praxitèle, la décadence de la sculpture commençait et l'art se faisait *matérialiste*. Callimaque rechercha à l'excès le fini des détails. « Ses Lacédémoniennes à la danse, dit Pline, sont une œuvre châtiée, mais où le raffinement de l'exécution a ôté toute grâce (1). » Semetrius excella dans le portrait. « On lui reproche, écrit Quintilien, la vérité trop servile de ses créations ; il fut plus amoureux de la ressemblance que de la beauté (2). » Lucien l'appelle ἀνθρωποποιός, et non ἀνδριαντοποιός, et décrit ainsi son Pellichus le Corinthien. « N'as-tu pas vu près du ruisseau une statue au ventre proéminent, à la tête chauve, à demi nue, dont la barbe rare paraît agitée par le vent, dont les veines ressortent, ressemblant à un individu (3) ? C'est Pellichus, le général de Corinthe (4). » Remarquons ces tendances funestes de l'art grec. Elles suivent d'assez près la vieillesse de Phidias. Praxitèle les arrêtera autour de lui, mais ne les détruira pas. Elles reparaîtront dans l'école de Lysippe, et fermeront l'histoire de la sculpture antique.

Nous devons maintenant apprécier le génie de Phidias et de son école. Nous ne soulèverons pas les questions archéologiques, que les témoignages incomplets de l'antiquité ont léguées à la science moderne

---

(1) In quo gratiam omnem diligentia abstulerit. XXXIV, 92.
(2) Fuit similitudinis quam pulchritudinis amantior. XII, 10.
(3) Αὐτοανθρώπῳ ὅμοιον.
(4) *Philopseud.*, 18.

sur l'exécution et les particularités des œuvres principales de Phidias, et sur la part qui revient au grand artiste dans les compositions auxquelles il a présidé et mis peut-être la dernière main. Ces questions sont hors du dessein que nous nous sommes proposé. D'ailleurs elles ont été déjà, tant en Allemagne qu'en France, discutées et, pour la plupart, éclaircies (1). C'est en psychologue plutôt qu'en archéologue que nous voulons étudier les dieux de Phidias. En même temps nous le replacerons au milieu de son siècle, et nous montrerons quel accord parfait règne entre le maître athénien et la Grèce tout entière de Périclès.

Les historiens, les moralistes et les rhéteurs grecs ou romains, lorsqu'ils rappellent le nom et les œuvres de Phidias, énoncent presque toujours en même temps une opinion bien significative, parce qu'elle est chez tous identique. « Phidias, dit Quintilien, est regardé comme plus parfait artiste dans ses dieux que dans ses personnages humains ; pour la statuaire d'ivoire, il dépasserait encore de loin tous ses émules, si même il n'avait jamais fait que la Minerve d'Athènes ou le Jupiter Olympien d'Elide ; et la beauté de ce Jupiter semble avoir ajouté quelque chose à son culte populaire, tant l'artiste s'est élevé à la hauteur de la majesté du dieu (2) ! » « Ce Jupiter Olympien, dit Pline, personne n'a pu l'égaler (3). » Plutarque (4) et Tite-

---

(1) Ottfr. Müller, *De Phidiæ vita et operibus commentationes tres*. — Q. de Quincy, *Jupiter olympien*. — Gerhard, *Uber die Minerven. Idol. Athens*; Berlin, 1844. — M. Beulé, *Acropole d'Athènes*. — M. Fr. Lenormant, *la Minerve du Parthénon*; Paris, 1860 ; etc.
(2) *Inst. orat.*, XII, 10.
(3) XXXIV, 54.
(4) *Paul-Em.*, 28.

Live (1) racontent qu'à sa vue, Paul Emile s'émut comme s'il avait sous les yeux, vivant, le Jupiter d'Homère. « Ou le dieu est descendu sur la terre, Phidias, pour te montrer son visage, dit une épigramme, ou tu es monté au ciel pour contempler le dieu (2). »
« Vous allez à Olympie, dit Epictète, pour voir la statue de Phidias, et chacun de vous regarde comme un grand malheur de mourir sans l'avoir vue (3). » Lucien met Phidias au rang des dieux pour son Jupiter (4). Maxime de Tyr, après avoir débattu cette question qui prenait de son temps une importance religieuse : Faut-il représenter les dieux par des statues ? affirme en paroles dignes de Platon l'unité et l'infinité de Dieu. « Il est un Dieu, père et artiste de tous les êtres, plus ancien que le soleil, plus ancien que le ciel, plus grand que le temps, plus grand que l'éternité, et que la nature qui s'écoule et périt; un Dieu que les législateurs ne nomment pas, que la voix n'exprime pas, que les yeux ne voient point. » Mais, ajoute-t-il, l'homme imparfait, prisonnier dans son corps, a besoin de l'imaginer avec des formes sensibles. Les statues sont les signes matériels de l'inaccessible divinité. Le devoir de l'artiste est de comprendre la nature divine et de la faire comprendre à la conscience humaine. Chez les Grecs, c'est l'art de Phidias qui a éveillé dans les âmes le souvenir et la pensée de Dieu (5).

(1) XLV, 28.
(2) *Anal.*, II, 225.
(3) *Dissertat.*, I, 6, 23.
(4) *Somn.*, 8.
(5) *Dissert.*, VIII, 10.

Ainsi donc, tandis que la sculpture antérieure avait seulement rendu par des attitudes vivantes l'activité de l'âme humaine, mais sans trouver encore la beauté expressive du visage; tandis que Polyclète, contemporain de Phidias, borna son art à la recherche des formes les mieux proportionnées, les plus pures et les plus gracieuses, Phidias, selon le témoignage de toute l'antiquité, fut le premier sculpteur qui représenta dignement les dieux grecs, le premier même et le seul qui eut la conception profonde et philosophique de la nature divine. En effet, parmi les habitants si nombreux de l'Olympe hellénique, parmi les traditions religieuses et les légendes poétiques qui donnaient au caractère et au culte de chacun une variété infinie, Phidias fit un choix, non pas arbitraire, mais guidé par la préoccupation d'un idéal immuable. « Cet artiste, écrit Cicéron, lorsqu'il créait son Jupiter ou sa Minerve, ne regardait pas tel modèle particulier dont il pût rendre la ressemblance; mais il avait dans l'âme un type supérieur de beauté où se fixait son regard intérieur, qui dirigeait sa main et se reproduisait dans son œuvre (1). » Rechercher quel fut pour Phidias le type absolu de la divinité, c'est découvrir en même temps quels progrès nouveaux lui dut la sculpture grecque.

Les poëtes de la Grèce primitive, ceux qui avaient réduit en symboles et en fables les adorations et les angoisses indécises de l'âme humaine effrayée et charmée tout à la fois par la vie mystérieuse de la nature, offraient à Phidias le modèle d'après lequel Homère

(1) *Orat.*, 11.

avait créé tous ses dieux. Les premiers philosophes, qui déjà contredisaient les poëtes, lui présentaient un autre type. C'est celui-ci que Phidias adopta, bien qu'il ait nommé Homère son maître, et entrevu dans l'Iliade la tête royale et sereine du Jupiter d'Olympie.

Les dieux d'Homère sont faits à l'image de l'homme. Ils sont intelligents et passionnés. Mais ils obéissent moins à leur raison qu'à leurs passions. L'histoire de chacun n'est qu'amour et vengeance. Toutes les joies et toutes les tristesses de l'humanité entrent dans l'Olympe. Tantôt les Immortels, assis au banquet de Jupiter, font résonner de leurs rires ces profondeurs radieuses du ciel où flotte, dit Homère, une lumière blanche (1); tantôt ils se battent entre eux parmi les Grecs et les Troyens qu'ils protégent; puis ils reviennent à Jupiter et lui montrent douloureusement le sang qui coule de leurs blessures (2).

Il suffit de nommer la plupart des dieux antiques pour rappeler les passions ardentes qui les animaient; Neptune, par exemple, qui gardait dans ses ressentiments la violence et les caprices des vagues de la mer, et Mars, le dieu brutal des montagnes de Thrace, que cependant l'amour désarmait et endormait si profondément sur le sein d'Aphrodité. Je chercherai seulement quel caractère les trois grandes divinités de Phidias, Jupiter, Minerve et Vénus avaient dans les anciennes traditions mythologiques, dans Homère, Hésiode, et jusque dans Eschyle, le dernier interprète et le dernier fidèle de la foi homérique.

(1) *Odyss.*, VI, 45.
(2) *Iliade*, V, 870.

Jean-Paul Richter écrit dans son *Esthétique* : « Nous plaçons la félicité sensible sur la terre et l'idéal moral dans la divinité. Les Grecs donnaient le bonheur aux dieux, et la vertu aux hommes. Les belles couleurs de la joie, qui fleurissent dans leurs créations, brillent sur les joues des Immortels plutôt que sur le visage des mortels ; car les dieux n'ont pas à gémir, comme les humains, des incertitudes de la destinée, des fatigues de la vie, de l'ombre de la mort qui s'étend sur toutes choses, du sommeil éternel de l'Orcus ; le poëte ne voit dans l'Olympe que la table toujours joyeuse des dieux (1). » Le Jupiter d'Homère est conçu d'après cette théologie encore enfantine qui mettait dans les dieux l'homme tout entier avec ses passions et ses faiblesses. Sans doute il avait une pensée puissante : il était la sanction des notions rationnelles, le père de la justice, le protecteur des serments, le patron du foyer domestique, le roi suprême et bienfaisant des cités humaines. Mais il était aussi un dieu passionné et voluptueux. L'histoire de ses amours eût rempli de longs poëmes. Il perdait non seulement la gravité, mais la forme divine ; il se changeait en taureau pour enlever Europe, en cygne pour séduire Léda, en aigle pour ravir au ciel l'enfant Ganimède. Un jour Junon demanda à Vénus sa ceinture où étaient renfermés tous les désirs et tous les enchantements ; puis elle monta vers son époux assis sur la cime de l'Ida. « A sa vue, dit le poëte, l'amour enveloppa l'âme de Jupiter... O Junon, s'écria-t-il, viens, reposons dans la volupté. Non, ja-

(1) Ch. 20.

mais, ni pour une déesse ni pour une mortelle mon cœur n'a été inondé d'un pareil désir... Ne crains les regards ni des dieux ni des humains ; je te recouvrirai d'un grand nuage d'or, et le soleil lui-même, dont la lumière perçante regarde toutes choses, ne nous verra pas... Il dit, et l'enfant de Saturne étreignit de ses bras son épouse : sous eux la terre divine fit germer une herbe printanière, des lotus brillants de rosée, des fleurs de safran et de molles touffes d'hyacinthe qui soulevaient les deux amants. Sur cette couche, ils reposaient, voilés par une nuée d'or, et une pluie lumineuse tombait autour d'eux (1). »

Jupiter était aussi un dieu jaloux, un dieu de colère et de vengeance. « La statue de Jupiter *vengeur des serments*, dit Pausanias, frappe de terreur les méchants ; elle tient la foudre dans chaque main (2). » Ce Jupiter courroucé n'apparaît guère dans Homère. Hésiode le premier l'a peint avec sa formidable puissance, dans le combat des Titans. « Jupiter ne retint plus sa force ; l'âme remplie d'ardeur, il se montra dans toute sa violence : aussitôt du ciel et de l'Olympe il s'élança, étincelant ; de sa main vaillante volaient sans relâche la foudre, le tonnerre et les éclairs, roulant une flamme sacrée ; la douce terre résonnait ; les forêts immenses, embrasées, pétillaient ; la terre entière bouillonnait, et les vagues de l'Océan, et la mer infinie. Une vapeur brûlante enveloppait les Titans, fils de la terre ; la flamme montait jusqu'au fond de l'air divin ; les combattants, malgré leur bravoure, étaient aveuglés par

(1) *Iliade*, XIV, 294.
(2) V, 24, 9.

la splendeur rayonnante de la foudre et des éclairs ; le vaste incendie envahit le chaos (1). » Le poëte de la *Théogonie* représente Jupiter comme une divinité implacable, funeste à l'humanité. C'est lui qui, pour le malheur des mortels, créa la femme, compagne pernicieuse, grande calamité (2), qu'Hésiode compare aux frélons qui dévorent dans la ruche le miel le plus pur. Eschyle adopta, dans *Prométhée*, ces traditions. Le Titan est enchaîné sur le Caucase à cause de ses bienfaits, de la science et de l'art qu'il a donnés au monde. La volonté de Jupiter est exécutée par deux personnages significatifs, la *force* et la *violence*. « Sur ce triste rocher, dit Vulcain, tu veilleras debout, sans dormir, sans fléchir le genou ; tu pousseras beaucoup de gémissements et de plaintes inutiles, car le cœur de Jupiter est difficile à toucher (3). » Du haut de sa montagne solitaire, Prométhée prend toute la nature à témoin de ses souffrances. « O Ether divin, vents aux ailes rapides, source des fleuves, sourire sans nombre des vagues marines, terre, mère de tous les êtres, et toi, soleil qui vois l'univers, je vous appelle : voyez quels maux les dieux font endurer à un dieu ; voyez quelles ignominies m'accablent, contre lesquelles il faut que je lutte pendant dix mille années (4) ! » Enfin il conjure Océan de ne jamais implorer Jupiter en sa faveur, car, dit-il, il est inexorable.

Minerve ne connut jamais l'amour. Elle repoussa les désirs de Neptune et de Vulcain. Mais cette vierge or-

---

(1) *Theogon.*, 687.
(2) Id., 592.
(3) *Prometh.*, v. 31.
(4) Ibid., 88.

gueilleuse avait aussi ses passions violentes, l'ambition, la colère et la vengeance. Elle se ligua avec Junon et Neptune contre son père Jupiter, et Thétis seule empêcha qu'un grand crime ne déshonorât le ciel (1). Elle était la déesse guerrière de l'Olympe, impitoyable dans la victoire. Mars, vaincu par Minerve en combat singulier, dit à Jupiter : « Tu as engendré une fille sans raison, funeste à tous, qui ne songe qu'aux actions coupables.... Elle a d'abord blessé Vénus à la main, puis elle s'est jetée sur moi comme un démon (2). » Homère la surnomme λαοσσοός, qui *passionne les peuples* (3). Dans le combat des dieux, c'est encore à Mars qu'elle s'opposait. « Elle prit de sa main robuste une pierre couchée dans la plaine, noire, raboteuse, immense, que les hommes avaient jadis placée comme borne d'un champ : elle la jeta sur le cou de l'impétueux Mars, et brisa sa force. Il tomba, couvrant sept arpents, et ses cheveux furent souillés de poussière; ses armes retentirent; Pallas Athéné rit et lui dit avec orgueil : Insensé qui luttes contre moi, tu ne savais donc pas combien je suis plus forte que toi?... A ces mots elle détourna ses yeux étincelants (4). » Mais Vénus vient au secours de Mars; et Junon rappelle Minerve au combat. « Minerve accourt, le cœur joyeux, bondit sur Vénus et lui frappa la poitrine de sa forte main; les genoux de la déesse fléchirent et le cœur lui manqua. Ainsi tous deux étaient couchés sur la terre nourricière. Minerve triomphante leur dit :

(1) *Iliade*, I, 400.
(2) Ibid., V. 875.
(3) Ibid., XIII, 128.
(4) Ibid., XXI, 403.

« Ainsi tombent tous les défenseurs des Troyens, lorsqu'ils combattent contre les Grecs avec l'audace présomptueuse de Vénus venant en aide à Mars et s'opposant à ma puissance (1). »

Si Minerve n'a gardé de son père que les passions fières et redoutables, la légende de Vénus, déesse plus orientale qu'hellénique, n'est remplie que par cette passion de l'amour qui adoucissait déjà la majesté du roi des dieux. L'Aphrodite d'Hésiode, fille d'Uranus et de l'écume de la mer, symbole de la nature personnifiée dans l'énergie fécondante de l'élément humide, a pu devenir l'auguste et impassible Vénus *céleste*, déesse intellectuelle, née de la lumière, que distinguèrent plus tard les philosophes. Mais la Vénus d'Homère, fille de Jupiter et de Dioné (2), personnification plus humaine et plus plastique, la Vénus voluptueuse seule tint une grande place dans la religion populaire. Elle était la beauté gracieuse qui éveille le désir, qui enflamme la passion, ardente elle-même de désir et de passion. Autour d'elle la nature s'anime et aspire au plaisir : les bêtes fauves de l'Ida la saluent de leurs cris de joie, et se recherchent amoureusement dans les forêts profondes de la montagne (3). Elle se donne au berger Anchise, souriante et tendre comme une mortelle, mais toujours majestueuse. « Revêtue de sa robe éclatante, déesse entre les déesses, elle se tenait près de la demeure d'Anchise ; sa tête s'élevait jusqu'au sommet de la porte ; la beauté de ses joues brillait d'une splendeur d'immortalité, la splendeur de

---

(1) *Iliade*, XXI, 423.
(2) Ibid., V, 370.
(3) *Hymn. in Vener.*, 68.

Cythérée à la belle couronne (1). » « Je chanterai, dit une autre hymne, Cythérée Cypris qui donne aux humains les plus doux présents : son visage digne d'amour est toujours riant; une fleur digne d'amour s'y épanouit (2). » « Tu es venue, dit Sappho, dirigeant ton char d'or : de beaux passereaux, secouant leurs ailes rapides, t'entraînaient au-dessus de la terre noire, au milieu du ciel éthéré.... et toi, ô bienheureuse, ton visage immortel souriait (3). »

Nous connaissons maintenant les dieux d'Homère. Rien n'est moins impassible que leur âme. Les plus grands par l'intelligence, Jupiter et Minerve, ressentent sans cesse, à un degré divin, les émotions les plus profondes qui puissent agiter le cœur de l'homme. Leurs yeux sont doux ou terribles : d'un mouvement de sourcils, Jupiter ébranlait l'Olympe. Leurs lèvres sont voluptueuses ou menaçantes; elles ne prononcent que des paroles d'amour ou de malédiction. Et la vie tout entière de la nature, la lumière, la jeunesse, la sympathie universelle qui rapproche harmonieusement tous les êtres, non moins que les désordres, les convulsions et les tempêtes qui épouvantent l'humanité, ne sont qu'un effet nécessaire, et comme le plus lointain écho des joies et des fureurs infinies de la divinité.

Les plus anciennes écoles de métaphysique opposèrent à la conception naïve des poëtes l'idée, déjà très subtile, d'un grand Être immatériel, immuable,

---

(1) *Hymn. in Vener.*, 174.
(2) *Hymn.* IX.
(3) *Poet. mel.*, IV, 1.

et généralement indéterminé, qui était la raison dernière de toutes les existences. Cette réaction contre la mythologie homérique, qui donnait aux dieux une personnalité trop complexe et trop humaine, fut faite avec conscience. Elle commença dans la Grande-Grèce. Le fondateur de l'Ecole éléatique, Xénophane, disait : « Il y a un Dieu très grand au-dessus des dieux et des hommes, qui ne ressemble aux mortels ni par le corps ni par la pensée. Il voit tout, comprend tout, entend tout. Exempt de peine, il meut toutes choses par la seule force de l'esprit. Il demeure toujours immobile dans le même état ; il ne se répand point à travers l'espace. Mais les humains s'imaginent que les dieux sont engendrés, et qu'ils ont leurs sensations, leur voix et leur figure. Si les bœufs ou les chevaux avaient des mains, s'ils pouvaient peindre et travailler comme les hommes, les chevaux se feraient des idoles pareilles aux chevaux, et les bœufs des idoles pareilles aux bœufs, donnant à leurs divinités leur propre corps. Homère et Hésiode ont attribué aux dieux tous les actes qui sont ici-bas un déshonneur et un crime ; ils ont raconté leur conduite coupable, leurs vols, leurs adultères et leurs mensonges (1). » Parménide, selon le témoignage de Platon (2), avait disserté sur les antiques théogonies, et probablement ramené aux phénomènes naturels les légendes fabuleuses. Il enleva à l'Être absolu l'ombre de providence que lui avait laissée Xénophane, et le réduisit à l'unité pure, indivisible, indéterminée, au-dessous de laquelle une

---

(1) *Fragm. philosoph. græc.*, edid. Didot, p. 101.
(2) *Banquet*, 195.

force aveugle qu'il appelle *amour* organise cette apparence sans réalité qui est le monde (1). Il n'est plus question, dans Melissus, d'une intelligence ou d'une âme divine, mais d'une entité absolument indifférente, sans mouvement, sans pensée et sans vie. « L'Être, dit-il dans un des rares fragments de son livre sur la *Nature* qui nous soient parvenus, l'Être ne souffre pas (2). » Enfin Empédocle, le précurseur d'Epicure, écrivait : « Dieu n'est qu'un esprit sacré et immense (3). »

Mais, tandis que l'école d'Elée se perdait dans le vide de ses abstractions et finissait avec Zénon par un scepticisme radical, la Grèce philosophique d'Orient et d'Attique organisait une doctrine métaphysique qui se développa lentement et régulièrement, et rencontra dans Aristote sa formule précise et définitive. Il fallait rendre à l'Être absolu une âme et une personnalité, et lui assigner, comme mode essentiel de sa nature, une énergie dont la réalité et le type fussent donnés d'abord par l'âme humaine. La philosophie grecque conçut dès lors la divinité non pas comme providence, mêlée sans cesse aux affaires de ce monde, à la façon des dieux d'Homère ; non pas comme puissance créatrice tirant du néant la vie universelle ; mais comme intelligence infinie, éternelle, immobile, principe d'ordre, de progrès et de beauté pour la matière éternelle, infinie et vivante.

---

(1) *Fragm. phil. græc.*, p. 128. — Aristote, *Métaphys.*, I, 4.
(2) Οὐδὲ ἀλγέει. *Fragm. phil. græc.*, p. 263. — Aristote sur Melissus, ibid., p. 278.
(3) Ibid., p. 12.

Diogène d'Apollonie, encore engagé dans les traditions matérialistes de l'Ecole ionienne, soutint que l'air divin, qui enveloppe et nourrit tous les êtres, est doué d'intelligence (1), puisqu'il se distribue avec mesure dans toutes les parties de l'univers. Hermotime de Clazomène, puis Anaxagore, le seul, dit Aristote, qui ait conservé sa raison parmi les folies de ses devanciers, séparèrent les premiers la cause organisatrice et la matière (2). Anaxagore semble avoir écrit une Genèse philosophique. « Toutes les choses étaient confondues en nombre et en petitesse infinie.... durant ce mélange aucune couleur ne pouvait être distinguée (3). » La Raison, Νοῦς, détruisit le Chaos. Mues par cette force immobile, toutes les parties semblables s'attirèrent et se réunirent ; les éléments prirent leur place, et le grand organisme du monde fut réglé. Mais l'intelligence demeura toujours isolée en elle-même, sans rapport avec les choses, à une distance infinie de l'univers (4).

Anaxagore fut le maître de Périclès qui le défendit dans une accusation d'impiété portée par Cléon contre le philosophe (5). Phidias, ami de Périclès, put recevoir de la bouche même de son auteur, l'enseignement d'une doctrine qui fut la contradiction rationnelle des traditions poétiques. Ces idées, profondes pour le temps, contribuèrent à son éducation d'artiste.

---

(1) Καί μοι δοκέει τὸ τὴν νόησιν ἔχον εἶναι ὁ ἀὴρ καλεόμενος. Diog., Ap. Simplic. comment. in Arist. Phys., fol. 33.
(2) Arist., *Métaph.*, I, 3.
(3) Simplic., ibid.
(4) Νόος... μοῦνος αὐτὸς ἐφ' ἑωυτοῦ ἐστι. *Fragm. phil. græc.*, p. 249.
(5) Diog. Laërt., II, 12, 14.

Son Jupiter d'Olympie, sa Minerve du Parthénon, sa Vénus d'Elide, ne sont plus les dieux voluptueux et belliqueux d'Homère, mais des représentations, et comme des incarnations de cet Esprit éternel, de cette intelligence impassible, proclamée déjà, sinon démontrée, par la métaphysique. Les dieux de Phidias pensent : jamais ils ne souffrent, ni ne se réjouissent.

Nous voulons insister encore sur ce rapprochement que nous croyons juste, de la science spiritualiste et de l'art idéaliste de la Grèce. Platon écrivait longtemps sans doute après la mort de Phidias. Mais il recueillait toutes les idées morales que Socrate avait semées autour de Phidias vieillissant. Nous montrerons plus loin combien il eut la conscience vraie du caractère essentiel de l'art grec au temps de Périclès. Par sa conception fondamentale de la divinité, il se rattachait à Anaxagore et justifiait Phidias.

Dans plusieurs pages de la *République*, Platon discuta les mythes d'Homère. «Les dieux, disait-il, sont très justes et très purs : c'est une impiété de leur prêter les vices et les passions des hommes. Nous ne voulons pas qu'Homère dise de ses dieux : Un rire inextinguible éclata parmi les dieux bienheureux, à la vue de Vulcain courant dans sa demeure (1).» « Il est indigne de Jupiter de négliger, pour les plaisirs de l'amour, le gouvernement du monde. Et quel exemple pour les adolescents qui bientôt seront des citoyens et devront veiller à la concorde et à la paix publique, que ces luttes criminelles qui troublaient l'Olympe (2) ? »

(1) III, 389.
(2) II, 378.

Il y a là évidemment un écho des critiques de Socrate touchant les fables religieuses. Il n'est pas probable, malgré Aristophane et Mélitus, que ce philosophe ait poussé plus avant le scepticisme. Il était moraliste plus encore que métaphysicien, et se tenait également éloigné de la foi populaire et du théisme radical. Là est le secret de son influence sur l'esprit public que son bon sens persuadait, mais qu'il ne rebutait pas par de subtiles abstractions. Plus hardi, plus dogmatique, mais moins accessible à l'intelligence du grand nombre, Socrate eût peut-être été épargné. Quoi qu'il en soit, il faut le considérer comme le continuateur d'Anaxagore. Pour lui les dieux, raisons pures, sont au-dessus de la passion.

Il y a plus d'une incertitude et d'une obscurité dans la théodicée de Platon. Il est difficile de déterminer la nature de son dieu. Nulle part il ne l'enferme dans une définition. Est-ce le dieu du *Timée*, l'artiste du monde, qui débrouille le chaos, dont la bonté est infinie, sorte de Jupiter idéalisé, très personnel assurément, mais dont la conception est encore plus mythologique que métaphysique? N'est-ce pas plutôt le dieu des *idées*, l'*idée* dernière et suprême, le bien absolu, qui n'est pas une abstraction, mais une substance, la seule substance véritable, vivant d'elle-même, supérieure au temps, indépendante de l'espace et de la matière, c'est-à-dire libre de tout changement, de toute diversité, de toute activité, au-dessous de laquelle les autres *idées*, plus ou moins engagées dans la matière, et les choses sensibles se meuvent, s'écoulent et s'évanouissent comme le fleuve d'Héraclite? Enfin le dernier mot de la science platonicienne est-il dans l'*unité* du *Parménide* et du *Sophiste*, abstraction pure, reçue des Eléates, et transmise plus tard aux Alexandrins? L'histoire de la philosophie n'a pas encore éclairci ces difficultés. Néanmoins il est une idée qui revient souvent à l'esprit de Platon, idée essentiellement grecque, c'est que l'intelligence absolue convient à l'Etre absolu. Dieu a une raison royale; autrement il ne serait cause de rien : car la raison et la puissance se supposent l'une l'autre (1). « Eh quoi? s'écrie Platon, nous persuadera-t-on que le mouvement, la vie, l'âme et la pensée n'appartiennent pas à l'Etre par excellence? Que cet être ne vit ni ne pense, et qu'il demeure immobile, immuable, sans avoir part à l'auguste et sainte intelligence (2)? »

Toutes ces aspirations et ces affirmations de la sagesse hellénique furent reprises et organisées logiquement par Aristote en un système très précis, dans la métaphysique la plus profonde peut-être qui ait jamais été. Le monde, dit-il, est dans un mouvement éternel dont le principe et la fin sont en dehors de lui, au-dessus de lui, moteur immobile, fin parfaite qui est le bien lui-même, Dieu. Ce moteur est impassible; l'univers va à lui parce qu'il est souverainement intelligible et souverainement désirable; parce qu'à travers l'échelle immense des êtres, la conscience et l'amour de sa perfection éveillent l'existence et fécondent tous les genres de vie. Dieu n'est pas sujet au mouvement, parce qu'il est absolument parfait, et que le mouvement n'est en général qu'un passage à

---

(1) *Philèbe*, passim.
(2) *Sophist.*, 248, 249.

une plus grande perfection. Dieu est un acte pur, c'est-à-dire une âme vivante, mais non à la façon des âmes humaines, qui participent aux imperfections de la matière qu'elles remplissent et animent, qui pâtissent, jouissent, se souviennent, désirent et regrettent, esclaves de leur corps. Dieu, être spirituel, est par là même insensible. Il est une raison, et seulement une raison. La raison n'a qu'un mode, la pensée: la pensée est donc la vie entière et unique de Dieu. « Que pense-t-il, écrit Aristote ? lui-même, ou quelque autre chose que lui-même. » Mais il ne pense pas le monde, qui lui est inférieur et dont la connaissance est indigne de l'esprit divin. Dieu ne connaît et ne contemple que lui-même : il est à la fois l'intelligence et l'intelligible s'embrassant l'un l'autre dans une indivisible unité. « Il se pense lui-même, dit le philosophe dans une formule immortelle, puisqu'il est le meilleur des êtres, et sa pensée est la pensée de sa propre pensée (1).» Ainsi renfermé dans la méditation de son infinité, Dieu goûte une félicité sans mélange... « Nous proclamons, dit Aristote, que Dieu est un être éternel et excellent... la contemplation de lui-même est très douce et bienheureuse (2). »

Jamais, suivant nous, le génie grec ne s'est élevé plus haut. Ici se complète et s'arrête le travail intellectuel de trois siècles de métaphysique. Ici enfin nous retrouvons exposées en doctrine régulière les intuitions mêmes de Phidias. Ce Dieu, pur esprit, cette

---

(1) Αὐτὸν ἄρα νοεῖ, εἴπερ ἐστὶ τὸ κράτιστον, καὶ ἔστιν ἡ νόησις νοήσεως νόησις. *Métaphys.*, XI, 9.
(2) Id., ibid., 7.

pensée, qui n'a qu'elle-même pour objet, cet être immense et solitaire, sans tendresse et sans providence, que le monde aime et qui n'aime pas le monde parce qu'il l'ignore, est aussi, en grande partie, l'idéal de Phidias, le sculpteur des dieux. L'art grec a eu ainsi de ces pressentiments qui en ont fait comme le précurseur du spiritualisme hellénique : *perennis quædam philosophia*. Cet idéal peut encore être reconnu et vérifié, non seulement dans les témoignages que les écrivains ont laissés sur les trois grandes divinités du maître, Jupiter, Minerve et Vénus ; mais surtout dans les monuments qui datent de son époque, et qui appartiennent certainement à son école : le Jupiter *Verospi* et le buste du Jupiter d'*Otricoli* au Vatican ; le buste de Minerve, assez analogue à la Pallas de *Velletri*, au musée de Munich et au musée Pio-Clementino, la Vénus de Milo au Louvre.

Pausanias décrit ainsi l'aspect général du Jupiter d'Olympie (1) : « Le dieu est assis sur un trône fait d'or et d'ivoire ; une couronne, imitant le feuillage de l'olivier, est posée sur sa tête. Dans la main droite, il porte une victoire, également d'or et d'ivoire, avec une bandelette et une couronne sur la tête ; la main gauche du dieu tient un sceptre émaillé de tous les métaux. L'oiseau qui est assis sur le sceptre est l'aigle. Les sandales et le manteau du dieu sont aussi d'or ; sur le manteau sont ciselés des figures et des lis. » Jupiter avait donc l'attitude tranquille et noble d'un roi ; il portait le sceptre, non la foudre. La partie supérieure de son corps était découverte ; le reste,

---

(1) V, XI, 1.

siége de la vie sensible, disparaissait sous les draperies. Tous les attributs du dieu étaient autant de symboles intellectuels. L'aigle vole en pleine lumière, et regarde fixement le soleil. Les sphinx de Thèbes, qui soutenaient par devant les pieds du trône, signifiaient la connaissance des choses cachées et mystérieuses. Les Grâces et les Heures, gardiennes vigilantes des demeures célestes, qui s'élevaient au-dessus de la tête de Jupiter, rappelaient l'immuable harmonie des lois régulières qui viennent de Dieu et gouvernent le monde. Mais c'était surtout sur le visage que résidait la majesté de ce personnage colossal qui, s'il s'était soulevé sur son trône, eût brisé du front la voûte du temple. Phidias disait qu'il s'était inspiré de ces vers de l'Iliade : « Le fils de Kronos fit un signe de ses noirs sourcils ; les boucles de sa chevelure d'ambroisie se déroulèrent et tombèrent de sa haute tête immortelle, et le grand Olympe trembla (1). »

Homère donne l'idée de la toute-puissance, à qui le plus léger mouvement du dieu fait produire des effets merveilleux. Mais il y a encore une ombre de colère sur le front de Jupiter. Dans les paroles qu'il vient d'adresser à Thétis, il rappelle avec amertume les reproches dont Junon l'accable dans l'assemblée des Immortels. Sans être moins puissants, les deux Jupiter du musée Pio-Clementino montrent plus de sérénité : si nous nous en tenons au buste d'*Otricoli* qui est plus à la portée du regard et du toucher que le Jupiter *Verospi*, nous sommes frappés d'abord de la hauteur prodigieuse du front, qui monte tout droit jusqu'à la ra-

(1) I, 528.

cine des cheveux, enveloppe immense de la pensée infinie. Ce front, dans sa partie inférieure, a trois proéminences, l'une très forte au-dessus de la racine du nez ; les deux autres, plus faibles, dominent chacune des arcades sourcilières. Enfin un sillon très accentué, parallèle aux yeux, traverse le milieu du front, signe de cette méditation profonde et calme où les regards se lèvent souvent vers le ciel comme pour y lire la vérité, tandis que les plis creusés entre les sourcils marquent plutôt une recherche laborieuse et triste. Ce front prend la lumière par tous ses renflements, et la laisse se poser sur les yeux qu'il encadre largement. Les sourcils bien séparés, et qui ne menacent point, ont une courbe vaste et harmonieuse, et couronnent le regard immobile et tranquille. Aucune sensation présente ne dilate les ailes du nez et n'altère la dignité des traits. La barbe se déroule en longs anneaux jusqu'au milieu du cou, et ajoute à la grandeur de la figure. Elle s'écarte au-dessus des lèvres qui s'entrouvrent un peu, moins pour sourire que pour exhaler le souffle divin, ou laisser tomber les paroles que Jupiter écoute en lui-même, dans le langage muet de sa conscience. La chevelure semble vivante : elle s'enlève au sommet de la tête, soulevée par une force intérieure et invisible, et redescend majestueusement sur les épaules. Cette tête est toute pénétrée de vie spirituelle. L'intelligence y apparaît si grande et si auguste que, sans aucun effort, sans aucun mouvement, même le froncement de sourcils que dépeignait Homère, elle fait pressentir une puissance sans limites, la puissance de la raison infaillible, identique à ces lois du monde moral et de l'univers sensible qu'elle comprend et qu'elle impose, et contre lesquelles rien ne prévaut. Jupiter, dieu viril, n'a pas toute l'expression de bonté paternelle que Raphaël a donnée au Créateur dans les scènes de ses *loges*, où il le fait descendre, sous la figure d'un vieillard, parmi ses créatures. Au milieu des animaux, dont quelques-uns sont encore ensevelis dans le limon terrestre, sa tête blanche que couronne un soleil penché vers la nature naissante, les mains étendues comme pour bénir tous les êtres, le dieu de Raphaël est véritablement l'ancêtre du monde. Néanmoins le Jupiter de Phidias est encore un dieu heureux. Il possède, dans sa plénitude, cette joie noble et tout intérieure qu'ici-bas connaît parfois l'homme de science lorsqu'il aperçoit un rayon de la vérité sans ombre. Cette joie qu'aucune félicité, qu'aucun amour n'égale ou ne surpasse, ne se trahit pas dans le Jupiter Olympien par les signes de l'orgueil ou du plaisir : elle répand seulement sur la face du dieu qu'Orphée appelait la *Vierge immortelle*, une douceur et un calme infinis.

Phidias avait travaillé pour les Mégariens à un Jupiter que le chef-d'œuvre d'Olympie fit oublier (1). Il exécuta huit ou neuf fois la statue de Minerve, et entre autres la Minerve d'or et d'ivoire de Pellène (2), la Minerve guerrière et tutélaire, πρόμαχος, de bronze, placée à l'Acropole, entre les Propylées et le Parthénon (3) ; la Minerve *Areia* de Platées, de marbre et de bois (4) ; la Minerve *Erganée* pour les Eléens, avec le

(1) Pausan., I, 48, 4.
(2) Id., VII, 27, 2.
(3) Id, I, 28, 2.
(4) Id., IX, 4, 1.

casque surmonté d'un coq (1); la Minerve *Lemnienne*, surnommée la *Belle* (2), qu'un personnage de Lucien prise comme l'œuvre capitale de Phidias, et dont on vantait surtout l'ovale du visage, les joues délicates, et le nez bien proportionné (3). Mais aucune de ces Minerve, destinées à des cultes locaux, ne fut au même titre que la Minerve colossale du Parthénon, la déesse de la sagesse, sortie de la tête et de la pensée de Jupiter, la protectrice d'Athènes et du monde hellénique.

« La statue de Minerve, dit Pausanias (4), est faite d'or et d'ivoire : une figure de sphinx est ciselée au milieu de son casque.... dont les deux côtés portent des griffons.... Minerve est debout, en tunique talaire : la tête de Méduse en ivoire lui couvre la poitrine. La Victoire est haute d'environ quatre coudées; la déesse tient d'une main la lance; à ses pieds est le bouclier, et près de la lance le dragon que l'on prend pour Erichtonios; sur la base de la statue est représentée la naissance de Pandore. » « La Minerve d'Athènes, dit Pline, est haute de vingt-six coudées : sur le côté convexe du bouclier est ciselé le combat des Amazones; sur le côté concave la lutte des Géants et des Dieux; sur les sandales, la querelle des Centaures et des Lapithes (5). » La déesse Chryséléphantine du Parthénon a péri, comme le Jupiter d'Olympie, dans une des conquêtes qui ont ravagé la Grèce, ou peut-être, s'il faut se fier au témoignage de quelque obs-

---

(1) Pausan., VI, 26, 3.
(2) Pline, XXXIV, 54.
(3) *Imagin.*, 4, 6.
(4) I, 34.
(5) XXXVI, 5.

cur historien, est ensevelie dans le sol de la Byzance impériale. La science archéologique, depuis Quatremère de Quincy, a proposé plus d'une restauration de l'œuvre de Phidias. M. le duc de Luynes l'a même fait reproduire dans une proportion encore au-dessus de nature (1). Il a conservé au casque de la déesse, outre le sphinx symbolique et les deux griffons qui le dominent, le double quadrige sortant à mi-corps, et les deux Pégases des garde-joues, dont Pausanias ne parle point, et que Quatremère avait rétablis d'après la pierre gravée d'Asparius et les tétradrachmes attiques de la seconde époque. Nous avons vu, à la villa Albani, une statuette de Minerve, en bronze, où les huit coursiers couronnent le casque. Minerve était donc, comme Jupiter, dans une attitude de repos, son bouclier à terre, appuyée sur sa lance, ou la soutenant du bras, éloignée en un mot de toute action, comme la Pallas de *Velletri* (2). Si son front disparaissait à moitié sous le casque, au moins l'artiste y avait-il rassemblé les signes de la pensée, et particulièrement les coursiers, que le chœur de Sophocle chante comme une des gloires d'Athènes, et qui, domptés par Neptune, sont devenus, dans les combats et dans les jeux, les instruments dociles et les compagnons intelligents de l'homme.

Les musées de l'Europe possèdent des exemplaires nombreux et variés de Minerve. Aucun, parmi ceux que nous avons pu étudier, ne nous a fait une plus vive impression que le buste en marbre pentélique de

(1) Sept pieds.
(2) Musée du Louvre.

la Glyptothèque de Munich. Il est placé dans la salle d'*Apollon* qui suit celle des *Eginètes*. On vient de quitter la Pallas d'Egine dont la figure géométrique et hiératique n'exprime rien, plus insignifiante peut-être que celles même des guerriers au combat desquels elle préside. On aperçoit alors cette tête inclinée et pensive, et l'on mesure tout le progrès de l'art grec en un demi-siècle. Ce type de Pallas reproduit le même idéal que le Jupiter d'*Otricoli*, la force, l'intelligence et la sérénité. L'abondante chevelure qui déborde du casque, retombe sur un cou puissant et gracieux à la fois, contenue par une bandelette. Le front est plus découvert que dans la Minerve éginétique : le casque où s'enroule le serpent ne verse point d'ombre sur les grands yeux de la déesse, ses yeux d'azur, formés de pierres précieuses, comme dans le colosse du Parthénon, et qui brillent sous leur arcade large et profonde. La bouche, fine et sévère, s'ouvre légèrement. Tout le visage respire une paix virginale. Minerve, la tête penchée sur sa poitrine que protége la redoutable égide, paraît ensevelie dans la contemplation des choses éternelles. Jamais la volupté ne soulevera le sein de cette austère jeune fille, car son âme et son corps sont également invincibles.

Pausanias vit en Grèce deux Vénus de Phidias : l'une, chryséléphantine, à Elis ; l'autre, de marbre de Paros, à Athènes, près du Céramique (1). Pline rapporte au même artiste une très belle Vénus, pareillement de marbre, placée dans les jardins d'Octavie (2).

(1) VI, 25, 2 ; I, 14, 6.
(2) XXXVI, 5.

La Vénus de Phidias, comme son Jupiter et sa Minerve, fut conçue moins d'après les légendes homériques que d'après les opinions des philosophes et des moralistes. Les socratiques distinguaient deux amours et deux Vénus. L'amour purement intellectuel, d'où les désirs sensuels sont exclus, et qui ne s'adresse qu'à l'âme de l'être aimé, était représenté par la Vénus *Uranie;* la Vénus *commune* ou *populaire*, régnait sur les âmes vulgaires à qui elle n'inspirait que des passions sans noblesse (1). Cette distinction, déjà très précise dans l'enseignement de Socrate, contemporain de Phidias, devient fondamentale chez Platon où elle est la base de sa grande doctrine sur la vie morale et l'inspiration de l'artiste. « S'il y a deux Vénus, écrit-il en son *Banquet* (2), il faut aussi qu'il y ait deux amours. Et comment n'y aurait-il pas deux déesses? L'une, la plus ancienne et sans mère, fille du ciel, que nous appelons *Uranie;* l'autre, plus jeune, fille de Jupiter et de Dioné, que nous nommons Populaire.... L'amour de la Vénus *populaire* ne conseille que des actions basses : c'est celui des âmes médiocres;.... il ne se tourne que vers le plaisir. Cet amour est frivole et inconstant. »
« Mais l'amant d'une belle âme reste fidèle toute sa vie, car ce qu'il aime ne change point.... Il faut que l'amour se traite comme la philosophie et la vertu.... Il est beau d'aimer pour la vertu. Cet amour est celui de la Vénus céleste, céleste lui-même, très utile aux Etats et aux particuliers, qui force l'amant et l'aimé à veiller sur eux-mêmes, et à se rendre mutuellement

---

(1) Xénophon, *Banquet*, 8.
(2) VIII.

meilleurs. » La Vénus d'Elide était, dit Pausanias, une Vénus céleste. Un de ses pieds reposait sur une tortue. En dehors du sanctuaire était l'Aphrodite *populaire* de Scopas, assise sur un bouc d'airain. « Je laisse aux curieux, ajoute Pausanias, le soin de rechercher le sens de cette tortue et de ce bouc (1). » Le bouc était le symbole de la génération. Plutarque nous apprend que la tortue était pour les femmes l'emblème de la vie domestique et du silence (2).

Ainsi donc la Vénus de Phidias fut une déesse chaste. Notre Vénus de Milo peut lui être comparée. Elle se lève avec majesté, à demi-nue, mais voilée comme le Jupiter Olympien : son corps, d'une beauté puissante, n'est pas fait pour le plaisir. C'est bien la déesse *sans mère* d'Hésiode et de Platon, dont la naissance n'est pas due à un délire passager des sens, et dont le culte demande des esprits purs. Sa figure est grave, et n'attire pas à elle par la séduction du sourire. L'artiste n'y a mis ni la grâce voluptueuse qui irrite le désir, ni cette violence passionnée que célébraient, en la redoutant, toutes ces victimes illustres de la déesse, Phèdre, par exemple, et Sapho, qui se dessèche, dit-elle, comme l'herbe des champs. En présence de la Vénus de Milo, qui n'est peut-être qu'une imitation de l'œuvre de Phidias, on songe plutôt à cette Vénus portée par les vagues de la mer, et unissant autour d'elle tous les êtres vivants, mais sans trouble et sans ivresse, dans une sérénité harmonieuse qui produisait la paix de la nature. « C'est toi, chante Lucrèce, c'est toi, déesse,

---

(1) VI, 25, 1.
(2) *Conjugal. Præcept. H. Steph.*, 142.

que fuient les vents, toi que fuient les nuées du ciel ; pour toi, la belle terre fait germer ses fleurs les plus suaves ; pour toi, sourit la mer infinie, et le grand ciel tranquille, tout rayonnant d'une pure lumière. »

Il nous semble que les textes, les monuments figurés et l'histoire des idées nous ont appris quelle âme et quelle physionomie Phidias avait données à ses divinités. A côté de lui, et sous sa direction, ses élèves Agoracrite et Alcamènes, et un grand nombre de sculpteurs rattachés par des liens plus ou moins étroits à son école et à sa tradition, exécutèrent les groupes des deux frontons du Parthénon, les métopes et les bas-reliefs qui ornaient la frise de la cella du temple. Phidias dessina certainement les sujets de ces vastes compositions ; mais l'exécution trahit des mains d'une habileté inégale. Les métopes, dont les morceaux les mieux conservés représentent le rapt des Centaures, ont gardé pour la plupart une certaine raideur archaïque. Parmi les fragments des Panathénées, que lord Elgin a laissés à l'Acropole, toutes les scènes ne sont pas traitées avec une correction irréprochable. Il faut donc faire un choix dans toutes ces œuvres belles à des degrés différents, mais dont les parties irréprochables montrent, chez les héros et les personnages humains, l'idéal même d'après lequel Phidias avait imaginé ses dieux.

Il est un principe que la philosophie grecque, dès le temps de Pythagore, a sans cesse répété, et qu'elle proposait comme loi supérieure du perfectionnement de l'homme ici-bas : ὁμοίωσις τῷ Θεῷ, l'imitation de la divinité. Ce principe eut aussi une importante valeur esthétique. Les premiers poëtes avaient créé les dieux à l'image de l'homme : les sculpteurs, aux grandes époques de l'art, créèrent l'homme à l'image des dieux. Phidias fit descendre sur le front des mortels une lueur de l'intelligence divine.

L'idéal n'a donc pas changé avec la nature des types idéalisés. Seulement ses conditions et ses formes ont varié avec les conditions et les formes d'une vie nouvelle. Les dieux devaient être immobiles ; la noblesse de leurs traits, la lumière de leur regard suffisaient à révéler l'immensité de leur intelligence et de leur puissance. Les dieux n'ont pas besoin d'agir, ou du moins la pensée pour eux équivaut à l'action. L'homme n'agit qu'à l'aide de l'effort ; c'est l'œuvre de son intelligence de ménager ses efforts, de mesurer ses mouvements, de faire en un mot l'éducation du corps. Celui-ci exprime alors, par toutes ses parties, la dignité de l'esprit, et il s'établit comme un accord harmonieux entre la physionomie pensive et l'attitude intelligente.

Nous savons que les sculpteurs qui précédèrent Phidias avaient cherché, souvent avec bonheur, à représenter la force virile, condition première de l'action virile. Phidias en a montré l'idéal dans l'Hercule du fronton oriental du Parthénon, que l'on prit longtemps pour un Thésée. Le demi-dieu assiste à la naissance de Minerve. « Il est assis, écrit M. Ch. Lévêque (1), tournant le dos à Jupiter, et, de son bras droit, semble faire signe au soleil de suspendre sa course. Tout son corps exprime la vigueur physique : son col est court, ses épaules larges ; sa poitrine am-

---

(1) *Science du Beau*, t. II, p. 79.

ple est revêtue de muscles puissants ; ses bras, ses cuisses et ses jambes sont solides, nerveux et souples à la fois. Le ventre se ploie et s'affaisse avec une vérité incroyable ; sous les muscles, sous la chair, sous la peau, les os se font sentir avec une énergie dont il n'existe peut-être pas un autre exemple. Il est au repos, mais à le voir, on comprend que c'est un repos plein de chaleur et de vie. Il n'est pas surchargé, comme l'Hercule Farnèse, du poids de ses épaules et de son corps ; mais on devine qu'à la lutte, c'est le colosse qui serait vaincu. »

Cette force virile, qui est au repos dans l'Hercule Idéen, se déploie dans la lutte des Centaures et des Lapithes, sculptés sur les métopes (1). L'exécution de ces personnages témoigne d'un ciseau assez rude encore ; même les plus parfaits manquent de délicatesse et de fini. Mais plusieurs ont un mouvement et une fougue dont l'effet est doublé par la saillie considérable du relief très rapproché de la ronde-bosse : tel Centaure semble s'élancer hors de la plaque de marbre sur laquelle il se détache. Deux métopes entre autres présentent un grand intérêt. Dans l'une, le Centaure bondit sur le corps du Lapithe terrassé et expirant. Il s'enlève et se cabre sur ses pieds de derrière, prêt à écraser en retombant son ennemi. Son corps robuste et droit, sa poitrine renflée par un souffle puissant, ont quelque chose d'altier et de triomphant. Il agite de son bras tendu une peau de panthère, dont la tête et les griffes pendent et semblent menacer le vaincu. La figure du Centaure est perdue, mais son mouvement

---

(1) Plâtres du *British Museum* à Athènes.

en dit assez sur sa violence impitoyable et sa brutale insolence. A le voir ainsi fouler aux pieds le Lapithe dont l'âme s'échappe à peine, abandonnant, comme dit Homère, la force et la jeunesse, on croit entendre la réponse cruelle d'Achille à Hector mourant : « Chien, ne me supplie ni par mes genoux ni par mes parents ; plût au ciel que ma fureur me poussât à manger de tes chairs mises en lambeaux (1) ! »

L'autre métope mérite encore plus d'attention. Elle se distingue, écrit M. Beulé, par une qualité toute nouvelle, c'est-à-dire par une expression touchante (2). « Le jeune grec, à demi terrassé, lève vers son ennemi un regard suppliant. » Le Centaure, au moment de lui briser le crâne avec une amphore, s'arrête et hésite ; il regarde l'adolescent avec des yeux étonnés, suivant nous, plutôt qu'attendris. Il serait difficile que la pitié pût adoucir des traits d'où l'intelligence est absente, et où dominent seulement les sensations animales. Le taureau suspend son bond ; mais l'élan est pris, et je doute qu'il rejette loin de lui sa massue improvisée. Tout le pathétique du drame est dans la posture de la victime qui ne saurait se résigner à mourir, mais qui ne peut lutter corps à corps avec le monstre : appuyé sur un bras, et dans l'attente du coup mortel, il attache son regard sur celui du Centaure : sa faiblesse désarmée et gracieuse est sa dernière défense.

Les mouvements des Centaures sont impétueux, parce qu'ils sont passionnés. Tels étaient aussi, dans

---

(1) *Iliade*, XXII, 345.
(2) *Acropole*, ch. III.

le fronton du couchant, ceux de Minerve et de Neptune, que la tradition locale, représentée par le sculpteur, mettait aux prises pour la possession de l'olivier sacré. Dans cette scène dont il ne reste que quelques débris, les deux divinités perdaient sans doute, grâce aux nécessités de la légende, le calme de l'attitude divine ; mais Phidias ne s'était certainement pas démenti lui-même en laissant imprimer sur leurs visages ces altérations profondes, qui sont le signe de la passion irritée, et qui indiquent en même temps une souffrance intérieure, inconnue aux Immortels.

A l'extrémité droite de ce fronton, reposait le demi-dieu Ilissus, qui se relevait et se retournait à demi pour contempler la lutte de Neptune et de Minerve. Il ne prenait aucune part à la querelle, où sa pensée seule était engagée. Exempt d'émotions, mais l'esprit occupé, l'Ilissus sortait de son repos juste assez pour être témoin de ce grand spectacle. « La tête ôtée, le corps est encore un miracle d'expression. Je n'hésite pas à le dire, le corps de l'Ilissus est attentif (1). »

En abordant la frise des Panathénées, nous quittons les personnages divins et fabuleux, et nous nous trouvons en face de l'humanité.

La fête des Panathénées, la plus auguste fête du culte de Minerve, se développait, le long des frises de la cella, sur les quatre faces du Parthénon, avec sa procession de sacrificateurs, de vierges, de vieillards, d'éphèbes, de musiciens consacrés à la déesse, avec la suite de ses chars et sa double rangée de cavaliers. Sur le côté oriental, par où l'on entrait

---

(1) Ch. Lévêque, *Science du Beau*, t. II, p. 82.

dans le temple, à droite et à gauche, des prêtres et prêtresses de Minerve qui accomplissaient les cérémonies préparatoires, douze dieux contemplaient, assis et immobiles, la pompe religieuse : près d'eux, appuyés sur leurs bâtons, s'entretenaient des vieillards. Le cortége s'avançait des trois autres côtés de l'édifice vers ce foyer de la fête. De cette vaste composition, le temple de Minerve n'a gardé à sa place que la frise occidentale, moins un seul morceau ; quelques marbres, alignés aujourd'hui dans l'intérieur du Parthénon, permettent d'étudier de près l'exécution de l'œuvre entière, et d'en goûter la perfection, dont les plâtres du musée britannique, entassés à l'étroit et sans lumière dans une mosquée d'Athènes, ne nous donneraient qu'une idée incomplète.

Considérons d'abord les cavaliers des Panathénées. Leurs chevaux présentent le type qui subsiste encore maintenant dans la race thessalienne : une tête fine et nerveuse, un poitrail large et robuste. Ils sont intelligents et pleins de feu : dans une proportion plus petite, ils ont l'œil hardi, les naseaux gonflés et mobiles, la bouche impatiente des chevaux du soleil sur le fronton oriental. Ils rappellent le coursier généreux de Platon, « de la plus belle prestance, droit et bien découplé, le col haut, le profil recourbé, le pelage blanc, l'œil noir... qui obéit seulement à la parole et à la raison (1). » Le cheval des Panathénées est décrit exactement par Xénophon dans son *Traité d'équitation* (2). C'est bien cette monture « de fête, aérienne

---

(1) *Phèdre*, 34.
(2) Ch. XI.

et brillante, qui porte une âme généreuse dans un corps puissant, » qui prend, au premier signe de son cavalier, l'allure la plus belle : qui, à demi-debout sur ses pieds de derrière, bondit, mais ne s'emporte pas. « C'est sur de pareils coursiers, dit Xénophon, que l'on peint les dieux et les héros, et les hommes qui savent les conduire ont un aspect magnifique. Le cheval qui s'enlève et se cabre ainsi est si beau, si admirable et si charmant, qu'il arrête les regards de tous les spectateurs jeunes et vieux. » Les éphèbes des Panathénées maîtrisent et dirigent leurs coursiers avec une aisance merveilleuse. On ne soupçonne en eux ni inquiétude ni effort ; ils sont très sûrs d'eux-mêmes, et courent, d'un sang-froid parfait, avec une grâce incomparable. Jamais l'art n'a montré ainsi la domination de l'intelligence humaine sur la bête fougueuse à la fois et soumise. Trois cavaliers, dans les marbres exposés au Parthénon, semblent s'abandonner à leurs chevaux. Deux d'entre eux se retournent en face du spectateur, regardant à l'horizon, et laissent pendre négligemment un bras sur la croupe de l'animal : le troisième rattache, tout en galopant, la bandelette de sa chevelure. C'est ainsi qu'ils vont tous, à flots pressés et sans désordre, nus ou revêtus d'une légère tunique et d'une chlamyde qui flotte au vent, quelques-uns couverts du chapeau thessalien. Les uns caressent de la main la tête de leur coursier ; d'autres, s'appuyant d'un bras sur ses reins, se tournent vers les compagnons qui les suivent, et s'entretiennent avec eux ; quelques-uns, enfin, le front incliné, le regard attentif et sérieux, s'isolent en eux-mêmes, et paraissent méditer.

Parmi les marbres du Parthénon, aucun ne fait voir, dans les physionomies de ses personnages, une expression intellectuelle plus remarquable que celui des jeunes sacrificateurs. Trois jeunes gens conduisent deux génisses destinées à la déesse. L'une d'elles cherche à s'échapper : son guide l'arrête dans son élan ; l'œil fixé sur la tête de l'animal, il prévoit et surveille ses mouvements. L'autre génisse s'avance paisiblement, accompagnée plutôt que menée par les deux éphèbes. Ceux-ci marchent avec une gravité solennelle, chastement enveloppés de leurs chlamydes comme d'un vêtement sacerdotal. Leurs fronts portent les proéminences que nous avons signalées dans le buste du Jupiter d'*Otricoli*. Leurs têtes se penchent sur leurs poitrines : l'un d'eux a la partie inférieure du visage cachée par les plis de son manteau ; leurs grands yeux pensifs, détournés du spectacle extérieur, plongent dans ce monde idéal décrit par Platon, qui n'est ouvert qu'aux intelligences les plus rares et aux âmes les plus pures.

Les adolescents des Panathénées ont une grâce exquise. Cette qualité, que nous avons déjà reconnue à Polyclète, fut portée très loin par l'école de Phidias. Elle tempérait, dans le fronton oriental, la majesté sévère des Parques, et surtout de la plus jeune, qui reposait appuyée sur le sein de sa sœur. On peut même soupçonner que, dans l'atelier de Phidias, Alcamènes exagéra les tendances du maître. Azetzès raconte que les deux artistes ayant sculpté deux statues de Minerve, Alcamènes enleva d'abord les suffrages par les formes adoucies qu'il avait données à la déesse. Néanmoins, dans aucun des personnages de la frise, la grâce n'est molle et voluptueuse. Il semble qu'on ait sous les yeux ces jeunes gens dont les anciens législateurs avaient réglé l'éducation au moyen des lois les plus sévères. On chercherait en vain le sourire sur leurs lèvres. L'art grec qui, avec Phidias, à la pureté des formes plastiques, à la vérité des attitudes, héritage des écoles antérieures, a ajouté le rayonnement égal et calme de l'intelligence sur la face des dieux et des mortels, écarte encore toute représentation de la vie sensible.

Nous devons mentionner quelques œuvres encore subsistantes, contemporaines de l'école de Phidias, ainsi que les noms des principaux sculpteurs formés par le maître ou par son influence indirecte, mais sans entrer dans des détails qui n'ajouteraient rien à nos résultats. Bien que l'Erechteion, dont la date n'est pas fixée, soit postérieur d'au moins quarante années au Parthénon, il faut reconnaître les traditions de Phidias dans les cariatides qui supportent sur leurs têtes de vierges, avec tant d'aisance et de sérénité, les marbres de l'architrave. Nous ne pouvons rien dire sur les sculptures de la frise, que l'on conserve à l'Acropole, mais enfouies au fond d'une citerne, sous un amas de débris. La frise du temple d'Apollon à Phigalie, maintenant au musée de Londres, représente en haut-relief le combat des Centaures et des Amazones. L'art s'y montre moins parfait que dans les métopes du Parthénon, où il n'est pas en tout irréprochable. Les restes des métopes d'Olympie où étaient sculptés les travaux d'Hercule, bien que d'une exécution délicate, manquent néanmoins de ce caractère de grandeur qui est propre aux œuvres immédiatement inspirées par Phidias.

Alcamènes, auteur du fronton occidental d'Olympie, composa une Vénus à laquelle, suivant Pline (1), Phidias avait mis la dernière main. Lucien y fait allusion dans un dialogue, et l'appelle *Uranie* (2). Pausanias attribue à Agorakrite une Minerve et un Jupiter (3). Brunn croit reconnaître dans sa prétendue Némésis les attributs d'une Vénus céleste (4). Kolotès qui seconda Phidias dans le travail du Jupiter Olympien, exécuta une Minerve chryséléphantine (5). Phæonios fit de la statue de Jupiter le centre du fronton oriental d'Olympie. Theokosmos, que Phidias conseillait, commença un Jupiter d'or et d'ivoire pour le temple de ce dieu à Mégare (6). Socrate, en sa jeunesse, cisela un groupe de ces Grâces qui s'élevaient au-dessus de la tête de Jupiter Olympien. On peut dire que la sculpture grecque, tout entière au siècle de Périclès, demeura fidèle aux dieux de Phidias.

L'école de Phidias fut donc le point culminant de l'art durant cette période qui s'ouvrit à la fin des guerres médiques, et dont la guerre du Péloponèse marque à peu près le terme. Mais elle ne fut pas un accident isolé dans le développement du génie grec à cette époque. L'idéal que Phidias reproduisit dans ses œuvres fut aussi l'idéal que se proposaient les peintres, les architectes, les musiciens et les poëtes de son temps. Il y a quelque intérêt à reconstituer cette histoire, et

---

(1) XXXVI, 49.
(2) *Dial. meretr.*, 7.
(3) IX, 34, 1.
(4) *Gesch. der Griech. Kunst.*, t. I, p. 241.
(5) Pline, XXXV, 54.
(6) Pausan., I, 40, 3.

à rétablir, sous les faits variés, la logique secrète qui les rapproche et qui les régit.

La peinture du siècle de Périclès fut représentée avec le plus d'éclat par l'ami de Cimon, Polygnote de Thasos, à qui Athènes conféra les droits de citoyen. Polygnote peignait sur des tablettes de bois de vastes scènes dont il décorait les murailles des édifices publics. Il représenta dans la Lesché des Cnidiens à Delphes, d'un côté la prise de Troie, et de l'autre la visite d'Ulysse aux enfers (1); au Pœcile d'Athènes, en collaboration avec Mikon (2), plusieurs sujets guerriers, et entre autres une prise de Troie et la bataille de Marathon; au temple des Dioscures, les noces de Castor et Pollux avec les filles de Leucippe (3); au Theseum, il contribua aux tableaux des Centaures et des Lapithes, dans la lutte de qui intervenait Thésée (4); à la Pinacothèque des Propylées, il peignit Diomède rapportant de Lemnos les flèches de Philoctète, Ulysse enlevant le Palladium, Oreste tuant Egisthe, le sacrifice de Polyxène, la scène d'Ulysse et de Nausicaa au bord du fleuve; dans le temple de Minerve *Areia* à Platées, le massacre des prétendants de Pénélope (5). Polygnote fut donc peintre épique et historique.

La peinture de Polygnote était loin d'égaler, pour la perfection des procédés, la sculpture du même temps. La science des reliefs, des ombres et des demitons lui manquait. Polygnote n'employait que quatre

---

(1) Pausan., X, 25.
(2) Id., I, 15. — Pline, XXXV, 59.
(3) Pausan., I, 18, 1.
(4) Id., I, 17, 2.
(5) Id, I, 22, 6; IX, 4, 2.

couleurs. Cicéron le loue, lui et tous les peintres primitifs, non pour leur coloris, mais pour la pureté de leur dessin (1). A vrai dire, ces premiers artistes dessinaient plutôt qu'ils ne peignaient. Pline mentionne comme un des mérites de Polygnote d'avoir rendu la transparence des vêtements de femmes, et d'avoir varié leurs coiffures de couleurs brillantes (2). Lucien et Elien vantent la légèreté de ses draperies (3). Il semble avoir tiré un parti heureux des ressources encore très limitées de son art. Non seulement il ouvrit les lèvres de ses personnages, mais encore, dit Pline, il adoucit dans les visages la raideur antique (4). Les joues de sa Cassandre, à Delphes, avaient la fraîcheur brillante de la jeunesse (5). Enfin, une curieuse description de Pausanias, et les jugements précis et significatifs d'Aristote permettent d'apprécier la nature du génie de Polygnote, et de lui fixer sa place dans l'histoire de l'art hellénique (6).

Le voyageur grec analyse longuement les peintures de la Lesché de Delphes; non seulement il indique la pose de certains personnages, mais il laisse entrevoir, contre son habitude, quelque chose des physionomies. Plus d'un détail, dans l'évocation des morts par Ulysse, est précieux à recueillir. Polygnote a illustré Homère dans l'édifice de Delphes, comme Orcagna illustra

---

(1) *Brutus*, 18.
(2) XXXV, 58.
(3) Luc., *Imag.*, 7. — Æl., IV, 3.
(4) Vultum ab antiquo rigore variare, XXXV, 58.
(5) Lucien, *Imag.*, 7.
(6) V., pour toute la partie technique de l'art de Polygnote, Letronne, *Lettres d'un antiquaire à un artiste.*

Dante au Campo-Santo de Pise. Pirithoüs, raconte Pausanias, assis près de Thésée, regarde avec une sorte d'indignation les armes qui leur ont été inutiles dans leur entreprise commune. Les filles de Pandaros, couronnées de fleurs, jouent aux osselets. Agamemnon porte son sceptre. Orphée est assis sur un tombeau, appuyé contre un arbre; d'une main il joue de la lyre, de l'autre il tient une branche de saule. Le jeune Olympos reçoit les leçons de Marsyas. Méléagre contemple Ajax. Hector est assis, le genou gauche dans les deux mains, le visage chagrin. Penthésilée regarde Pâris la tête haute, d'un air de mépris. Tantale endure tous les supplices décrits par les poëtes ; Polygnote y ajoute un rocher suspendu sur sa tête comme une menace éternelle (1).

Quelques paroles d'Aristote complètent les appréciations de Pausanias. « Polygnote, dit-il dans sa *Poëtique*, peignait les hommes plus beaux que nature, Pauson plus laids, et Denys tels qu'ils sont... C'est ainsi qu'Homère représente les hommes plus grands qu'il ne sont réellement (2). » Aristote reconnaît déjà dans Polygnote le mérite que Quintilien attribue à Polyclète comme caractère essentiel de son art, la forme idéale. Mais Aristote signale encore en lui d'autres qualités qui le rapprochent de Phidias. « Polygnote reproduit admirablement le caractère et les mœurs, tandis que la peinture de Zeuxis n'a aucune expression morale (3). » Enfin il écrit dans la *Poli-*

---

(1) X, 28, 32.
(2) Chap. 2.
(3) Πολύγνωτος ἀγαθὸς ἠθογράφος, ἡ δὲ Ζεύξιδος γραφὴ οὐδὲν ἔχει ἦθος. Ibid., ch. 6.

tique : « On ne conseillera jamais à la jeunesse de contempler les ouvrages de Pauson, tandis qu'on pourra lui recommander ceux de Polygnote, ou de tout autre peintre ou statuaire aussi moral que lui (1). »
Dans sa théorie de la tragédie, Aristote distingue l'*action*, πρᾶξις, les *mœurs*, ἦθος, et la *passion*, πάθος. La souffrance et la joie, toutes les manifestations de la sensibilité, constituent la *passion*. L'action est la suite d'événements et de péripéties que traversent les personnages tragiques. « Ces personnages ont nécessairement un caractère et un esprit, ἦθος καὶ διάνοιαν, qui les font ce qu'ils sont ; conditions qui, d'ailleurs, servent à qualifier aussi les actes humains. Or il y a deux causes qui déterminent naturellement toutes nos actions : ce sont l'esprit et le caractère (2). » Mais ce principe des actions humaines, ce fond dernier de toute personnalité, puisqu'il n'est pas la sensibilité ou la passion, est évidemment la conscience et l'intelligence. On sait d'ailleurs qu'Aristote fait rentrer en partie dans la Morale ou Ethique la science de l'esprit, et qu'il appelle *vertus* les puissances supérieures de l'entendement. Les *mœurs*, en poësie dramatique, sont l'ensemble des idées qui influent sur la volonté du héros, qui occasionnent ses actes, et prêtent à toutes ses paroles un caractère personnel et individuel. Les *mœurs*, en peinture, sont la conformité étroite de la physionomie du personnage avec l'action ou la situation représentée par l'artiste. Les têtes de Polygnote avaient donc un caractère. On lisait le

(1) Liv. VIII, chap. 5.
(2) *Poëtiq.*, VI.

dédain dans les yeux de Penthésilée. Cassandre, dans les peintures de Delphes, était assise à terre, dit Pausanias, embrassant la statue de Minerve. Un mot de Lucien, que le jugement d'Aristote nous fait bien comprendre, achève le tableau en montrant la physionomie. Imaginant une peinture irréprochable, le critique grec y met les « nobles sourcils, » c'est-à-dire la majesté de la Cassandre de Polygnote. Le peintre avait ainsi déposé sur le front et dans le regard de la prêtresse l'éclat de cette pensée inspirée qui pénétrait l'avenir. Polygnote, comme Phidias, reproduisit la beauté de l'âme, la beauté intellectuelle.

L'architecture ne possède pas au même degré que la sculpture et la peinture la faculté d'exprimer, par des signes matériels, un idéal intellectuel. Néanmoins un édifice est une sorte d'être organisé, qui a sa vie propre, sa physionomie, qui est son *style,* et comme une âme intérieure. Si les combinaisons architectoniques varient suivant les religions et les civilisations, c'est qu'elles sont une espèce de langage qui doit se modifier avec les idées et les sentiments qu'il interprète. Une race ou une époque originale produit toujours une architecture originale, et l'on voit toujours reparaître, en même temps que certaines idées ou certaines institutions du passé, les vieilles formes architecturales qui y correspondent exactement.

L'architecture grecque, au siècle de Périclès, fut d'accord avec les autres arts du dessin. Le Parthénon, son type le plus accompli, était le monument le plus conforme à la divinité qu'il renfermait. On eût pu y adorer le Jupiter Olympien ou la Vénus céleste, mais non Bacchus, Vénus *populaire,* ou l'Amour.

L'ordre *dorique*, qui domine généralement dans les édifices de l'époque, constitue seul le Parthénon. Cet ordre a plus que tout autre la sévérité, la noblesse et la grandeur. « Dans les temples de cet ordre, écrit Ottfried Müller, le poids à supporter est volontairement augmenté, et l'architrave, la frise et la corniche ont une hauteur inusitée; mais les colonnes sont fortes à proportion, et placées très près l'une de l'autre : aussi, en contemplant l'édifice, l'étonnement causé par la pesanteur soutenue se mêle de plaisir et de sécurité à la vue des colonnes robustes sur lesquelles repose le monument (1). » Le caractère dorien, dit encore le critique allemand, a créé l'architecture dorique. On retrouve en effet dans le Parthénon la gravité dorienne : aucun ornement superflu n'interrompt ou ne brise les lignes précises et pures qui arrêtent de toutes parts le dessin de l'édifice. « Les longues surfaces sans ornements, alternant avec des divisions étroites d'ouvrages de décoration, éveillent l'idée d'une grandeur simple, sans apparaître ni monotones ni fatigantes (2). » On n'est pas frappé seulement de la force que le temple doit à ses larges assises, aux murs presque pleins de sa cella, à la taille et au nombre des colonnes qui portent ses architraves et ses frontons; on admire aussi à quel point la grâce s'y allie à la solidité. La ligne absolument droite n'est pas dans la nature; l'édifice où elle règne avec sa raideur géométrique choque les regards de la même manière qu'une statue dont tous les membres seraient

---

(1) *Die Dorier*, IV, 1.
(2) Id., ibid.

rigoureusement perpendiculaires, immobiles et sans vie. Toutes les lignes horizontales du Parthénon dessinent un arc de cercle sensible. « L'art grec, dit M. Emile Burnouf, courba les degrés et le pavé des temples, les architraves, les frises, la base même des frontons, comme la nature a courbé la mer, les horizons, et le dos arrondi des montagnes (1). » En outre, les plans verticaux ont une inclinaison vers le centre qui était déjà un trait caractéristique de l'architecture égyptienne. Les murailles de la cella, les colonnes du péristyle, légèrement penchées les unes vers les autres, donnent au Parthénon la forme générale d'une pyramide tronquée. De cette combinaison des lignes courbes et des lignes inclinées résulte une élégance dont la raison a longtemps échappé. Il semble que la vie circule à travers le marbre et que le temple ait pris une attitude commode et souple. Le temple de Minerve répondait ainsi, par sa force et par sa grâce, à la puissance gracieuse de la statue debout dans son sanctuaire. On peut enfin, sans attribuer à l'architecture plus de qualités expressives qu'elle n'en possède, reconnaître dans le Parthénon un reflet de beauté intellectuelle. Il est d'une parfaite unité : il se divise, à partir du sommet des frontons, comme le corps humain, en deux moitiés absolument semblables; il n'est aucun détail architectonique qui ne se reproduise au côté opposé. Tout est prévu, ordonné, harmonieux, logique, sans trouble et sans irrégularité; l'équilibre de tous les membres du Parthénon est analogue à la sérénité du visage des dieux,

(1) *Revue des Deux-Mondes,* déc. 1847.

où la passion ne dérange aucun trait de sa situation naturelle. Le temple d'Ictinus n'a pas sans doute l'élan prodigieux et tout mystique des cathédrales du moyen âge ; mais d'un seul coup d'œil on embrasse l'ordonnance de son plan ; aucune de ses parties ne se dérobe ou ne se replie sur elle-même comme dans les constructions gothiques, symbole d'une conscience craintive ou attristée. Le long de la cella, à travers les colonnes du péristyle, sous les portiques, la lumière se verse à flots, abondante et radieuse comme les idées dans une grande intelligence ; les piliers que l'air et le soleil ont dorés, découpent, entre les vives arêtes de leurs cannelures, de larges pans de ciel. Enfin les dieux des deux frontons, le cortége des Panathénées, tous ces hôtes de marbre qui devaient habiter éternellement le Parthénon, l'animaient d'une vie supérieure : leurs actions, leurs regards, leur pensée, complétaient la physionomie du temple lui-même.

La musique des anciens Grecs a péri comme leur peinture ; mais on peut en retrouver l'histoire à travers les documents nombreux qui nous ont été conservés sur ses caractères et ses formes diverses. Les moralistes en ont traité souvent à propos de l'éducation des jeunes gens. Il y voyaient à un certain degré cette imitation de l'âme humaine, de ses sentiments et de ses passions, qui est l'objet principal des arts plastiques et de la poësie. C'est dans la vérité de cette imitation qu'est le secret de la puissance de la musique ; c'est par là, comme dit Platon, qu'elle va jusqu'à l'âme de l'auditeur (1). « La musique, écrit Aristote dans son

(1) *Lois*, l. II.

admirable *Politique*, est évidemment une imitation directe des sensations morales. Dès que la nature des harmonies vient à varier, les impressions des auditeurs changent avec chacune d'elles et les suivent. A une harmonie plaintive comme celle du mode appelé *mixolydien*, l'âme s'attriste et se resserre ; d'autres harmonies attendrissent le cœur, et celles-là sont les moins graves; entre ces extrêmes, une autre harmonie procure surtout à l'âme un calme parfait, et c'est le mode *dorien* qui semble seul donner cette dernière impression; le mode *phrygien*, au contraire, nous transporte d'enthousiasme (1). » Il n'est pas prouvé que ce mode dorien ait eu, en Grèce, sur les autres modes venus de l'Orient, l'avantage d'une longue antériorité. Olympos, suivant Aristoxène, célébra par le mode plaintif de Lydie la mort de Python ; la même harmonie, selon Pindare, résonna aux noces de Niobé (2). Mais le mode dorien fut par excellence le mode national, né, comme l'ordre dorique, sur le sol hellénique : Platon le proclame la vraie et unique harmonie grecque (3). Dans un fragment du *Traité de la musique* par Héraclite de Pont, il est ainsi décrit : «L'harmonie dorienne a un aspect viril et magnifique ; elle n'est ni relâchée ni joyeuse, mais austère et puissante, sans formes variées et recherchées (4). » Le génie dorien se montrait donc avec des caractères identiques dans son architecture et sa musique. « Les anciens, dit Ottfried Müller, qui découvraient avec

---

(1) Ch. 5.
(2) Plutarque, *De Musica*, XV.
(3) Ἥπερ μόνη Ἑλληνική ἐστιν ἁρμονία. Lach., 188.
(4) *Athénée*, XIV, 19.

un esprit infiniment plus subtil que les modernes le caractère moral de la musique, attribuaient au mode dorien quelque chose de solennel, de vigoureux et de mâle, propre à inspirer le courage de supporter le malheur, et à fortifier l'âme contre les attaques de la passion. Ils y découvraient une sublimité calme et une simple grandeur, très voisines de la sévérité, également éloignées de la légèreté et de l'enthousiasme; ce sont précisément là les caractères les plus originaux de la religion, des arts et de la civilisation des doriens (1). » « La sévérité et la rudesse de cette musique, continue le critique allemand, qui paraissait sombre et dure aux derniers âges, et qui le serait encore plus à nos oreilles accoutumées à un style plus suave, contrastaient d'une manière frappante avec le ton doux et agréable qui avait longtemps signalé la poësie épique. Nous pouvons par là distinguer sûrement entre les Grecs asiatiques et ceux qui, sortis de leurs montagnes du nord de la Grèce, fiers de l'élévation naturelle et de la vigueur de leur âme, ne reçurent jamais que peu de culture du contact des étrangers. »

Ainsi la musique dorienne ne retentissait pas en notes éclatantes comme une harmonie guerrière; elle évitait les modulations plaintives et voluptueuses; en un mot, loin de s'adresser à la sensibilité des auditeurs et d'éveiller en eux des émotions puissantes, elle pacifiait leur âme en imitant, non les agitations ou les langueurs de la passion, mais le mouvement tranquille des idées. « Elle représente, dit Platon, l'homme dans des pratiques pacifiques et toutes vo-

---

(1) *Die Dorier*, IV, 6.

lontaires, invoquant les dieux, enseignant, priant ou conseillant ses semblables, ou se montrant lui-même docile aux prières, aux leçons et aux conseils d'autrui, et ainsi n'éprouvant jamais de mécompte, comme ne s'enorgueillissant jamais, toujours sage, modéré, et content de ce qui lui arrive (1). » La musique dorienne était tout intellectuelle, puisqu'elle n'avait d'action que sur l'intelligence. Elle devait ressembler — s'il est permis de rien conjecturer en matière si obscure, — aux harmonies graves et simples de nos chants d'église. Les accords compliqués lui étaient inconnus : la variété et la richesse des sons lui manquaient, comme aux peintres primitifs la variété et la richesse des couleurs. Mais enfin il y avait dans cette austérité même de la vieille musique un attrait dont le souvenir subsista longtemps. Il est certain qu'au temps de Périclès le mode dorien prédominait et qu'il était seul employé dans l'éducation des enfants. L'admirateur de ce temps, Aristophane, le compte parmi les institutions morales auxquelles la Grèce devait une jeunesse chaste et courageuse. « Je raconterai, dit la Justice dans les *Nuées*, je raconterai l'antique discipline, aux jours où je florissais, enseignant l'équité, et où la sagesse régnait dans les mœurs... On enseignait le chant... conformément à cette harmonie qui venait de nos pères. Si un adolescent faisait le bouffon ou chantait avec ces inflexions molles et recherchées que Phrynis a apportées ici, on le châtiait avec des coups, comme un coupable envers les Muses... Et c'est cependant cette discipline

---

(1) *Répub.*, III, 399.

qui a nourri les hommes qui combattaient à Marathon (1). »

Jusqu'ici tous les arts nous ont paru exprimer, à la même époque, un idéal constant, la vie intellectuelle, dans sa plénitude et sa pureté. A peine quelques signes, tant dans les monuments que dans le goût public, font prévoir, vers la fin de Périclès, que cet idéal peut changer ou s'agrandir pour les sculpteurs, les peintres et les architectes. L'ordre dorique et le mode dorien tiennent le premier rang dans la pratique de l'art. Polyclète, qui d'ailleurs est d'Argos, non d'Athènes, ne contredit pas Phidias, il est sur le même chemin, mais moins loin. L'artiste le plus voisin de Phidias dans cette voie de l'idéal où étaient alors engagés tous les arts, est certainement le poëte Sophocle.

Le fond de toute poësie dramatique est l'âme humaine aux prises avec les péripéties et les hasards de la vie. Ce qui met une différence entre les poëtes tragiques, c'est le degré de liberté et de puissance qu'ils accordent à l'homme ainsi livré aux caprices de ses passions et des événements. Si donc Eschyle et Sophocle diffèrent si profondément, c'est qu'ils ont envisagé l'âme chacun sous un aspect particulier, et presque contraire.

Le grand et unique acteur des drames d'Eschyle n'est pas l'homme, mais un être invisible et formidable dont le souffle courbe et terrasse toute volonté et toute résistance : nous voulons parler du Destin. Cette force supérieure, à laquelle les dieux mêmes

(1) V. 961.

sont soumis, pousse l'humanité vers d'inévitables catastrophes. C'est elle seule qui fait et qui règle l'histoire de ce monde. Elle mène l'homme, mais ne le paralyse pas tout entier. Si elle obscurcit son intelligence, si elle brise sa volonté, elle développe en lui les instincts les plus fougueux, les passions les plus impitoyables. La fatalité est à la fois en dehors et au dedans de l'homme : lorsqu'il croit agir librement et ne suivre que les mouvements impétueux de sa conscience, il n'est que l'instrument aveugle du dieu qui vit en lui. Il descend au crime par une pente rapide qu'il lui est impossible de remonter. « Il tombe, chantent les Euménides, et il n'en sait rien, car sa ruine le rend insensé ; une sombre horreur plane sur lui, et l'on parle avec gémissements du nuage noir qui pèse sur sa maison (1). » La passion veille immortelle dans l'âme même de ceux qui sont morts : Clytemnestre, insatiable de vengeance, quitte sa tombe afin d'exciter les Euménides contre son fils. « Vous dormez? et pourquoi dormir? Méprisée par vous, chargée d'un opprobre éternel, j'erre honteusement parmi les ombres de ceux que j'ai tués... Voyez ce que m'ont fait souffrir mes enfants : et cependant aucun dieu ne s'irrite pour moi, que des mains parricides ont égorgée... Ecoutez donc mon âme qui vous parle; réveillez-vous, ô déesses infernales! C'est moi, Clytemnestre, qui me lève dans vos songes, et qui vous appelle (2). » Le dernier terme où aboutisse l'homme ainsi dominé par la fatalité de ses passions,

---

(1) *Eumén.*, 378.
(2) Ibid., 94.

est la perte de la raison. Le délire occupe l'esprit dont toutes les pensées se tournent en visions sanglantes. « Va-t-en, tache damnée, murmure lady Macbeth en démence, va-t-en, te dis-je... Eh quoi? Ces mains ne seront-elles jamais blanches?.. Elles ont encore une odeur de sang, et tous les parfums de l'Arabie ne sauraient purifier cette petite main, hélas! hélas!.. Allons, lavez vos mains, prenez vos vêtements de nuit, et ne soyez pas si pâle, je vous le répète : Banquo est enterré, il ne peut sortir de sa tombe (1). » Oreste, encore couvert du sang de Clytemnestre, aperçoit dans l'ombre les Euménides qui s'élancent sur ses pas. « Les voilà, avec leurs manteaux noirs et leur chevelure de serpents... ce sont bien les chiennes furieuses que m'envoie ma mère... O dieu Apollon, leur foule grossit, et des pleurs de sang coulent de leurs yeux... Vous ne les voyez pas, mais moi je les vois : elles me chassent et je ne puis rester. » Et le chœur épouvanté s'écrie : « Quand donc s'endormira la colère du Destin (2) ? »

L'âme des héros de Sophocle est autrement sereine. Sans doute elle est encore passionnée : une raison pure ne fera jamais un personnage tragique et poëtique. En outre les légendes que Sophocle reproduisait sur la scène, l'histoire des familles d'Œdipe et d'Agamemnon, renferment toutes les extrémités de la passion. Mais l'homme, dans Sophocle, est rentré en possession de lui-même. Ce n'est plus le Destin qui précipite à son gré les passions humaines. L'homme

---

(1) *Macbeth,* acte IV, sc. 1.
(2) *Choéph.,* 1049.

est déjà le maître de son existence : il ne fléchit plus passivement sous le poids des volontés divines : il se sent libre et responsable. L'*Œdipe-Roi* est l'œuvre de Sophocle qui s'éloigne le moins des traditions religieuses d'Eschyle. Cependant Œdipe et Jocaste, dès qu'ils connaissent leurs crimes, vengent de leurs propres mains sur eux-mêmes la justice qu'ils ont outragée à leur insu. Ni Clytemnestre, ni Oreste, dans Eschyle, ne vont ainsi au devant de l'expiation. Délivrés de la domination du Destin, les personnages de Sophocle s'affranchissent aussi de la fatalité intérieure des passions. Ils ne sont plus emportés par la violence de leurs instincts, mais guidés par leur raison. L'Electre d'Eschyle montre contre Clytemnestre une haine furieuse : elle compare sa colère à celle du loup affamé (1). L'Electre de Sophocle invoque contre sa mère la notion de la justice : elle l'accuse avec calme au nom du droit éternel, qu'elle a violé et qui demande satisfaction. « Fallait-il qu'Agamemnon pérît par ta main ? Quelle loi te l'a permis ? Prends garde, si tu donnes aux mortels une loi semblable, de t'imposer en même temps le châtiment et le repentir. Si nous pouvons tuer un homme afin de venger le meurtre d'un autre, c'est toi la première qui dois mourir pour satisfaire à la justice (2). » La conscience d'un devoir sacré à remplir soutient les héroïnes de Sophocle à travers les luttes où elles s'engagent, aussi fermes et inflexibles que les vérités qu'elles défendent et pour lesquelles elles succombent. « Serait-il beau, dit

(1) *Choéph.*, 421.
(2) *Electr.*, 578.

Electre, de négliger les morts?... Si la victime doit disparaître sous terre, misérable néant, et si eux ne paient point la peine de leur meurtre, c'en est fait de la pudeur et de la piété des hommes (1). » Antigone, bravant la défense de Créon, a donné à son frère la sépulture; elle doit mourir, mais elle proclame solennellement cette justice à qui elle a obéi et qui condamne son juge. « Je ne pensais pas que tes décrets fussent assez forts pour qu'un mortel pût transgresser les lois non écrites et inébranlables des dieux. Ces lois ne sont ni d'aujourd'hui ni d'hier, mais éternellement elles vivent, et personne ne sait quand elles ont apparu. Ce n'est pas elles que, par crainte de la volonté d'un homme, j'aurais méconnues, coupable envers les dieux. Je savais bien qu'il faudrait mourir (2). »

En ce moment, le chœur chante l'amour invincible, et la jeune vierge dit adieu aux joies qu'elle n'a pas goûtées; elle salue avec attendrissement, mais sans faiblir, le soleil sacré : elle regrette la vie, mais avec la dignité qui sied à la fille d'Œdipe. Electre, à l'instant où elle accomplit son devoir terrible, est impassible comme la justice, sans paroles triomphantes et sans compassion. Lorsque, dans l'intérieur du palais, Oreste porte à sa mère le premier coup, «Quelqu'un crie en dedans,» dit Electre au chœur silencieux. « Enfant ! enfant ! aies pitié de ta mère! — Ni lui, répondit Electre, ni le père qui l'a engendré, n'a trouvé pitié auprès de toi. — Hélas ! je suis frappée !

(1) *Elect.*, 236.
(2) *Antig.*, 452.

— Frappe encore, si tu peux, reprend la jeune fille, dont l'âme, possédée par une pensée unique et inexorable, est alors inaccessible à toute émotion (1). »

Sophocle a peint les derniers excès de la douleur physique dans l'Hercule des *Trachiniennes* et dans Philoctète. Les héros crient d'abord et se débattent sous l'étreinte d'une souffrance inouïe ; mais leur âme ne tarde pas à se relever avec un courage plus grand que leurs maux. Hercule ordonne à son fils de le poser vivant sur le bûcher. « Je ne veux ni gémissements ni larmes ; fais ton devoir sans soupirer et sans pleurer, si tu es mon fils (2). » Et plus loin, au moment d'être livré aux flammes : « Allons maintenant, ô mon âme vaillante, avant que tes souffrances se réveillent, mets-toi un frein d'acier aussi dur que le roc, et étouffe tes cris, afin d'accomplir avec joie un si cruel sacrifice (3). » Quant à Philoctète, dès qu'il a découvert la fraude d'Ulysse, bien qu'on lui promette la guérison de sa blessure, s'il consent à suivre les Grecs sous les murs de Troie, il demeure indomptable ; privé désormais de ses armes, il préfère languir seul et mourir de faim dans les rochers de son île. « Laisse-moi souffrir ce qu'il faut que je souffre, » dit-il fièrement à Néoptolème (4). Il ne cède qu'à la voix d'Hercule.

De pareilles âmes, à mesure qu'elles se détachent du corps et qu'elles s'avancent vers l'autre vie, loin de s'abandonner aux faiblesses et aux angoisses de la

---

(1) *Electr.*, 1406.
(2) *Trachin.*, 1199.
(3) Ibid., 1259.
(4) *Philoct.*, 1397.

dernière heure, prennent une sérénité plus qu'humaine. Ajax fait apporter son enfant près de sa couche sanglante. « O mon fils, puisses-tu être plus heureux que ton père, et pour le reste lui ressembler ! Puisses-tu n'être jamais méchant. Ton sort est digne d'envie, puisque tu ne sens pas encore les maux de ton père : ne rien savoir est la vie la plus douce; un jour tu connaîtras la joie et le chagrin. Arrivé à cet âge, il faudra que tu montres contre tes ennemis quel père t'a nourri. Jusqu'alors respire les brises légères, et que ta jeune âme fleurisse pour la joie de ta mère (1) ! » OEdipe, que son long exil a purifié, sort de cette vie avec une majesté singulière. Les dieux le rappellent : le vieux roi aveugle se lève et s'avance seul, guidant ses filles et Thésée. « Marchez, dit-il, et ne me touchez point : laissez-moi trouver le tombeau sacré que le destin m'a réservé dans cette terre. Par ici, par ici, suivez-moi; Mercure, qui conduit les âmes, et la déesse des Enfers me montrent le chemin. O soleil, maintenant obscur pour moi, et dont autrefois j'ai joui, tu ne réchaufferas plus mon corps : car ma vie est terminée et je descends chez Pluton. Hôte chéri, terre d'Athènes, citoyens, soyez heureux, et, dans une félicité éternelle, souvenez-vous d'OEdipe mort (2). » Il revêt une robe nouvelle, et fait des libations comme s'il célébrait une fête religieuse; puis, à la lueur des éclairs, embrassant ses filles : « O mes enfants, leur dit-il, dès aujourd'hui vous n'avez plus de père : pour moi tout est fini, et vous n'aurez plus à m'entourer

---

(1) *Ajax*, v. 550.
(2) *OEd. à Colone*, v. 1544.

de soins pénibles, je le sais, mes enfants; mais un seul mot rachète toutes vos fatigues : personne ne vous aimait plus que moi... » Une voix part du ciel : « OEdipe, OEdipe, pourquoi tardes-tu à venir? » Alors, après avoir conjuré Thésée de protéger les jeunes filles : « Mes enfants, ayez le courage de vous retirer : vous ne pouvez voir ni entendre des choses qui vous sont interdites : éloignez-vous sur-le-champ; que Thésée seul demeure et soit témoin de mes derniers moments. » La terre s'entr'ouvre : OEdipe descend vivant dans les Enfers (1).

Si l'on compare, au point de vue psychologique, les personnages de Sophocle et ceux de Phidias, on comprend combien la recherche d'un même idéal rapproche les créations d'arts différents. Lorsque les héros du poëte ont apaisé leurs émotions, ils n'agissent plus que par l'intelligence : toutes leurs résolutions ont une idée pour principe; ils vont au devant des accidents de la vie le regard fixé sur la vérité, comme sur une lumière supérieure qui éclaire au loin leur chemin. Leur visage est aussi tranquille que leur cœur; une paix divine repose sur leur front; l'infortune, loin de les accabler, les affermit. A travers la poësie de Sophocle, nous reconnaissons plus d'un personnage des Panathénées : Antigone, Electre, Ismène, ont la grâce sévère des jeunes prêtresses de Minerve; les beaux vieillards qui, dans la frise du Parthénon, entourent les Immortels, peuvent figurer le chœur de l'*OEdipe-Roi*; et parmi les douze grands dieux qui étaient assis sous le portique oriental du

---

(1) *OEd. à Colone*, v. 1611 et suiv.

temple, aucun n'a une dignité plus imposante et plus douce qu'OEdipe aveugle, assis dans le bois sacré de Colone, et se préparant à mourir.

Personne, dans l'antiquité, ne comprit mieux que Platon l'art du siècle de Périclès. Le philosophe avait non seulement sous les yeux les œuvres de Phidias, de Polygnote, d'Ictinus, de Sophocle, mais aussi les premiers exemplaires d'un art nouveau, les productions de Scopas, de Zeuxis, et d'Euripide qui préparaient l'art de Praxitèle, d'Apelles et de Ménandre. Trop préoccupé peut-être de ses théories morales et politiques, Platon crut que les nouvelles traditions étaient le signe de la décadence de l'art. Dans la comparaison qu'il fit entre l'époque antérieure et celle qui commençait, toutes ses prédilections furent pour les artistes de Périclès qui avaient représenté l'homme tel que lui-même le concevait, tel qu'il le décrit dans le *Philèbe*. « Le bien, dit-il, qu'il faut regarder comme véritablement supérieur au plaisir, c'est l'intelligence, la science, la prudence, l'art et tous les autres biens de ce genre, et ce sont les seuls qu'il faut travailler à acquérir... Si tu étais privé d'intelligence, de mémoire, de science, de jugement vrai, tu ignorerais même si tu as du plaisir ou non... tu ne te souviendrais pas du plaisir d'autrefois... tu mènerais la vie non d'un homme, mais de ces animaux de mer qui vivent dans des coquilles... Quiconque choisit la vie de plaisir, choisit le phénomène et non l'être, la génération et la corruption, et non cet état où il ne se rencontre ni plaisir ni peine, mais où l'on peut avoir la sagesse en partage (1). » L'idéal que l'âme doit

(1) *Philèbe, passim.*

s'efforcer d'atteindre est donc la vie libre de l'esprit affranchi des sens et des passions. Platon traite la sensibilité comme une cause de faiblesse et de désordre. Il ne veut pas que les arts, en représentant l'amour, la douleur, la volupté, la terreur ou la joie, flattent et émeuvent ce qu'il nomme la *partie pleureuse* de l'âme humaine, τὸ θρηνῶδες. Ce qu'il dit expressément de la poësie *imitative*, c'est-à-dire de la tragédie, de l'épopée et de le comédie, s'applique aussi bien à la sculpture et à la peinture. « Elle nourrit et arrose en nous ces passions, elle les rend maîtresses de notre âme, quand il faudrait au contraire les laisser périr faute d'aliment (1). » « Lorsque nous entendons réciter les endroits d'Homère ou de quelque autre poëte tragique, où l'on représente un héros dans l'affliction, déplorant son sort dans un long discours, poussant des cris, et se frappant la poitrine, nous ressentons alors un plaisir secret auquel nous nous laissons aller insensiblement, et à la compassion pour le personnage qui nous intéresse se joint l'admiration pour le talent du poëte, qui nous met en quelque sorte dans le même état que son héros (2). » Ainsi Platon exige que l'art ne s'adresse qu'à l'intelligence. Il conduit Homère hors de sa république, parce que le poëte a décrit dans une langue divine les plus dangereuses passions. Mais il réserve une place à l'artiste « plus austère et moins agréable, et au mythologue plus utile qui se contente d'imiter les paroles de l'homme vertueux (3). » La beauté intellectuelle, que

(1) *Républiq.*, X, 607.
(2) Ibid., 605.
(3) *Républiq.*, III, 398.

l'art de Phidias et de Sophocle avait réalisée, est tout impersonnelle : car ce qui constitue notre raison, c'est la participation à ces vérités éternelles qui existent en dehors de nous et auxquelles notre volonté ne peut rien changer. Cette beauté impersonnelle est célébrée dans le *Banquet* : elle est le terme suprême des contemplations de l'artiste, et en même temps des raisonnements du philosophe. Car la beauté, pour Platon, est identique au bien infini; elle est Dieu lui-même, c'est-à-dire la raison absolue, l'immuable intelligence : toutes les beautés terrestres y participent, tous les êtres vivants, les œuvres de l'art, les sciences et les institutions humaines, n'ont d'autre beauté que le reflet même de la pensée divine.

Ainsi Platon reconnaît, porté par ses doctrines métaphysiques, l'unique idéal où ait abouti la sculpture du siècle de Périclès dans son maître le plus illustre, l'idéal intellectuel du Jupiter-Olympien, de la Minerve du Parthénon et de la Vénus céleste, l'idéal d'Antigone, d'Ajax, d'Electre et d'OEdipe. Une grande époque de l'art était accomplie : la philosophie pouvait l'analyser et la définir.

Pour nous qui embrassons l'histoire entière du génie hellénique, cet art fut le plus original, c'est-à-dire le plus conforme à la civilisation au sein de laquelle il s'est développé. C'est une remarque profonde d'Ottfried Müller que la vie et l'art grecs ont toujours été d'accord. Les mêmes caractères apparaissent dans l'un et dans l'autre : tous les deux se modifient à la fois; tous les deux se gouvernent par les même lois et s'expliquent par la même formule.

Les guerres médiques révélèrent aux Grecs leur

force nationale, et aussi la puissance de l'intelligence humaine. A Marathon, à Salamine, à Platées, le triomphe de ce petit peuple, contre la discipline duquel échouaient les efforts de l'immense armée persique, était réellement le triomphe de l'esprit sur la matière. Ces Orientaux dont Hérodote fixe le nombre à plus de quinze cent mille hommes (1), ces esclaves qui se battaient sous le fouet, étaient poussés en avant avec la fougue aveugle et brutale des vagues de la mer. Il semble, en lisant cette histoire, qu'on voie le roseau pensant de Pascal résister sans rompre à l'attaque des éléments. La victoire de la race grecque fut pour les contemporains comme l'affranchissement intellectuel de l'humanité. « La langue des hommes, disait Eschyle, n'est plus emprisonnée : le joug de la force a été brisé. Dès cet instant, le peuple exhale librement sa pensée (2). » Périclès parlait ainsi aux Athéniens : « Nous serons un objet d'admiration pour le temps présent et pour les âges futurs..., nous qui avons forcé toute mer et toute terre à devenir accessibles à notre audace, et qui partout avons laissé d'éternels monuments du bien et du mal que nous avons fait (3). » Un chœur d'*Antigone* chantait : « Il y a bien des choses merveilleuses, mais aucune n'est plus merveilleuse que l'homme. Il traverse avec les orages d'hiver la mer blanchissante, porté sur les flots sonores... Il étudie la parole, la pensée rapide comme le vent, et la constitution des

---

(1) Liv. VI, ch. 60.
(2) *Perses*, v. 591.
(3) Thucydide, liv. 1, ch. 41.

— 156 —

Etats... les ressources de son esprit sont inépuisables, et jamais l'avenir ne le saisit au dépourvu (1). »

C'est donc l'intelligence seule qui fait la valeur et la force de l'homme. Par elle il a soumis la nature. Il n'y a plus, chez les poëtes de l'époque de Périclès, aucune trace de cette inquiétude qu'inspiraient autrefois aux Grecs les mouvements subits et désordonnés du monde physique : les contemporains d'Anaxagore comprennent que des lois certaines président aux colères apparentes de la nature. Thucydide cherche l'explication scientifique de ce courant de Charybde qu'Homère avait personnifié sous la forme d'un monstre (2). Les superstitions religieuses reculent devant le progrès de la philosophie (3). C'est par la raison que l'âme, selon les doctrines des premiers moralistes, doit se gouverner. Socrate identifiait la science et la vertu, et posait la connaissance de soi-même comme principe de la sagesse. La grande théorie morale de Platon qui rattache à la raison la vie spirituelle tout entière, est préparée dans les entretiens familiers de Socrate. L'Etat s'organise sur le modèle de la conscience humaine. La démocratie athénienne est une véritable aristocratie. Bien que le peuple prenne part aux affaires publiques, c'est en réalité aux plus intelligents qu'appartient la direction des intérêts de la cité, et non à la foule qui représente cette partie grossière et passionnée de l'âme que Platon appelle l'appétit, τὸ ἐπιθυμητικόν. Le peuple ne vote que sur une

(1) V. 322 et suiv.
(2) Liv. IV, ch. 24.
(3) V. notre *Essai sur le sentiment de la nature dans l'antiquité grecque et romaine.*

proposition du sénat. Le sort ne désigne les sénateurs que parmi les candidats qui se sont d'abord soumis à l'examen légal. Le sénat n'agit que sous la surveillance des sept gardiens de la constitution. La politique étrangère et les affaires militaires sont confiées aux dix stratéges élus parmi les premiers citoyens d'Athènes. Enfin, au-dessus du peuple, du sénat, des archontes et des généraux, règne un homme qui ne doit son pouvoir illimité ni à la naissance, ni à la corruption, ni au droit du plus fort, comme Pisistrate, mais seulement à l'ascendant de sa raison et au prestige de son éloquence.

Il suffit de rapprocher les traits épars dans Thucydide et dans Plutarque pour faire revivre en Périclès ce type que l'art grec se proposait alors. A le considérer tant dans sa vie privée que dans sa vie politique, Périclès fut un grand exemple de ce que peut donner d'autorité et de beauté morale une rare intelligence, maîtresse souveraine de la volonté et des passions. Thucydide définit ainsi sa suprématie : « Puissant par la dignité de son caractère et par son intelligence, et à l'abri de tout soupçon de vénalité, Périclès restait libre en dirigeant la foule : il n'était pas mené par elle, mais la menait véritablement, parce que, ne devant pas son pouvoir à des moyens illégitimes, il pouvait, au lieu de la flatter dans ses discours, braver sa colère, et la contredire avec autorité. Quand il voyait les Athéniens se livrer à une confiance déplacée et insolente, il les maîtrisait par sa parole et les frappait de crainte ; cédaient-ils à des frayeurs insensées, il relevait leur courage et les ramenait à la confiance. Il y avait donc à Athènes, de nom la démocratie, de

fait l'autorité suprême du premier des citoyens (1). »
C'est par la parole que Périclès eut un si grand empire sur la mobile et spirituelle Athènes. « Sur les lèvres de Périclès seul, dit le comique Eupolis, résidait la persuasion; seul il laissait l'aiguillon dans l'esprit des auditeurs. » Cette éloquence n'était pas véhémente, bien qu'un vers des *Acharniens* représente Périclès « lançant de sa bouche des éclairs et des foudres pour bouleverser toute la Grèce (2). » Il faut retirer du tableau d'Aristophane l'exagération métaphorique que permettait la comédie. Périclès appartenait à l'ancienne école oratoire, attique par excellence, à laquelle Cicéron assigne la simplicité comme qualité essentielle (3). Ses discours, tels que Thucydide les a rapportés, sans en altérer beaucoup l'esprit et le style, ne renferment pas un seul mouvement passionné. Ce sont d'admirables raisonnements politiques, dans lesquels l'orateur revient sans cesse à quelque idée générale, à sa connaissance philosophique du génie et des tendances des peuples dont les intérêts l'occupent, afin d'éclairer les circonstances présentes, de prévoir les événements probables, de montrer la voie la plus sûre à suivre. Dans l'oraison funèbre des jeunes soldats morts au début de la guerre du Péloponèse, Périclès s'élève au-dessus de la douleur publique : il célèbre Athènes; il convie l'auditoire à l'amour et à la défense du pays; il ne nomme aucune des vic-

---

(1) Liv. II, ch. 65.
(2) Ἐντεῦθεν ὀργῇ Περικλέης οὑλύμπιος ἤστραπτ' ἐβρόντα, ξυνεκύκα τὴν Ἑλλάδα. v. 350.
(3) *Brut.*, ch. 7. — *De Orat.*, II, 22.

times ; il ne veut pas que la foule réunie soit, par ses larmes, comme une image du deuil de la patrie ; il se tourne vers les familles, et leur dit gravement, mais sans chercher l'émotion : Pleurez chacun les vôtres, et retirez-vous (1). Le peuple l'avait surnommé l'*olympien*, et la peinture que Plutarque a faite de l'orateur justifie ce surnom. « Une dignité de langage où il n'y avait rien d'affecté, de bas ny de populaire ; mais aussi une constance de visage qui ne se mouvoit pas facilement à rire, une gravité en son marcher, un ton de voix qui jamais ne se perdoit, une contenance rassise, et un port honneste de son habillement, qui jamais ne se troubloit pour chose quelconque qui luy advinst en parlant, et autres semblables choses, qui apportoyent à tous ceulx qui les voyoient et consideroyent un merveilleux esbahissement (2). »

Plutarque nous introduit dans la vie privée de Périclès, où apparaissent toujours cette réserve et cette possession de soi-même qui, à l'Agora et au Pnyx, contribuaient à son autorité morale. Il avait fait autour de lui-même une sorte de solitude. « On ne le veit onques puis aller par la ville, sinon qu'il y allast ou en la place ou au sénat. Il désista d'aller aux banquetz où on le convioit, et laissa tout autre tel entretien d'amis, et toute telle manière de conversation, tellement qu'en tout le temps qu'il se mesla du gouvernement de la chose publique, qui fut fort long, il n'alla jamais souper chez pas un de ses amis (3). »

(1) Thucyd., liv. II, ch. 43.
(2) *Péricl.*, ch. 7.
(3) Ibid., ch. 12.

Dès le commencement de la peste à laquelle il devait lui-même succomber, Périclès vit mourir ses enfants, sa sœur et ses amis les plus chers. « Mais toutefois, dit Plutarque, jamais il ne fleschit pour tout cela, ny n'en rabaissa de rien la grandeur et haultesse de son courage, quelques malheurs qui luy survinssent, ny ne le veit-on jamais plorer, ny mener dueil aux funérailles d'aucun de ses parents ou amis, jusques à la mort de Paralus, le dernier de ses enfants légitimes : encore tascha il à se maintenir en la constance naturelle, et se conserver en sa gravité accoutumée, mais ainsi comme il luy vouloit mettre un chapeau de fleurs sur la teste, la douleur le forcea quand il le veit au visage, de manière qu'il se prit soudainement à escrier tout hault, et espandit sur l'heure grande quantité de larmes : *ce qu'il n'avoit jamais fait en toute sa vie* (1). » Au moment de mourir, Périclès donna un dernier exemple de sérénité et de grandeur d'âme : comme ceux qui entouraient son lit se rappelaient ses victoires et ses vertus, « Si se prit à leur dire qu'il s'esmerveilloit comme ilz louoyent si haultement ce qui luy estoit commun avec plusieurs autres capitaines, et en quoy la fortune même avoit sa part, et cependant ilz omettoyent à dire ce qui estoit en luy le plus beau et le plus grand : c'est que nul Athénien, pour occasion de luy, n'avoit onques porté robbe noire (2). »

Si Athènes se donna à Périclès, c'est qu'il fut, en politique, le vrai représentant du génie grec d'alors ; c'est que ce peuple, le plus intelligent, mais aussi le

---

(1) *Péricl.*, ch. 69.
(2) Ibid., ch. 73.

plus passionné qui fut jamais, était à cette heure virile, la plus glorieuse de son histoire, trop vite écoulée, où les simples et éternelles notions du vrai et du juste avaient pénétré assez profondément l'esprit public pour le remplir et pour le gouverner. Périclès ne faisait pas appel à ces instincts violents et inconstants de la foule contre lesquels il eut une fois à se défendre. Il la subjuguait par la puissance des idées; il exerçait sur elle cette domination paisible de la raison qu'il avait établie sur lui-même; en lui la grandeur politique et la beauté morale étaient l'effet d'une même cause.

Rien n'est plus historique et plus juste que cette expression : « le siècle de Périclès. » Son époque lui dut un caractère d'unité qu'aucune autre depuis n'a montré. Autour de lui se groupent, comme autour de leur centre naturel, tous les artistes athéniens, Phidias et Ictinus, Polygnote et Sophocle. Son amitié pour Phidias fut célèbre, et la médisance des anciens ne l'a pas épargnée. Périclès les rattachait tous au spiritualisme de son maître Anaxagore. La formule métaphysique de ce dernier peut s'appliquer à l'histoire de l'art et de la vie sociale des Grecs de Périclès : πάντα διεκόσμησε νόος, la raison a tout ordonné (1). Les dieux de Phidias, les héros de Sophocle, les personnages de Polygnote, l'architecture du Parthénon, la musique dorienne, la poësie de la nature, l'organisation politique de la cité athénienne, la prépondérance suprême de Périclès, les doctrines morales de Socrate, toutes ces choses si diverses ont entre elles un lien commun; elles expriment toutes, chacune à sa manière, la beauté et la supériorité de l'intelligence.

(1) Simplicius, *Comm. in Aristot. Phys.*, fol. 33.

CHAPITRE III.

L'art grec avant Praxitèle (suite).

Sommaire : La politique, la morale et l'art à l'époque de la guerre du Péloponèse. Euripide. Les peintres Zeuxis, Parrhasius et Timanthe. Scopas.

Après la mort de Périclès, un grand changement se fit à la fois dans la politique, dans les mœurs et dans les arts. Deux écrivains, Aristophane et Platon, ont, d'un esprit pénétrant, démêlé la cause de ce changement, déjà sensible à l'origine de la guerre du Péloponèse. Platon a parfois emprunté, pour la combattre, la raillerie même dont l'avait accablé le poëte comique. Cette cause n'est autre que l'invasion de la *sophistique* dans l'esprit public.

Les sophistes n'ont été, au fond, que des sceptiques, et Socrate et Platon, en les discutant, représentaient cette lutte qui est loin de finir entre la science qui affirme, et la critique qui juge trop légères les preuves de la science. Le scepticisme naquit en Grèce avec la philosophie. Héraclite disait : Rien ne demeure, tout s'écoule. L'œuvre entière des sophistes fut dans la négation de toute vérité absolue. Ils détruisaient la métaphysique en niant les premiers principes, la religion en niant les dieux, la morale en niant la distinction du juste et de l'injuste. Et de même qu'ils retiraient à la conduite privée de l'individu toute règle rationnelle, ils enlevaient à la conduite politique de l'Etat la direction souveraine du droit. Pour eux la sensation devenait la mesure du vrai ; le plaisir était le seul bien que l'homme dût rechercher ; la force s'identifiait avec la justice ; et comme, dans la société, c'est au peuple qu'appartient la puissance matérielle que donne le nombre, les sophistes livraient l'Etat à la volonté et aux caprices de la multitude. Au gouvernement aristocratique de Périclès succédèrent la démocratie et la démagogie d'Alcibiade et de Cléon. Les sophistes réussirent en tenant en éveil cet esprit prompt, mobile, amoureux de la nouveauté, qui, selon Thucydide, caractérisait les Athéniens (1), en flattant les vices du peuple, en excitant ses passions jalouses. « Les hommes qui vinrent après Périclès, écrit Thucydide, plus égaux entre eux et désirant tous le premier rang, se mirent à abandonner les affaires aux caprices du peuple (2). » Alcibiade fut un impie et un mauvais citoyen. Mais la populace qu'il amusait par ses extravagances subit sa dangereuse séduction. A son retour de la funeste expédition de Sicile qu'il avait conseillée et mal dirigée, il fut accueilli comme un triomphateur (3). Cléon, dans

---

(1) Οἱ μέν γε νεωτεροποιοί, καὶ ἐπινοῆσαι ὀζεῖς καὶ ἐπιτελέσαι ἔργῳ ὃ ἂν γνῶσιν... Liv. I, ch. 70.

(2) Liv. II, ch. 65.

(3) Plutarque, *Alcibiade*, 66.

Thucydide (1), voulant châtier les Mitylénéens, fait appel aux instincts cruels et envieux de la foule; il la pousse à la vengeance; il calomnie les orateurs du parti contraire. Cicéron signale dans Alcibiade et Cléon, « ce citoyen turbulent, » une nouvelle éloquence, passionnée et sonore (2). Aristophane, dans une de ses plus audacieuses comédies, dépeint le bonhomme *Peuple* morose, querelleur et sourd, asservi et dupé par son esclave Cléon. « Ce corroyeur paphlagonien, ayant flairé le caractère du vieillard, se mit à ramper à ses pieds, à le flatter, à le caresser, à le tromper.... il nous chasse, et ne laisse aucun autre faire la cour à son maître; une courroie à la main, tandis que celui-ci dîne, il repousse les orateurs; il chante des oracles : le vieux croit entendre la sibylle et tombe en stupeur; alors l'autre se met à l'œuvre : il calomnie en face les gens de la maison, puis il nous flagelle : le paphlagonien court partout, appelle les serviteurs, bouleverse tout, demande de l'argent, disant : Vous voyez comme j'ai fouetté Hylas? Si vous ne m'apaisez pas, je vous tuerai tous aujourd'hui (3). » Il faut lire dans Platon à quels excès d'insolence et de licence peut parvenir cette tyrannie de la foule, alors que les courtisans et les corrupteurs du peuple lui ont versé à trop pleine coupe le vin généreux de la liberté. La décadence des mœurs était inévitable. Les tableaux effrontés d'Aristophane en sont la preuve. Sans doute sa comédie n'est pas de l'histoire, et les scènes trop

---

(1) Liv. III, ch. 38.
(2) *Brutus*, VII.
(3) *Chevaliers*, v. 46.

libres de son théâtre témoignent de l'imagination féconde du poëte au moins autant que de la dépravation athénienne. Mais enfin ces peintures étaient acceptées par le goût des spectateurs ; ces expressions que nous ne pouvons traduire ne blessaient guère les oreilles. Aristophane imitait en cela les sophistes qu'il critiquait à outrance : il persuadait en amusant. Mais il persuadait pour corriger. Personne n'était plus que lui partisan des vieilles mœurs et adversaire des nouvelles. C'est parce qu'il crut trop légèrement sur parole les ennemis de Socrate qui accusaient ce dernier de corrompre la jeunesse, qu'Aristophane composa ses *Nuées*. Il y traita avec une verve prodigieuse la grave question de l'éducation. Je ne connais pas, dans la littérature du temps, de document plus significatif que cette scène des *Nuées* où la Justice et l'Injustice plaident leur propre apologie et montrent les résultats de leur morale. « Autrefois, dit la Justice, aucun enfant n'allait vers son amant avec une voix molle et efféminée, et en l'appelant du regard, trafiquant ainsi de son propre honneur... Allons, adolescent, abandonne-toi plutôt à mes sages conseils : tu apprendras à haïr la place publique, à fuir les bains, à rougir des choses laides, à t'irriter si l'on te raille, à céder ta place aux vieillards, à ne pas offenser tes parents, à ne rien faire de honteux, parce que tu dois être comme une statue de la pudeur ; tu ne courras pas chez les danseuses, de peur qu'au milieu de ton admiration une méchante courtisane ne te jette la pomme et ne flétrisse ta bonne renommée.... Si tu fais ce que je te dis, si tu y appliques ton esprit, tu auras toujours la poitrine brillante, le teint blanc, les épaules larges... Si tu ne te livres aux occupations qui sont si fort à la mode, d'abord tu auras le teint pâle, les épaules étroites, la poitrine resserrée, la langue longue..., et l'on t'apprendra à croire beau ce qui est honteux, et honteux ce qui est beau... » — « Tu es un pauvre bavard, répond l'Injustice ; considère, mon enfant, le beau profit de la sagesse, et de quelles voluptés elle te priverait : jeunes garçons, femmes, jeux de hasard, poissons, vins, éclats de rire. Et quel prix la vie aurait-elle pour toi, privé de toutes ces choses ? Passons maintenant aux nécessités de la nature. Tu as fait une faute, tu es aimé, tu as commis un adultère : on te surprend. Tu es mort, si tu ne sais plaider ta cause. Mais si tu es des miens, laisse-toi aller à la nature, danse, ris, ne regarde rien comme honteux. Si l'on te prend en adultère, dis au mari que tu ne lui as fait aucun tort : cite Jupiter que l'amour et les femmes ont vaincu ; et comment toi, mortel, pourrais-tu être plus fort et meilleur qu'un dieu (1) ? »

Aristophane défend contre les démagogues et Cléon les institutions politiques de Périclès ; contre Socrate, mais à tort, l'ancienne éducation morale ; contre Euripide, enfin, l'art tout intellectuel de l'époque précédente.

Euripide, bien qu'il soit mort avant Sophocle, et peut-être même avant la représentation de l'*Œdipe à Colone*, ne fut pas, comme Sophocle, un poëte tragique du siècle de Périclès et de Phidias. Ses œuvres les plus importantes, *Médée*, *Hippolyte*, *Hécube*, *Iphigénie en Aulide*, qui toutes datent de la guerre du

---

(1) *Nuées*, 979 et suiv.

— 167 —

Péloponèse, annoncent les traditions nouvelles de l'art grec. L'âme humaine, au lieu de maîtriser, par la force de la volonté et de la raison, les mouvements de la vie sensible, succombe vaincue par ses passions. L'infortune la désarme et l'abat : son intelligence se trouble et suffit seulement à reconnaître l'étendue de ses maux. L'âme est à l'état *pathétique*, c'est-à-dire à l'état de souffrance (1). Ainsi représentée, elle émeut la pitié compatissante du spectateur; « celui qui écoute, dit Aristote, partage la douleur de celui qui parle (2). » La foule, avide d'émotions profondes, recherche les œuvres dramatiques qui touchent la *partie pleureuse* de l'âme. Euripide, mis en scène dans les *Grenouilles*, dit avec raison : « Mon théâtre est démocratique (3). »

L'art pathétique est idéaliste ou matérialiste. Il est idéaliste lorsqu'il indique les souffrances intérieures des personnages surtout par des signes psychologiques, lorsque les actes, les paroles, les lamentations du héros tragique sont l'effet direct des agitations de sa conscience, lorsque enfin la lumière de l'intelligence, bien qu'obscurcie, veille encore en lui, et que la raison qui lui reste maintient entre la passion et le pur instinct une limite certaine. Cet art est idéaliste, parce que c'est l'âme qu'il révèle, et que l'âme, pour l'artiste, n'est pas moins belle au milieu des emportements de la passion que dans la sérénité majestueuse de la pensée impassible. L'art pathétique est matérialiste lorsqu'il abandonne l'homme, comme un être

---

(1) Πάθος, *Leidenschaft*.
(2) Ξυνομοιοπαθεῖ ὁ ἀκούων ἀεὶ τῷ παθητικῶς λέγοντι. *Rhét.*, III, 7, 5.
(3) Δημοκρατικὸν γὰρ αὔτ' ἔδρων. V. 952.

irraisonnable, à toutes les faiblesses et à toutes les violences de l'instinct, et qu'il attire les regards du spectateur par un étalage d'*accessoires* qui n'ont rien que de matériel. L'art grec qui, à partir de la guerre du Péloponèse, se voua à l'expression de la vie sensible, fut tantôt idéaliste, tantôt matérialiste. On trouve chez Euripide l'un et l'autre de ces caractères ; mais c'est seulement contre le second qu'Aristophane dirigea les traits de sa satire.

Les deux âmes les plus passionnées du théâtre d'Euripide sont Médée et Phèdre. Médée est poussée par sa jalousie aux plus furieux excès : elle tue ses enfants pour se venger de Jason infidèle. Elle-même, à force de souffrir, appelle la mort (1). A la vue de ses enfants, la mère hésite. « Hélas ! mes fils, pourquoi vos yeux me regardent-ils, pourquoi souriez-vous votre dernier sourire ? Malheur à moi ! Que ferai-je ? Le cœur me manque, femmes, dès que j'ai vu le regard joyeux de mes enfants... Mais quoi ! souffrirai-je que l'on se rie de moi ?... il faut oser... enfants, rentrez dans la maison... Mais non, mon cœur, ne commets pas ce crime : laisse-les, malheureuse, épargne tes enfants ; là-bas, vivant avec moi, ils me réjouiront. » Mais le désir de la vengeance hâte la résolution de Médée, dans l'âme de qui l'amour maternel livre cependant encore un dernier, mais inutile combat. « Donnez, mes fils, donnez à votre mère votre main droite à baiser. O main bien-aimée, bouche bien-aimée, noble aspect, tête charmante de mes enfants, soyez heureux, mais dans l'autre vie... O doux

(1) V. 96, 144.

embrassement, ô joues délicates, souffle embaumé de mes enfants! Rentrez, rentrez, je n'ai plus la force de vous voir (1). »

La passion la plus ardente, l'amour, mais l'amour coupable et malheureux, fait son apparition dans la poësie dramatique des Grecs avec la Phèdre d'Euripide. Phèdre rappelle Sappho : son âme et son corps sont plongés dans la langueur du désir; elle aspire à la solitude et au rafraîchissement qu'elle goûtera dans le sein de la nature. « Soulevez mon corps, redressez ma tête : mes membres tombent en défaillance, mes amies; esclaves, prenez mes mains. Comme les bandelettes sont pesantes sur mon front! déliez-les, et que ma chevelure se déroule sur mes épaules... Oh! que ne puis-je me désaltérer aux eaux limpides d'une source froide, et, sous les peupliers, dans une prairie touffue, me reposer et dormir!... Conduisez-moi sur la montagne : je veux aller vers la forêt et près des pins (2). »

Mais Euripide, qui avait pénétré si avant dans la connaissance des passions humaines, rechercha aussi, en donnant à ses héros un aspect misérable, ces effets vulgaires du pathétique que repousse Aristote. « Le spectacle, dit ce philosophe, en frappant les yeux, produit une impression sur les âmes. Mais c'est le moyen qui s'éloigne le plus de l'art et qui tient le moins à la poësie... C'est à l'art du costumier plutôt qu'à celui du poëte qu'appartient en propre tout ce qui doit être fait pour contenter les yeux (3). » Aris-

---

(1) *Médée*, v. 1040 et suiv.
(2) *Hippolyte*, v. 198 et suiv.
(3) *Poëtique*, VI, 18.

tophane appelle Euripide « faiseur de héros boiteux (1). » « Il est convenable, lui dit Eschyle, que les demi-dieux parlent une langue plus sonore, et qu'ils se couvrent de manteaux plus majestueux que les nôtres... Et toi tu as enveloppé les rois de haillons, afin qu'ils parussent plus pitoyables (2). » Dicéopole, dans les *Acharniens*, devant parler au public, conjure Euripide de lui prêter ses haillons les plus tragiques, non pas ceux de Bellérophon ou de Philoctète, mais ceux du mendiant Télèphe, et en outre un bâton et une vieille lanterne (3). De tels artifices abaissaient la tragédie au niveau de la sophistique. Euripide renouvela la poësie dramatique par l'expression de la douleur morale; mais en même temps, par l'abus du spectacle matériel, il en prépara la décadence.

Les trois grands peintres contemporains de la guerre du Péloponèse, Zeuxis, Parrhasius et Timanthe, diffèrent de Polygnote, comme Euripide diffère de Sophocle. Aristote marque clairement la distinction des deux époques du même art. « La peinture de Zeuxis ne représente pas le caractère et les mœurs (4). » Le goût public favorisait un art moins sévère. « Ayant le peintre Aristophon, dit Plutarque, peint une courtisane nommée Neméa, qui tenoit entre ses bras Alcibiade assis en son giron, tout le peuple y accouroit et prenoit grand plaisir à voir ce tableau (5). » La nouvelle école fut pathétique et déjà voluptueuse.

(1) *Grenouilles*, 846.
(2) Ibid., 1060.
(3) V. 410 et suiv.
(4) Ἡ δὲ Ζεύξιδος γραφὴ οὐδὲν ἔχει ἦθος. *Poëtiq.*, 6.
(5) *Alcibiade*, XXVIII.

Apollodore le *skiagraphe*, en inventant la dégradation des tons et les diverses nuances d'ombre et de lumière (1), permit à la peinture de reproduire les plus légères altérations des physionomies, le relief des formes et la mollesse délicate des contours. Bien que Cicéron compare Zeuxis à Polygnote pour la simplicité de ses procédés (2), celui-là accomplit certainement de grands progrès dans la partie technique de son art. Il découvrit, dit Quintilien, les justes proportions d'ombre et de lumière (3). Les anciens citent son tableau des raisins imités avec une couleur et un relief si vrais, que les oiseaux voltigeaient à l'entour (4). Pline vante en Parrhasius l'exactitude des proportions, la finesse des traits, l'élégance des chevelures, la grâce des visages, l'incomparable perfection des contours. « Là, dit-il, est le mérite suprême de la peinture. Peindre les corps et le milieu des objets exige sans doute un grand talent... Mais peindre la ligne extrême des corps, terminer la peinture là où il faut qu'elle cesse, est un plus rare exemple dans l'histoire de l'art. L'extrémité doit comme se replier sur elle-même, et ne s'arrêter qu'en laissant deviner ce qui est derrière elle; elle doit faire entrevoir ce qu'elle cache (5). » Le rideau de Parrhasius trompa Zeuxis lui-même, qui s'avoua vaincu, car lui-même n'avait pu

---

(1) Φθορὰν καὶ ἀπόχρωσιν σκιᾶς. Plutarch., *De Glor. Athen.*, 2.
(2) *Brutus*, 18.
(3) Luminum umbrarumque invenisse rationem, XII, 10.
(4) Pline, XXXV, 65. — Sénèque, *Controv.*, liv. V, 34.
(5) XXXV, 67. Extrema corporum facere, et desinentis picturæ modum includere, rarum in successu artis invenitur. Ambire enim debet se extremitas ipsa, et sic desinere, ut promittat alia post se, ostendatque etiam quæ occultat.

— 172 —

faire illusion qu'à des oiseaux. Un mot de Philostrate caractérise très justement la valeur expressive de tous ces perfectionnements techniques de la nouvelle école. « Ces artistes, écrit-il, avec la science des ombres et des reliefs, eurent le souffle de la vie (1). »

Zeuxis peignit Jupiter sur son trône, entouré des dieux. Ce groupe, que Pline déclare *magnifique* (2), sert de transition entre deux périodes de l'art. Les autres œuvres de Zeuxis ne cherchaient qu'à charmer ou à toucher. Il s'efforça, comme le sculpteur Polyclète, d'atteindre à la pureté irréprochable des formes, auxquelles il attribua des proportions plus grandes que nature, « imitant Homère, dont les héroïnes mêmes ont toujours une taille élevée (3). » Il écrivit ce vers sous le tableau de son athlète : « On le critiquera plus facilement qu'on ne l'imitera (4). » Son Hélène était le modèle de la beauté féminine : il avait, pour la composer, choisi, parmi les jeunes filles d'Agrigente, cinq vierges de formes exquises (5), et répétait lui-même, à la louange de son œuvre, les paroles d'Homère : « Il ne faut pas s'étonner que les Troyens et les Grecs endurent pour une telle femme de si longues souffrances : car son visage ressemble aux déesses immortelles (6). » Zeuxis donna au temple

---

(1) Οἳ τὸ εὔσκιον ἠσπάσαντο καὶ τὸ ἔμπνουν καὶ τὸ ἐσέχον τε καὶ ἐξέχον. *Vit. Apoll.*, II, 20.

(2) XXXV, 63.

(3) Quintil., XII, 10.

(4) Pline, XXXV, 63.

(5) Pline, ibid., 64. — Cicéron, *De Invent.*, II, 1 : Ut excellentem muliebris formæ pulchritudinem muta in sese imago contineret.

(6) *Iliade*, III, 156. — Valèr. Max., liv. III, ch. 7.

de Vénus, à Athènes, un Amour couronné de roses (1).
Enfin il se complut dans les scènes gracieuses. On cite
de lui un Hercule enfant qui lutte contre les dra-
gons (2), et un Pan qui répondait sans doute à une
description de Philostrate : les nymphes surprenaient
le demi-dieu endormi et lui liaient les mains derrière
le dos (3). Nous connaissons par Lucien sa *Famille de
Centaures* que Sylla envoya à Rome, mais qui fit naufrage au cap Malée. Lucien la décrivait d'après une
copie authentique. La femelle était couchée sur l'herbe, appuyant et soulevant sur un coude la partie supérieure de son corps qui représentait la femme. Elle
tenait dans ses bras un de ses enfants, et lui présentait
la mamelle, tandis qu'elle allaitait le second à la manière des juments. Le père regardait en souriant ses
petits, et élevait d'une main un lionceau pour les ef-
frayer (4). »

Dans un tableau de Zeuxis à Ephèse, Ménélas ap-
portait en pleurant les présents funèbres sur la
tombe d'Agamemnon (5). Sa Pénélope devait exprimer une tristesse douloureuse; car on peut commenter le jugement de Pline — *in qua pinxisse mores videtur* (6) — par la Pénélope du Vatican qui est assise
sur un rocher, voilée et la chevelure dénouée, dans
l'attitude du découragement, et par l'analyse que
Philostrate a faite d'une Pénélope dont il ne nomme

---

(1) *Schol. in Aristoph. Acharn.*, v. 992.
(2) Pline, XXXV, 63.
(3) *Imag.*, II, 11, 4.
(4) *Zeuxis*, 4.
(5) Tzetzès, *Chil.*, VIII, 196, 198.
(6) XXXV, 63.

pas l'auteur : « La toile est tendue, les pleurs sont éparses sur la trame : Pénélope fond en larmes (1). »

Les personnages de Parrhasius paraissent l'emporter sur ceux de Zeuxis par la vivacité et la variété des passions. Son allégorie du *Peuple* athénien montrait, s'il faut en croire Pline, sur une seule physionomie, les sentiments les plus contraires. « Il avait voulu le représenter à la fois mobile, colère, injuste, inconstant, exorable, clément, miséricordieux, généreux, orgueilleux, humble et fier (2). » Afin de reproduire les douleurs de Prométhée, Parrhasius fit torturer sous ses regards un vieux captif olynthien qu'il avait acheté (3). Les épigrammes ont célébré son Philoctète à Lemnos. « Parrhasius a peint le triste Philoctète ; des larmes muettes remplissent ses yeux, et tout son être respire la souffrance (4). » « Voyez ce Philoctète, comme son mal apparaît, même pour le spectateur éloigné. Ses cheveux flottent d'une manière farouche... les larmes s'arrêtent sous ses paupières desséchées, signe d'une douleur sans trêve et sans sommeil (5). » Dans son Ulysse feignant la folie on entrevoyait, à travers l'égarement du visage, les angoisses de l'amour paternel (6). Dans la querelle d'Ajax et d'Ulysse pour la possession des armes d'Achille, on découvrait sans doute sur les traits du fils de Téla-

---

(1) *Imag.*, II, 28.
(2) XXXV, 69.
(3) Sénèq., *Controv.*, v. 34.
(4) *Anal.*, II, 348.
(5) Ibid , 490.
(6) Pseudo-Plutarc., *De au. poet.*, 18, A.

mon, les premiers signes de la démence furieuse où il allait tomber (1).

Parrhasius ne réussit pas moins dans les scènes gracieuses, témoins ses deux jeunes enfants qui montraient la sécurité et la simplicité de leur âge (2). Il mit même son pinceau au service d'un art plus sensuel et plus libre. *Pinxit et minoribus tabellis libidines,* écrit Pline, *eo genere petulantis joci se reficiens.* Un de ces tableaux, ayant pour sujet Méléagre et Atalante, fut légué à Tibère qui en orna son appartement (3).

Timanthe porta au plus haut point les qualités pathétiques de l'école de Zeuxis et de Parrhasius. « Il fut, dit Pline, l'auteur de cette *Iphigénie* que les orateurs ont célébrée de leurs louanges : elle était debout près des autels, prête à périr; le peintre avait représenté la douleur de tous les assistants, surtout de son oncle Ménélas, et épuisé toutes les formes de la tristesse; mais il couvrit d'un voile le visage du père, dont son génie ne pouvait rendre dignement l'expression (4). » Les anciens ont noté tous les degrés de la douleur morale sur la figure des personnages de Timanthe. Calchas paraissait triste, Ulysse chagrin, Ajax poussait des cris, Ménélas se répandait en lamentations (5). Le musée de Naples possède une peinture, découverte à Pompéï, qui semble une imitation de l'œuvre de Timanthe : Agamemnon cache sa tête dans

---

(1) Pline, XXXV, 72.
(2) Id., ibid., 70.
(3) Suétone, *Tiber.*, 44.
(4) Pline, XXXV, 70.
(5) Valèr. Maxim., VIII, 2. — Cicéron, *Orat.*, 21. — Quintilien, II, 13.

ses deux mains. Mais n'y a-t-il pas une explication plus simple et plus intéressante de cette attitude que l'aveu naïf de l'impuissance du peintre? Agamemnon, forcé par l'ordre des dieux d'assister au sacrifice, s'enveloppe le visage afin de ne pas voir mourir sa fille.

On peut dire que la poësie dramatique et la peinture, représentées par Euripide et l'Ecole *ionienne* ou *asiatique*, firent l'éducation de la nouvelle école de sculpture, qui ne s'est révélée, avec Scopas de Paros, que dans les premières années du IVe siècle. Scopas, comme Zeuxis, conservait encore à l'art quelque chose de son ancien caractère religieux et intellectuel. Il sculpta deux Minerve : l'une pour Cnide, l'autre pour le temple d'Apollon à Thèbes; une Hécate et une Artémis *glorieuse;* enfin une Vesta assise, qui passa dans les jardins de Servilius à Rome. Mais les œuvres suivantes rentraient dans les nouvelles traditions : le Bacchus de Cnide, le groupe de Vénus, de Pothos et le Phaëton au sanctuaire de Samothrace; l'Aphrodite nue du temple de *Brutus Callœcus* à Rome, « qui annonce, dit Pline, la fameuse Vénus de Praxitèle, et qui illustrerait tout autre lieu du monde; mais à Rome, parmi une foule de chefs-d'œuvre, elle est oubliée; » la Vénus *populaire* d'Elis, assise sur un bouc; le groupe de l'Amour, d'Himeros et de Pothos, dans le temple de Vénus à Mégare (1).

Aucun témoignage explicite des anciens, aucun monument d'une authenticité probable, ne nous laisse même entrevoir le caractère de ces diverses œuvres.

---

(1) Pausan., IX, 10, 2; II, 22, 7; IX, 17, 1; VI, 35, 2; I, 43, 6.— Pline, XXXVI, 22, 26, 25.

Nous ne savons si elles étaient animées de cette expression discrètement voluptueuse qui est la vie intime des statues analogues de Praxitèle. Mais une longue description de Callistrate, et quelques épigrammes, tout en dépeignant sa *Bacchante,* nous font connaître, par une induction légitime, quelques autres ouvrages importants de Scopas.

« Scopas, écrit le rhéteur (1), mû par un souffle tout-puissant, a communiqué à son œuvre l'élan divin... Le marbre s'est amolli pour reproduire la forme féminine avec tout l'emportement de sa passion; et, bien qu'elle ne pût s'agiter à son gré, la statue s'animait cependant d'une fureur bachique, et son enivrement intérieur répondait au dieu qui la pénétrait... La chevelure était dénouée et flottait au vent... les mains agissaient; la bacchante n'agitait pas son thyrse, mais d'un air de joie orgueilleuse elle portait une victime, signe de son impétueuse folie, une chèvre morte. C'est ainsi que Scopas, en sculptant une matière sans vie, s'est montré l'artiste de la vérité, et a imprimé sur les corps une âme merveilleuse (2). »

« Voici, dit l'Anthologie, la Bacchante de Paros : le sculpteur a vivifié le marbre; elle bondit pleine d'ivresse (3). »

Ainsi, dans cette œuvre, le mouvement du corps, le geste, la physionomie, respiraient l'enthousiasme bachique, état de l'âme assez voisin du délire, où la prêtresse, emportée par une fougue à la fois mystique et sensuelle, perdait la possession d'elle-même. La *Bac-*

---

(1) *Imag.*, 2.
(2) Ἐν τοῖς σώμασι τῆς ψυχῆς ἀνετυποῦτο τὰ θαύματα.
(3) IX, 774, 775. *Planud.*, IV, 57, 58.

— 178 —

chante dut être le chef-d'œuvre de Scopas, puisqu'elle a plus particulièrement attiré l'attention des anciens. J'imagine que ses deux Euménides (1), à Athènes, montraient un élan analogue, plus contenu, mais encore très passionné ; ces Euménides d'Eschyle qui chantent sur les coupables « l'hymne sans lyre » avec l'enthousiasme de la vengeance. L'Apollon de Scopas fut placé dans le temple qu'Auguste dédia à ce dieu sur le mont Palatin (2). Les poëtes romains l'ont alors célébré et décrit en termes assez précis pour qu'on puisse le reconnaître. « J'ai vu, dit Properce, j'ai vu le dieu de marbre, plus beau que Phébus lui-même : il chantait sur sa lyre silencieuse... Entre sa mère et sa sœur, Apollon Pythien fait résonner ses vers (3). » « Le dieu, dit Ovide, remarquable par sa robe étincelante, effleure les cordes harmonieuses de sa lyre d'or (4). » Et Tibulle : « La longue tunique qui voilait son corps éclatant, semblait se jouer sur ses talons ; œuvre d'un art précieux, brillante d'or et de nacre, la lyre sonore était suspendue à l'épaule gauche d'Apollon (5). » Les monnaies romaines de l'empire ont reproduit souvent l'Apollon Palatin dans le costume et l'attitude indiqués par les poëtes. Lorsque Néron, revenant de Grèce et de Naples, rentra dans Rome, il portait la robe de pourpre, la couronne et la lyre d'Apollon, et il consacra, par des statues et des médailles, le souvenir de cet étrange triomphe. Tous ces

(1) Clément d'Alex., *Protr.*, 13.
(2) Pline, XXXVI, 25.
(3) *Eleg.*, lib. II, 31.
(4) *Amor.*, I, 18.
(5) *Eleg.*, lib. III, 4.

documents signalent l'Apollon *Citharède* ou *Musagète* du Vatican, sinon comme l'original même de Scopas, au moins comme un exemplaire certain de son ouvrage (1).

Le dieu, les deux bras en avant, joue de sa lyre, qu'un mince baudrier retient sur sa poitrine. L'attitude de son corps qui s'incline à gauche, les plis de sa robe qui se rejettent en arrière, montrent qu'Apollon marche à la tête des Muses. Mais il lève au ciel son front couronné de lauriers; ses yeux ne s'abaissent pas vers la terre, et le chant qui s'envole de ses lèvres entr'ouvertes monte vers les régions plus sereines où habitent les dieux. Tout autre est l'Apollon *Musagète* de Munich, qui est un monument plus primitif. Ce dernier est immobile et sans expression. L'Apollon de Scopas est entraîné par l'inspiration; on sent vivre en lui comme un souffle lyrique : c'est un artiste divin, qui goûte pleinement cette félicité poétique à laquelle aspirait Horace :

> Me doctarum hederæ præmia frontium
> Dis miscent superis.....
> Quod si me lyricis vatibus inseres,
> Sublimi feriam sidera vertice.

Apollon fut le dieu que Scopas et ses élèves sculptèrent le plus fréquemment. Strabon place à Chrysa le temple et la statue d'Apollon *Sminthie*, qui foulait un rat sous ses pieds; il rapporte en même temps la tradition à laquelle se rattachaient ce surnom et ce symbole (2). Nous regardons comme élèves de Scopas

---

(1) Visconti, *Mus. Pio Clément.*, I, 15.
(2) XIII, 604.

les trois artistes qui travaillèrent avec lui au monument de Mausole, Bryaxis, Timothée et Léocharès (1). Bryaxis exécuta un Apollon que la foudre détruisit à Antioche au temps de Julien, œuvre admirable, dit le chroniqueur byzantin, et que personne ne pouvait imiter (2). Trois Apollon sortirent de l'atelier de Léocharès : l'Apollon au *diadème* que cite Pline l'ancien, celui que Pausanias vit au Céramique, et celui que Platon acheta pour Denys de Syracuse (3). Cette répétition d'un même personnage nous enhardit à proposer une opinion à laquelle, d'ailleurs, nous ne voulons pas donner plus de valeur qu'à une simple conjecture. Volontiers nous attribuerions au groupe d'artistes qui se réunissent autour de Scopas, ou même à Scopas, une statue, moins admirée aujourd'hui qu'au temps de Winckelmann et de Visconti, mais qui tient encore le premier rang après les œuvres auxquelles on n'en fixe aucun. Nous parlons de l'Apollon *du Belvédère*.

En laissant même à part les imperfections organiques que l'on reproche à l'Apollon et que les nécessités de la perspective justifient peut-être, on ne peut y reconnaître la main soit de Phidias, soit de ses élèves immédiats. Il y a dans l'attitude du jeune dieu trop d'élan, et sur son visage trop de passion, bien que la pureté de ses traits n'en soit pas altérée; « il vient de poursuivre le serpent Python, dit Winckelmann... il l'a atteint et transpercé. Son regard triomphant se porte vers l'infini (?)... le mépris repose sur ses lèvres,

---

(1) Pline, XXXVI, 30.
(2) Cedrenus, 306-B.
(3) Pline, XXXIV, 79. — Pausan., I, 3, 4. — Plat., *Epist.*, 13.

et le dédain dont il est rempli gonfle ses narines et monte jusqu'à son front orgueilleux ; mais la paix de l'âme demeure entière, et ses yeux sont pleins de cette douceur qu'il montre lorsque les Muses l'environnent (1)... Ce dieu, qu'anime la joie de sa victoire, a une beauté expressive analogue à celle de l'Apollon *Citharède* : c'est toujours, bien qu'à un degré plus modéré, cet enivrement de l'enthousiasme qui emportait la Bacchante de Scopas. Comme l'Apollon Palatin, il marche avec un mouvement noble et en quelque sorte inspiré ; il semble qu'il s'enlève de terre : *incessu patuit*.

Le temple de Neptune, que Domitien consacra dans le cirque de Flaminius, renfermait un groupe de Scopas, dont la nature caractérise encore davantage le génie de ce maître. Ce groupe représentait « Neptune, Thétis, Achille, les Néréides assises sur des dauphins et des chevaux de mer, les Tritons, le chœur de Phorcus, et un grand nombre d'animaux et d'êtres marins, tous de la même main, œuvre rare, et qui honorerait toute une vie d'artiste (2). » La critique allemande a supposé, non sans vraisemblance, que le sujet était Thétis et les divinités de la mer apportant à Achille les armes forgées par Vulcain (3). « L'eau, dit un historien de la sculpture antique (4), et surtout la mer, a dans la poësie de tous les peuples le caractère de la tristesse inquiète et de l'impatience. »

---

(1) *Storia delle arti del disegno*, XI, 3.
(2) Præclarum opus, etiam si totius vitæ fuisset. Pline, XXXVI, 26.
(3) Welcker, *Alt. Denkm.*, I, 204.
(4) Brunn., t. I, p. 331.

L'âme de ces dieux est aussi changeante, mobile, capricieuse et violente que le flot qu'un souffle fait naître, grandir et retentir, que le souffle contraire apaise et abat. Un rayon de lumière que reflètent les rides étincelantes de la vague, répand comme un long et joyeux sourire sur la face de la mer ; un nuage qui passe sur le soleil la couvre d'une ombre menaçante et triste. Les Grecs avaient personnifié dans Glaucus, prophète de malheur pour les matelots, tous les rêves, toutes les idées des gens de mer ; « préoccupations mélancoliques, dit M. Renan (1), songes pénibles et difformes, sensation vive de tous les phénomènes qui naissent dans les flots ; inquiétude perpétuelle, le danger partout, la séduction partout, l'avenir incertain, grande impression de la fatalité : Glaucus est à la fois la couleur et le bruit de la mer, le flot qui blanchit, le reflet du ciel sur le dos des vagues, le vent du soir qui prédit la tempête au lendemain, le mouvement du plongeur, les formes rabougries de l'homme de mer, les désirs impuissants, les tristes retours de la vie solitaire. » L'éloge de Pline nous permet d'assigner à ce groupe un mérite d'expression égal à celui de la *Bacchante*. Scopas, par le choix de ses sujets, par l'attitude et la physionomie de ses personnages, fut un sculpteur *pathétique* : son art, comme l'art d'Euripide, de Parrhasius, de Zeuxis et de Timanthe, doit sa valeur la plus certaine à la vérité et à la profondeur des sentiments et des sensations qu'il a représentés.

Telles étaient les tendances générales de l'art grec

---

(1) *Etudes d'histoire religieuse*, 5ᵉ édit., p. 23.

au commencement du IVe siècle. Le goût public s'était peu à peu transformé avec l'esprit public : les œuvres de l'art avaient perdu quelque chose de ce caractère religieux et grave qui les avait si longtemps distinguées. Certes, la décadence n'est pas encore commencée, mais on peut déjà la prévoir. Euripide et Scopas, emportés par un premier et trop impétueux mouvement de réaction contre les traditions de Phidias et de Sophocle, non seulement avaient représenté la vie sensible de l'âme, mais, recherchant l'expression de l'enthousiasme, du trouble ou du délire de la passion, ils avaient conduit l'art sur une route dangereuse. Heureusement cette révolution ne dura pas, et le génie grec revint bientôt à ses qualités naturelles. Il y a moins de distance entre Praxitèle et Phidias qu'entre Scopas et Praxitèle.

CHAPITRE IV

Vie de Praxitèle. Ses œuvres et son école.

Sommaire : Date approximative de Praxitèle. Liste de ses œuvres. Qu'il est l'auteur probable du groupe des *Niobides*. Jugements généraux et particuliers des anciens sur ses œuvres. L'art de Praxitèle et les Pères de l'Eglise. L'école de Praxitèle.

Praxitèle naquit à Athènes. Nous en avons pour preuve une inscription en lettres attiques, découverte près de Thespies, où il est question de la dédicace d'une statue faite par Praxitèle athénien (1). Ses fils, Képhissodote et Timarque, sont toujours appelés athéniens (2). Le byzantin Cédrénos, trompé par la réputation de la Vénus de Cnide, assigne cette île comme patrie à Praxitèle (3), et Properce l'île de Paros, d'où le sculpteur tira la plupart de ses marbres.

Praxitelen Paria vindicat urbe lapis (4).

(1) ΠΡΑΞΙΤΕΛΗΣ ΑΘΗΝΑΙΟΣ. *Corp. Inscription. græc.*, pars V, III, n° 1604.
(2) Pline, Pausanias.
(3) *Historiar. compend.*, 322-B.
(4) *Eleg.*, lib. III, 9.

Enfin, une épigramme nomme un Praxitèle d'Andros, sans faire d'ailleurs une allusion plus précise à Praxitèle le sculpteur (1). Le sophiste Himérius, comparant l'exiguité des ateliers d'artistes et la valeur des œuvres qui en sont sorties, cite à la fois l'atelier de Phidias et celui de Praxitèle que l'on voyait encore de son temps à Athènes (2). Pline indique le *Céramique* comme l'endroit où l'on avait réuni les œuvres de Praxitèle (3). C'est donc à Athènes qu'il faut rattacher l'origine et la vie du grand sculpteur.

Brunn suppose que le père de Praxitèle fut ce Képhissodote que Pline place à la 102ᵉ olympiade, (372) (4). Le même nom était porté par un des fils de Praxitèle. Le critique allemand rappelle à l'appui de sa conjecture que les anciens donnaient souvent au petit-fils le nom de son grand-père (5).

Il est fort important de fixer avec le plus de certitude possible la date de Praxitèle. Une part de son originalité est engagée dans cette question, dont la solution permet de déterminer son influence sur cette grand époque de l'art qui se termina après la mort d'Alexandre, vers la fin du IVᵉ siècle. Nous espérons établir que Praxitèle fut indirectement le maître de Lysippe, d'Apelles et de Protogène.

Pline l'ancien, dans son tableau chronologique des sculpteurs grecs, met Praxitèle, avec Euphranor, à la 104ᵉ olympiade, qui correspond à l'année 364 (6).

(1) *Anthol.*, Jacobs, VII, 355.
(2) *Orat.*, XVIII, 4.
(3) XXXVI, 22.
(4) XXXIV, 50.
(5) *Gesch. der Griech. Kunstl.*, t. I, p. 269.
(6) Centesima quarta Praxiteles, Euphranor. XXXIV, 50.

Winckelmann conclut qu'à ce moment Praxitèle avait atteint le milieu de sa carrière, et que sa réputation était à son comble (1). Heyne se range à cette opinion (2). Eméric David (3), persuadé que Lysippe lui fut antérieur, le fait naître seulement en 361 et mourir après l'année 286. L'argument le plus spécieux du critique français est le suivant : Théophraste, qui mourut vers 286, ordonna, par son testament, que la statue d'Aristote et celle de Nicomaque, dont il avait payé d'avance les frais à Praxitèle, fussent élevées dans le temple et dans le portique qu'il léguait aux Péripatéticiens, ses disciples. Ce testament est textuellement rapporté par Diogène de Laërce.

Diogène de Laërce vivait vers l'an 200 après Jésus-Christ, c'est-à-dire près de cinq siècles après la mort de Théophraste. Cet écrivain ne possède nullement l'esprit critique. Il écrit l'histoire des philosophes à peu près comme Suétone l'histoire des empereurs. Il accepte toutes les anecdotes sans les contrôler : il croit embellir ses récits en y insérant des épigrammes de sa façon. Le long testament de Théophraste ressemble à ces exercices de rhéteurs dont se raillait Pétrone. Mais nous avons une raison plus décisive de le rejeter comme apocryphe. En étudiant de près le texte, nous y avons reconnu plus d'une trace de la jurisprudence romaine, et surtout les formalités minutieuses dont le droit de Rome, le droit compliqué et savant de l'empire, entourait les actes de dernière vo-

---

(1) *Hist. de l'art*, liv. VI, ch. 2.
(2) *Epoq. de l'art*.
(3) *Biograph. univers.*, art. Praxitèle.

lonté. L'argument le plus concluant de David est donc sans valeur, et la question reste entière.

Vitruve nous fournit un renseignement précieux. Il nomme Praxitèle au nombre des artistes qui exécutèrent, à côté de Scopas, les sculptures du monument de Mausole (1). Ce dernier étant mort en 358, le monument put être commencé dès 357. Praxitèle n'était certainement pas encore fameux, puisqu'il se confondait, sous la direction de Scopas, parmi des sculpteurs aujourd'hui oubliés. Mais son mérite était déjà connu dans les ateliers, puisque Scopas l'appela à son aide. Si l'on accorde six années environ à l'établissement de cette première renommée, on remonte à l'an 364, c'est-à-dire à la date de Pline.

Le plus souvent l'écrivain latin indique la date non de la naissance des artistes, mais soit du temps où ils se sont produits pour la première fois, soit du moment de leur plus grand éclat. Ainsi il fixe Appelles à la 112ᵉ olympiade, c'est-à-dire en 332. Alexandre ayant quitté l'Europe dès 334; son portrait, que le peintre exécuta à l'époque la plus glorieuse de son talent, date au plus tard de 335 (2). Si donc on fait concorder le fait raconté par Vitruve et le procédé habituel de l'historien, on est amené à conclure que l'année 364 marque les débuts du jeune Praxitèle dans la statuaire.

L'inscription que nous avons citée tout à l'heure confirme singulièrement notre opinion. Cette inscription, dont Dodwell a transcrit l'original (3), est de la

---

(1) Lib. VII, præf. 8.
(2) Pline, XXXV, 22.
(3) *Itin.*, t. II, p. 513.

classe de celles que l'on appelle *titulus* στοιχηδὸν *scriptus*, c'est-à-dire dont les lignes ont toutes leurs lettres disposées régulièrement en colonnes perpendiculaires. Cette particularité est elle-même un document chronologique. Toutes les inscriptions de ce genre sont antérieures à la période macédonienne. Boeckh, qui adopte la date de Pline dans le sens de Winckelmann, et sans restriction, rapporte ce monument à la 104ᵉ olympiade, que révèle d'ailleurs le caractère de l'écriture. Mais la statue à laquelle appartenait l'inscription, statue *iconique* d'un certain Thrasymaque, tout à fait inconnu dans l'histoire, ne dut être l'œuvre que d'un artiste qui n'était pas encore illustre, et qui, peut-être pauvre, consacrait au *portrait* les essais de son talent.

Enfin, les relations de Praxitèle et de Phryné ne sont pas sans intérêt pour la solution du problème qui nous occupe. La beauté de cette courtisane était si rare, qu'Hypéride, plaidant pour elle et pensant la cause perdue, déchira les voiles qui couvraient le sein de Phryné, et conjura les magistrats d'Athènes de ne pas infliger une condamnation à une prêtresse de Vénus (1).

Praxitèle et Apelles connurent Phryné dans toute sa beauté, puisqu'elle servit de modèle au premier pour sa Vénus de Cnide, et au second pour sa Vénus Anadyomène (2). On sait que Phryné, après la ruine de Thèbes par Alexandre, offrit de relever à ses frais les murs de cette ville, à la condition qu'on y mettrait

---

(1) Athénée, XIII, 591. — Quintil., II, 15, 9.
(2) Athénée, *loc. cit.*

cette inscription : *Alexandre les a renversés, mais Phryné les a reconstruits.* En 335, la réputation de Phryné, que les arts avaient contribué à répandre, était donc assez universellement établie et acceptée, et sa fortune assez considérable pour expliquer cette offre audacieuse. Mais, par la même raison, elle n'était plus dans l'éclat de la première jeunesse. Le prestige des courtisanes grecques durait encore aux approches même de la vieillesse, grâce au charme de leur esprit. Platon, déjà vieux, écrivait ce distique en l'honneur de sa maîtresse : « Je possède Archéanasse, l'hétaïre de Colophon, dont les premières rides sont autant de retraites pour l'amour malicieux (1) » Il n'y a donc aucune témérité à renfermer entre 345 et 350 les années les plus brillantes de Phryné. Praxitèle alors était à peu près dans sa trente-cinquième année; à l'époque la plus féconde de la carrière d'un artiste, il venait de sculpter le Cupidon de Thespies, et il composait, d'après les formes juvéniles, mais arrêtées et parfaites de Phryné, la Vénus de Cnide.

La vérité est donc, suivant nous, à distance égale de l'opinion de Winckelmann et de celle de David. Praxitèle naquit sans doute vers 384, date de la naissance d'Aristote, c'est-à-dire dans le courant de la 99ᵉ olympiade. Il était dans toute sa gloire dix ans avant l'avénement d'Alexandre. La date de sa mort est inconnue. Strabon prétend qu'il travailla aux sculptures du nouveau temple d'Ephèse, que l'on réédifia vers 330 (2). Képhissodote et Timarque, ses fils, floris-

(1) Athénée, *loc. cit.*, sect. 56.
(2) XIV, 641-B.

saient dans la 120ᵉ olympiade, c'est-à-dire en l'an 300 (1).

Donnons maintenant la liste des œuvres de Praxitèle, et ce que nous savons de leur histoire.

I. — Personnages divins. Groupes.

1. Le groupe des douze dieux dans un temple de Mégare (2).

2. Junon, assise sur un trône, entre Minerve et Hébé, sa fille, au temple de Junon à Mantinée (3).

3. Rhéa apportant à Saturne une pierre enveloppée de langes, dans le temple de Junon à Platées. (Marbre pentélique.) (4)

4. Cérès, Proserpine et Iacchos, dans le temple de Cérès à Athènes. Une inscription, gravée dans la muraille, portait le nom de Praxitèle (5).

5. Le rapt de Proserpine en bronze, et Cérès ramenant sa fille à Pluton (6).

6. Flore, Triptolème et Cérès, placés à Rome dans les jardins de Servilius (7). Flore étant une divinité plutôt romaine que grecque, nous pensons que Pline a mal interprété un des personnages de ce groupe.

7. Les génies de l'*Heureux Evénement* (Bonus Even-

(1) Pline, XXXIV, 50.
(2) Pausan., I, 40, 3
(3) Id., VIII, 9, 3.
(4) Id., IX, 2, 7.
(5) Id., I, 2, 4.
(6) Pline, XXXIV, 69.
(7) Id., XXXVI, 23.

tus) et de la *Bonne Fortune*, que l'on voyait au Capitole. (Marbre.) (1)

8. Apollon, Diane et Latone, dans le temple d'Apollon à Mégare (2).

9. Latone et ses enfants, à Mantinée; sur le piédestal de ce groupe, un bas-relief représentait une Muse et Marsyas jouant de la flûte. Pausanias ne nomme pas l'auteur de cette dernière œuvre (3).

10. Bacchus, l'*Ivresse* et un satyre. Pline assigne à ce dernier l'épithète de περιβόητος, qui appartient en propre au fameux Faune que la sculpture a si fréquemment reproduit (4).

11. Des Ménades, des Thyades, des Cariatides dansantes et des Silènes bachiques, transportés au monument d'Asinius Pollion à Rome (5).

12. Pan aux pieds de bouc, des Nymphes et Danaë (6).

13. La *Persuasion* et la *Consolation* (?), dans le temple de Vénus à Mégare (7).

II. — Statues de divinités.

14. Junon, *adulte*, τελεία, statue colossale en marbre pentélique, dans le temple de cette déesse à Platées (8).

(1) Pline, XXXVI, 23.
(2) Pausan., I, 44, 2.
(3) VIII, 9, 1.
(4) XXXIV, 69.
(5) Pline, XXXVI, 23.
(6) *Anthol.*, II, 383; III, 218.
(7) Pausan., I, 43, 6.
(8) Pausan., IV, 2, 7.

15. Latone, dans son sanctuaire à Argos (1).

16. Diane de Brauron, au dème de ce nom (2).

17. La Diane d'Anticyre, plus grande que nature. Dans la main droite elle tenait un flambeau; son carquois pendait à ses épaules; un chien était à sa gauche (3).

18. La Fortune, dans son temple à Mégare (4).

19. Apollon et Neptune, vus par Pline dans le monument de Pollion (5).

20. Trophonius, dans le temple élevé à Lebadia, près de l'antre (6).

21. Bacchus, dans son temple à Elis (7).

22. Le Bacchus que décrit Callistrate (8), placé dans un bois sacré, couronné de lierre, vêtu de la nébride, et appuyé sur son thyrse.

23. Mercure en marbre, portant Bacchus enfant, à l'*Héraeon* d'Olympie (9).

24. L'Apollon *Sauroctone* (*tueur du lézard*), en bronze (10).

25. Un satyre en marbre de Paros, dans le temple de Bacchus à Mégare (11).

26. Un satyre *à la coupe* ou *à l'outre* (12).

(1) Pausan., IV, 2, 7.
(2) Id., I, 23, 7.
(3) Id., X, 37, 1.
(4) Id., I, 43, 6.
(5) XXXVI, 23.
(6) Pausan., IX, 39, 4,
(7) Id., VI, 26, 1.
(8) VIII.
(9) Pausan., V, 17, 3.
(10) Pline, XXXIV, 70. — Martial, XIV, 172.
(11) Pausan., I, 43, 5.
(12) *Scnophorum*. Pline, XXXIV, 70.

27. Le satyre ou Faune *Périboëte*, dans un temple de la rue des *Trépieds*, à Athènes. Pausanias raconte, au sujet de cette œuvre, l'anecdote suivante : « Praxitèle était très fier de son Faune. Phryné, qu'il aimait, lui ayant demandé le plus parfait de ses ouvrages, l'artiste le lui promit, mais refusa d'indiquer laquelle de ses statues lui semblait la plus belle. Tout à coup un esclave de Phryné accourut et annonça à Praxitèle que le feu avait pris dans son atelier, qu'un grand nombre de ses œuvres avaient déjà péri, mais que quelques-unes étaient encore intactes. Praxitèle s'élança aussitôt hors de la maison, s'écriant que c'en était fait de tous ses travaux, si la flamme n'avait pas épargné son Faune et son Amour. Alors Phryné lui dit de demeurer en paix, que rien de fâcheux ne lui était arrivé, et qu'elle avait seulement voulu le forcer, par la ruse, à confesser quels étaient ses chefs-d'œuvre; puis elle fixa son choix sur l'Amour (1). » Le satyre fut consacré dans le temple de Bacchus : il tenait une coupe à la main.

28. La Vénus de Cnide (2), en marbre de Paros, suivant un passage de Lucien; en marbre pentélique, suivant un autre passage du même écrivain (3). Elle fut transportée à Constantinople et périt dans un incendie, vers l'an 475 (4).

29. La Vénus de Cos, que les habitants de cette île, à qui Praxitèle laissait le choix, préférèrent à la

---

(1) I, 20.
(2) Pline, XXXVI, 20.
(3) *Amor.*, 13, 14. — *Jup. trag.*, 10.
(4) Cedrenos, *Annal.*, 322.

Vénus de Cnide, parce qu'elle était voilée, *severum id ac pudicum arbitrantes*, dit Pline (1).

30. La Vénus de Thespies, en marbre (2).

31. Une Vénus de bronze qui périt à Rome, sous le règne de Claude, dans l'incendie du temple de la Félicité (3).

32. Une Vénus à Alexandrie, dans l'*Adoneum* (4).

33. Fragment d'un groupe de Vénus et de l'Amour (au Louvre), avec le nom de Praxitèle; peut-être une copie d'une œuvre de ce maître (5).

34. L'Amour, que Phryné consacra à Thespies. Il était en marbre pentélique et portait des ailes d'or (6). Il était encore à Thespies au temps de Cicéron (7). Caligula le fit venir à Rome; Claude le rendit aux Thespiens; Néron le reprit et le plaça au portique d'Octavie, où il fut détruit par le feu sous Titus (8). Pausanias vit à Thespies une copie du Cupidon de Praxitèle, par Menodoros, d'Athènes. Nous avons tout lieu de croire, d'après les paroles mêmes de Cicéron, que l'Amour enlevé par Verrès à l'oratoire d'Heius de Messine était, non pas un original de Praxitèle, mais un exemplaire du Cupidon de Thespies.

35. L'Amour en marbre de Parion, en Propontide. Il était nu, dit Pline, et aussi célèbre que la Vénus de

---

(1) XXXVI, 20.
(2) Pausan., IX, 27, 5.
(3) Pline, XXXIV, 69.
(4) Etienne de Byzance, Ἀλεξάνδρειαι.
(5) Clarac, *Catalog.*, n° 185.
(6) Pausan., IX, 17, 3. — Pline, XXXVI, 22.
(7) *In Verrem.*, IV, 2.
(8) Pausan., *loc. cit.* — Dion Cass., 56, 24.

Cnide (1). Les deux Amours de bronze que Callistrate attribue à Praxitèle nous paraissent deux imitations des œuvres originales de Thespies et de Parion (2). Nous vérifierons plus tard les deux descriptions du rhéteur en face des deux Cupidon du Vatican.

III. — Personnages héroïques et humains.

36. Les métopes du temple d'Hercule à Thèbes, représentant les travaux du demi-dieu (3).

37. Les Muses de Thespies, enlevées par Mummius (4); Lucullus les emprunta pour la dédicace du temple qui devait perpétuer en Espagne le souvenir de ses victoires (5); elles furent plus tard disposées devant le temple de la Félicité, à Rome. Un incendie les détruisit (6).

38. Deux statues de Phryné : l'une de marbre, à Thespies; l'autre, de bronze doré, dédiée à Delphes par la courtisane elle-même (7). A la vue de cette

---

(1) XXXVI, 23.
(2) *Stat.*, III et XI.
(3) Pausan., IX, 11, 6.
(4) *In Verrem.*, IV, 2.
(5) Dion Cass., *Fragm.* Peiresc., 81.
(6) Pline, XXXIV, 69.
(7) Pausan., IX, 27, 4; IV, 14, 5. — Athénée, XIII, 591. — A l'occasion de cette statue, le rhéteur Alciphron a composé la lettre suivante de Phryné à Praxitèle : « ...... On a placé ma statue dans le temple, entre ta Vénus et ton Amour; mais ne m'envie pas cet honneur, car ceux qui nous contemplent louent Praxitèle, et, parce que je sors de tes mains, les Thespiens ne trouveront pas mauvais que je m'élève parmi leurs dieux... » *Epist.*, edid. Meineke, p. 78.

dernière statue, le cynique Cratès s'écria : Voici un monument de l'intempérance des Grecs (1).

39. Deux statues de femmes, en bronze, *diversos affectus exprimentia*, dit Pline, *flentis matronæ et meretricis gaudentis* (2).

40. Deux autres femmes, que Pline n'indique que d'une manière obscure. *Stephusam* (στέφουσαν?), une femme qui se couronnait ou qui tressait une couronne; *Spilumenon* (σπιλουμένην), qui est peut-être le σπιγούμενόν τι γύναιον, la vieille femme sordide, que Tatien reproche ironiquement à Praxitèle (3).

41. Harmodius et Aristogiton, qu'Alexandre renvoya de Perse à Athènes (4).

42. Un cavalier debout près de son cheval, sur un tombeau, près d'une porte d'Athènes (5).

43. Un cocher ajouté à un quadrige de Calamis, témoignage de bonté, dit Pline, afin que ce dernier ne parût pas inférieur dans l'exécution de figures humaines (6).

44. La statue iconique dont l'inscription nous a occupé plus haut.

45. Les sculptures du mausolée d'Halicarnasse et de l'autel de Diane à Ephèse, que nous avons déjà citées.

46. Un des colosses de *Monte cavallo*, à Rome, porte le nom de Praxitèle. Mais l'authenticité de cette

---

(1) Athén., *loc. cit.*
(2) XXXIV, 70.
(3) *Orat. contr. Græc.*, p. 183.
(4) Pline, XXXIV, 70.
(5) Pausan., I, 2, 3.
(6) XXXIV, 71.

œuvre est plus que douteuse, et nous ne l'indiquons que pour mémoire.

47. Pline l'ancien, dans le chapitre qu'il a consacré à Scopas, écrit : « *Par hæsitatio est in templo Apollinis Sosiani, Nioben cum liberis morientem* (ou, selon quelques manuscrits, *Niobæ liberos morientes*) *Scopas an Praxiteles fecerit*. On hésite à rapporter à Scopas ou à Praxitèle le groupe de Niobé ou de ses enfants mourants, qui est au temple d'Apollon Sosianus (1). » Ce groupe, ou plutôt une copie de ce groupe, se voit aujourd'hui à Florence, dans la galerie des *Offices*. Il était encore à Rome au temps de Winckelmann, dans la villa *Médicis* (2). On l'avait découvert en 1583, près de la porte *San-Giovanni*.

Deux témoignages, dans l'antiquité, ont attribué à Praxitèle cette œuvre importante : « J'étais vivante, dit une épigramme grecque, et les dieux m'ont changée en pierre; Praxitèle m'a rendu la vie (3). » Cette épigramme est suivie de plusieurs autres, également relatives au groupe des Niobides; ce monument était donc connu et fameux; mais la première seule, que nous venons de citer, renferme le nom de Praxitèle. Ausone, en bel esprit, a traduit, mais avec des raffinements, l'épigramme grecque :

> Vivebam, sum facta silex, quæ deinde polita
> Praxitelis manibus vivo iterum Niobe;
> Reddidit artificis manus omnia, sed sine sensu :
> Hunc ego, quum læsi numina, non habui (4).

(1) XXXVI, 28.
(2) *Storia dell'arte*, VI, II.
(3) *Anthol. Planud.*, IV, 129.
(4) *Epitaph.*, 28.

Ces deux textes, le dernier surtout, n'ont rien de concluant sans doute. Ils suffisent cependant à Ottfried Müller pour décider la question en faveur de Praxitèle (1). La science moderne a cherché, en effet, à sortir du doute de Pline. Meyer et Brunn, dans leurs histoires générales de la sculpture grecque, écartent Praxitèle, mais sans apporter contre lui de preuves plus décisives que celles de Winckelmann. Cet écrivain, qui en général connaît imparfaitement la chronologie de l'art, et qui fait remonter Scopas jusqu'à Périclès, croit retrouver, dans les draperies simplement traitées qui recouvrent les Niobides, la marque d'une époque fort antérieure à Praxitèle (2). Welcker et Owerbeck (3) veulent conserver au groupe de Florence son caractère anonyme, et le considérer comme le type général des tendances pathétiques de la sculpture grecque, depuis le commencement du IV° siècle jusqu'à la mort d'Alexandre. Les critiques qui, tels que Lanzi et Bottiger, rapportent les Niobides à Praxitèle, sont entrés plus avant que les autres dans le détail esthétique de la question, et ont demandé aux monuments eux-mêmes la solution du problème. L'argument de Raphaël Mengs, dans ses lettres à Fabroni (4), est intéressant. La tête de Niobé ressemble, écrit-il, surtout quant à la disposition de la chevelure, à la tête de la Vénus du Vatican, qui est une reproduction fidèle de la Vénus de Cnide, ainsi que le prouvent les médailles antiques. Il est donc probable

---

(1) *Archéol.*, 127.
(2) *Storia dell'arte*, VI, 16.
(3) *Alt. Dentmal.—Geschich.*, etc., IV, 4.
(4) OEuv., t. II.

que le même ciseau a sculpté la Vénus et la Niobé. Mais ni la statue du Vatican, ni celle de Florence, ne sont des originaux. La tête de la Vénus, bien que très belle, repose sur un corps dont les formes semblent lourdes, et qui n'est qu'une reproduction imparfaite du chef-d'œuvre de Praxitèle. La galerie royale de Madrid possède une tête de Vénus de Cnide dont la beauté est sans égale. De même, la Niobé et les statues qui l'entourent montrent à la fois par leurs grandes qualités et par leurs défauts qu'elles ne sont que les copies du groupe original.

Lorsque l'on cherche à restituer à un artiste une œuvre incertaine, il faut se demander d'abord si l'hypothèse que l'on fait est justifiée par quelque monument analogue laissé par ce dernier. Rien, dans les ouvrages de Scopas (dans ceux du moins dont l'antiquité nous a légué le souvenir), ne ressemblait, même de loin, aux Niobides. Scopas a ciselé des êtres passionnés, inspirés, enthousiastes; mais les anciens n'ont cité de lui aucune représentation de la douleur morale. Praxitèle, au contraire, s'est exercé dans le genre tragique et pathétique. Sa *Matrone* en pleurs — *flentis matronæ* — n'était-elle pas, par son âge, par son caractère, un type analogue à celui de la mère des Niobides? Enfin, Praxitèle a dû reproduire dans toutes ses variétés l'amour maternel : l'inquiétude et l'angoisse, même dans la statue de Rhéa; l'orgueil et la joie dans les deux groupes de Latone et de ses enfants; sa Cérès, ramenant Proserpine aux Enfers, montrait sans doute de la tristesse : et si, comme le texte de Pline permet de le supposer, cette dernière composition n'était que le pendant du rapt de Proserpine,

Cérès était présente à l'enlèvement de sa fille, et laissait éclater son désespoir.

Ni les documents des anciens, ni les arguments des critiques modernes, ni le raisonnement que nous venons d'y ajouter, ne nous donnent la certitude absolue sur cette question délicate. Néanmoins toutes ces preuves imparfaites forment un ensemble qui a sa valeur relative. On peut et l'on doit, en matière d'art, tenir plus compte des probabilités qu'en matière philosophique ou historique. Il suffit de ne pas affirmer sur les points douteux, et de se mettre en garde contre les contradictions. Or, bien loin qu'il y ait contradiction à résoudre en faveur de Praxitèle l'incertitude de Pline, tout ce que nous savons du génie de cet artiste appuie notre hypothèse. C'est assez pour nous autoriser à entreprendre, dans la suite de ce travail, une étude du groupe de Florence (1).

Parmi les témoignages nombreux des écrivains anciens sur Praxitèle, il en est deux qui, à cause de leur caractère général et de leur importance, doivent nous arrêter avant tous les autres. Le premier est de Quintilien. « *Ad veritatem Lysippum et Praxitelem accessisse optime affirmant.* « On reconnaît que Lysippe et Praxitèle se sont le mieux approchés de la vérité (2). » Il s'agit dans ce passage de la vérité des formes, de la vérité que j'appellerai *plastique*, et non de la vérité ou

---

(1) Le d^r Stark, dans son récent ouvrage, *Niobe und die Niobiden*, Leipsig, 1863, où le mythe des Niobides est étudié à fond et définitivement au point de vue de la légende religieuse et de l'art, après avoir présenté les opinions de tous les critiques en faveur soit de Scopas, soit de Praxitèle, conclut au doute, p. 331.

(2) *Institut. orat.*, XII, 10.

de la beauté expressive. Car le critique continue ainsi : « On reproche à Démétrius la recherche excessive de cette vérité; cet artiste fut plus amoureux de la ressemblance que de la beauté (1). » En outre, le grand mérite de Lysippe était, de l'aveu des anciens, la fidélité matérielle poussée jusqu'à la subtilité, ce que Pline nomme *argutiæ operum custoditæ in minimis quoque rebus* (2). Le rapprochement de ces deux artistes indique donc une qualité commune à tous deux. Cette vérité dans l'imitation n'exclut pas l'idéal. L'expression *optime* donne la mesure du jugement de Quintilien. Praxitèle et Lysippe n'ont recherché la vérité que pour produire la beauté : ils se sont fixé des limites que Démétrius franchissait. Ils écartaient de la réalité ses imperfections, et corrigeaient la nature afin de lui rendre son harmonie et sa pureté. Ils agissaient comme Polyclète, que Quintilien paraît, au premier coup d'œil, louer différemment. « Polyclète a ajouté à la forme humaine une beauté au-dessus de la vérité. *Humanæ formæ addiderit supra verum.* » Mais cette *vérité* qu'embellissait Polyclète, n'est autre que cette réalité que nos yeux voient tous les jours et dont notre raison comprend les défauts. La vérité absolue, c'est-à-dire la beauté, est au-delà. Les sculpteurs idéalistes, tels que Polyclète et Praxitèle, savent seuls la trouver.

L'antiquité reconnut donc à Praxitèle la forme idéale. Quelques mots d'un fragment de Diodore de Sicile caractérisent avec précision la beauté expressive

---

(1) Fuit similitudinis quam pulchritudinis amantior.
(2) XXXIV, 65.

de ses œuvres. Cet historien, voulant prouver que les plus grands artistes et les plus fameux poëtes eux-mêmes ont à subir dans la postérité plus d'une critique malveillante, cite Homère, Phidias, Apelles, et ce Praxitèle « qui a si bien su mêler à ses statues de marbre les passions de l'âme (1). » Les jugements particuliers, que les anciens ont portés sur les diverses œuvres de Praxitèle, confirment, en l'interprétant, le mot πάθη, *passions*, *sentiments* ou *sensations*, qu'emploie Diodore. Praxitèle a exprimé, d'une manière idéale, la vie sensible de l'âme, soit divine, soit humaine, mais il a excellé dans la représentation de certains états ou phénomènes spirituels. Son *pathétique* diffère de celui de Scopas. Praxitèle est un génie original. Il a fait son choix parmi les formes innombrables de la passion et du sentiment. « Les affections de l'âme, dit Quintilien, sont les unes impétueuses, les autres paisibles et contenues : elles s'émeuvent chez l'un avec violence, chez l'autre avec douceur... tantôt elles portent un grand trouble, et tantôt la bienveillance, dans l'esprit du spectateur (2). »

Si nombreux qu'aient été les ouvrages de Praxitèle, l'attention des anciens ne s'est arrêtée en particulier que sur quelques-uns, qui ont été certainement des chefs-d'œuvre. C'est ainsi que, parmi les œuvres de Phidias, la Minerve du Parthénon et le Jupiter d'Olympie ont attiré presque sur eux seuls l'admiration et les éloges de la première postérité.

---

(1) Πραξιτέλης ὁ καταμίξας ἄκρως τοῖς λιθίνοις ἔργοις τὰ τῆς ψυχῆς πάθη. *Reliq.* lib. XXXVI, v. 1.
(2) *Institut. orat.*, VI, 2, 9.

La Vénus de Cnide semble tenir le premier rang. L'*Anthologie* est pleine d'épigrammes en l'honneur de Praxitèle. « Qui a donné une âme au marbre? Qui a vu sur cette terre la déesse de Cypris? Qui a mis dans la pierre un si ardent désir de volupté? C'est le travail des mains de Praxitèle : l'Olympe est privé de la déesse de Paphos, puisqu'elle est descendue à Cnide. »

Τίς λίθον ἐψύχωσε; τίς ἐν χθονὶ Κύπριν ἐσεῖδεν;
Ἵμερον ἐν πέτρῃ τίς τόσον εἰργάσατο;
Πραξιτέλους χειρῶν ὅδε που πόνος· ἢ τάχ' Ὄλυμπος
Κηρεύει, Παφίης ἐς Κνίδον ἐρχομένης (1).

« Vénus Cythérée, dit une autre épigramme que l'on attribue à Platon, portée par les vagues, est allée à Cnide afin de contempler sa propre image. La déesse regarda d'un lieu favorable, et fit entendre ses plaintes : Où donc Praxitèle m'a-t-il vue sans voiles? Non, Praxitèle n'a pas arrêté sur toi un regard sacrilége, mais son ciseau a su te représenter telle que Mars t'aimait (2). » Lucien, dans son *Dialogue* des *Amours*, décrit ainsi le temple et la statue de la Vénus de Cnide : « Comme nous avions envie d'aborder à Cnide, afin d'y voir le sanctuaire de Vénus et le chef-d'œuvre de Praxitèle qui y est renfermé, nous fûmes doucement poussés vers le rivage : la déesse elle-même conduisait notre navire à travers la mer calme et brillante... A l'approche de l'enceinte sacrée, les brises de Vénus caressaient déjà nos visages... Là, s'élève un bois des arbres

---

(1) *Planud.*, IV, 159.
(2) Ibid., 160 et les suiv.

les plus beaux, dont le feuillage en fleur s'étend au loin, comme un toit immense de verdure. Plus nombreux que les autres, les myrtes, aux fruits pressés, ombrageaient leur déesse... puis de hauts cyprès et des platanes aériens, et le laurier qui jadis fuyait Vénus. Le lierre s'enlaçait amoureusement autour de leurs troncs. Les raisins pendaient aux longues guirlandes de la vigne.

« ... Réjouis de ce spectacle, nous entrâmes enfin dans le temple. La déesse est placée au milieu : l'admirable statue est en marbre de Paros ; elle entr'ouvre un peu les lèvres pour sourire. Aucune draperie ne cache son beau corps, qui apparaît dans sa nudité splendide ; seulement, d'une main elle voile ses charmes les plus secrets. L'art du sculpteur a été si puissant, que le marbre a perdu sa dureté et sa raideur pour exprimer la grâce et la mollesse de chacun des membres. A cette vue, Charidès, emporté par une sorte de délire, s'écria : O bienheureux Mars, toi que l'on a enchaîné pour une telle maîtresse ! et s'élançant... il pressa de ses lèvres le marbre divin... » Une prêtresse raconte alors aux visiteurs la passion dont un jeune homme s'éprit autrefois pour cette statue. « Il gravait sur toutes les murailles, sur l'écorce des jeunes arbres, les louanges de la belle Aphrodite ; il célébrait Praxitèle à l'égal de Jupiter, et s'il avait chez lui quelque objet précieux, il le dédiait à la déesse. Enfin, la violence de ses désirs le fit tomber dans la folie... Un soir, au coucher du soleil, il se glissa, à l'insu des fidèles, derrière la porte du temple... Mais qui oserait vous dire clairement le crime de cette nuit impie?... L'adolescent, suivant la tradition populaire, fut lapidé ou jeté à la mer, afin que personne ne vît plus son visage (1). »

Lucien donne à la statue idéale qu'il imagine la tête de la Vénus de Cnide (2), et surtout sa chevelure, son front, la ligne pure et fine de ses sourcils, et l'éclat de ses yeux humides et voluptueux. Enfin il emprunte à Praxitèle l'âge et la taille de sa déesse (3).

La Vénus de Praxitèle était encore, au temps de Pline et de Lucien, dans son temple de Cnide, et de toutes les contrées de l'empire on naviguait vers cette île pour y admirer la statue. Un jour Nicomède, roi de Bithynie, offrit aux Cnidiens d'acheter leur Vénus, promettant de payer la dette publique, qui était considérable. Ceux-ci, dit Pline, aimèrent mieux tout souffrir, et avec raison, car l'œuvre de Praxitèle a rendu célèbre leur patrie (4).

Callistrate a vanté les deux Cupidon de Praxitèle, dont il vit les copies en bronze. L'amour de Thespies était « un enfant en fleur (5), portant des ailes et un arc... l'airain s'était merveilleusement assoupli pour rendre la délicatesse des chairs... Le jeune dieu était tendre, ὑγρὸς, mais non amolli, et bien qu'il eût la couleur du bronze, son aspect était florissant; quoique immobile, il était prêt à s'élancer : debout et retenu

---

(1) *Amor., passim.*
(2) *Imag.*, 6.
(3) Τῆς ἐκ Κνίδου ἡκούσης μόνον τὴν κεφαλὴν λαβών... τὰ μὲν ἀμφὶ τὴν κόμην καὶ μέτωπον ὀφρύων τε τὸ εὔγραμμον ἐάσει ἔχειν ὥσπερ ὁ Πραξιτέλης ἐποίησε,.. καὶ τῶν ὀφθαλμῶν δὲ τὸ ὑγρὸν ἅμα τῷ φαιδρῷ καὶ κεχαρισμένῳ καὶ τοῦτο διαφυλάξει κατὰ τὸ Πραξιτέλει δοκοῦν.
(4) XXXVI, 50.
(5) Παῖς ἀνθηρός.

sur sa base, il trompait les yeux et semblait prendre son vol. Le sourire embellissait ses lèvres ; des rayons à la fois enflammés et doux jaillissaient de ses yeux (1). » L'Amour de Parion, que Callistrate désigne sous le nom d'adolescent, ἤθεος, était « très tendre... et comme rempli de désir et de volupté..... le bronze respirait..... la rougeur de la vie semblait colorer les joues. L'airain montrait l'embonpoint délicat et la fraîcheur du jeune corps ; il ondoyait avec la chevelure, tantôt s'enroulant en anneaux, tantôt retombant en longues boucles sur le dos... les yeux étaient inondés de séduction, de pudeur et de grâce amoureuse (2). » Les épigrammes n'ajoutent aux descriptions du rhéteur grec aucun détail intéressant (3).

Le Cupidon de Thespies (ou plutôt sa reproduction) mérita d'être joint par Verrès à la riche collection que ce trop illustre amateur d'œuvres d'art réunit en pillant les villes élégantes et artistes de la Sicile. C'était, à l'entendre, un goût éclairé qui le poussait ; une maladie, suivant ses amis ; un impudent brigandage, de l'avis des Siciliens. A Messine, Verrès eut particulièrement la main heureuse. « Héius, dit Cicéron, avait un très bel oratoire, monument antique de la piété de ses ancêtres. On y voyait quatre statues très célèbres, toutes d'un travail exquis et faites pour charmer, je ne dis pas seulement un connaisseur et un homme d'esprit tel que Verrès, mais nous autres ignorants, comme il nous appelle... L'une des quatre était un Cupidon de marbre, ouvrage de Praxitèle... Si je

(1) *Stat.*, III.
(2) Ibid., XI.
(3) *Anthol. Planud.*, lib. IV, 203 et seqq.

ne me trompe, c'est le même Praxitèle qui a fait le Cupidon de marbre qu'on voit à Thespies, où sa beauté seule fait accourir les étrangers, car cette ville n'a rien d'ailleurs qui puisse les attirer (1). Lorsque Mummius enleva de Thespies les statues des Muses, aujourd'hui placées devant le temple de la Félicité, et les autres ornements profanes, il ne toucha pas à ce Cupidon, parce qu'il était consacré. » L'orateur continue en rappelant que Claudius, étant édile, emprunta ce Cupidon pour orner le forum dans une fête qu'il donnait au peuple romain, et qu'il s'empressa de le rendre à Héius et à Messine, dont il était l'hôte et le protecteur. « Eh quoi ! lorsque Claudius Pulcher a fidèlement restitué ce trésor, c'était donc pour que Verrès en fît sa proie? Mais ce Cupidon ne cherchait pas une maison de débauche, une école de prostitution..., il ne demandait pas à passer chez l'héritier d'une courtisane. » Et plus loin Cicéron s'indigne sur le prix par lequel Verrès a cru payer ses rapines. « J'aime à voir ces noms fameux d'artistes, ces noms que les amateurs portent au ciel, rabaissés ainsi par l'estimation de Verrès. Un Cupidon de Praxitèle, seize cents sesterces (360 fr.) (2) ! » Mais si une copie du Cupidon de Thespies fut achetée à vil prix par un proconsul, les deux Amours de Praxitèle souffrirent, comme la Vénus de Cnide, cette injure inouïe dont Athénée rapporte plusieurs exemples (3), et qui était

---

(1) Pline dit de même : « Cupido objectus a Cicerone Verri, ille propter quem Thespiæ visebantur, » XXXVI, 22.
(2) *In Verrem.*, IV, 2 et seqq.
(3) XIII, 606.

encore, malgré sa démence, comme un étrange hommage rendu à leur beauté.

Les descriptions de Callistrate sont monotones. Cependant les mêmes traits, qu'il se plaît à répéter, indiquent au moins, dans les divers ouvrages d'un même artiste, des qualités constantes. Il dépeint en style précieux le Bacchus de Praxitèle, peut-être le Bacchus d'Elis, sur le corps duquel, lorsqu'on le caresse de la main, on croit sentir, dit-il, la chaleur et la souplesse de la vie. Le dieu était couronné de lierre fleuri et portait la nébride. Tout son être était pénétré de volupté, ἱμέρῳ ῥεόμενος : « tout souriait en lui, et le plus admirable, c'est que le bronze respirait le plaisir et exprimait les passions intérieures (1). »

Le surnom d'*illustre,* περιβόητος, est le seul témoignage caractéristique que les anciens aient laissé sur le Faune de Praxitèle. Les épigrammes célèbrent l'élan bachique de ses Ménades et de ses Silènes, et le rire des Nymphes qui entouraient son dieu Pan (2). L'Apollon *Sauroctone* entrait, suivant Pline, dans la puberté; il attendait malicieusement, une flèche à la main, le lézard qui rampait vers lui (3). « Epargne, dit une petite pièce de Martial, épargne, enfant rusé, le lézard qui se glisse vers toi, et qui ne veut périr que sous ta main charmante (4). » Le Polyænos de Pétrone, faisant de sa maîtresse la plus séduisante peinture, lui

---

(1) *Stat.*, VIII.
(2) *Anthol.*, IX, 756. — *Planud.*, IV, 247.
(3) XXXIV, 70.
(4) « Cupit digitis illa perire tuis. » *Epigr.* XIV, 172.

reconnaît cette bouche où éclôt le baiser, et que Praxitèle a donnée à Diane (1).

Il est intéressant d'opposer au goût des anciens, pour les œuvres de Praxitèle, l'aversion des premiers docteurs de l'Eglise contre ces productions de l'art païen qui, au moyen de la beauté et de la grâce des formes, présentaient aux esprits l'image de la vie sensible et de ses joies. Les Pères poursuivent en même temps les sculpteurs et les philosophes, les poëtes dramatiques et les moralistes, la mythologie d'Homère, les dogmes de Platon, les préceptes d'Epicure, les dieux de Phidias. Quelques-uns, d'une âme plus douce et d'un esprit plus cultivé, tels que Basile, Chrysostôme et Augustin, regardent avec plus de bienveillance vers cette civilisation grecque qui va s'éteindre, et qui répand sur eux ses dernières clartés. Mais rien ne tempère l'âpreté des apologistes, dont le rôle est plus militant, et qui répondent aux persécutions que souffre l'Eglise par des représailles oratoires, alors inoffensives, mais qui enflammeront plus tard le zèle des chrétiens victorieux, et qui amèneront, à la fin du IV° siècle, l'irréparable destruction des statues, des temples et des manuscrits. On comprend que Tertullien, avec cette fougue d'imagination qui l'a jeté lui-même dans l'hérésie, ne garde aucune mesure, et qu'il accable l'art antique de sa colère religieuse (2). On comprend que saint Jérôme, du fond de son désert, en même temps qu'il assiste à la chute de l'empire, et qu'il pleure, suivant sa belle expres-

---

(1) Osculum quale Praxiteles habere Dianam credidit. *Satyricon*, cap. 126.
(2) V. surtout le *de Spectaculis*.

sion, sur les funérailles du monde — *totius orbis mortuos plango* — salue la défaite des dieux antiques exilés de leurs temples. « Les temples de Rome, dit-il, se couvrent de poussière, et l'araignée y fait sa toile... Le paganisme, abandonné, pleure. Ces anciens dieux des nations, relégués sous les toits, partagent leurs greniers avec le hibou et la chouette. » Mais on est plus surpris en lisant le *Traité contre les Païens* de ce Clément d'Alexandrie, qui a vécu dans la ville la plus savante de l'ancien monde, au milieu de toutes les philosophies et de toutes les sectes, et qui devait épargner davantage, en le comprenant mieux, le génie de la Grèce. « O malheureux, s'écrie-t-il, qui avez rempli de ces jeux criminels une vie qui n'est pas digne de ce nom! N'adore-t-on pas à Argos Jupiter *Chauve*... à Athènes Vénus *Courtisane*, et Vénus *Callipyge* à Syracuse?... Combien les Egyptiens, qui ont adoré dans leurs villages et dans leurs villes des bêtes brutes, étaient supérieurs à ces Grecs qui s'agenouillaient devant de tels dieux!... Il y a beaucoup d'animaux qui n'ont ni ouïe, ni vue, ni voix, comme les huîtres; ils vivent cependant et grandissent. Mais les statues sont immobiles, incapables d'agir et insensibles : on les lie, on les cloue, on les lime, on les taille, on les cisèle. C'est une terre inerte que modèlent les artistes, dont ils changent la nature, et à qui ils font rendre les honneurs divins... L'athénien Phidias qui inscrivit sur un doigt de son Jupiter-Olympien : « Pantarcès est beau, » vantait ainsi non la beauté de son dieu, mais celle de son mignon; et Praxitèle, selon Posidippe dans son livre sur Cnide, lorsqu'il sculptait la statue de Vénus, prenait pour modèle sa maîtresse

Cratina, afin que ces infortunés adorassent une courtisane... Il y avait à Cnide une Vénus très belle dont les charmes allumaient une passion criminelle... L'art avait alors une si funeste puissance d'illusion qu'il attirait les débauchés dans un abîme... O Grecs! qui consacrez dans vos maisons les statues de vos dieux comme des colonnes d'impureté!... Quant à nous, il nous est interdit de pratiquer ces arts menteurs. « Tu ne feras, a dit le Prophète, aucune image des choses qui sont dans le ciel ou sur la terre. » Est-ce dans la Cérès, la Proserpine et le Iacchos mystique de votre Praxitèle; est-ce dans l'œuvre de Lysippe et d'Apelles, qui ont donné une forme à de la matière, que nous pouvons reconnaître la nature divine? Mais vous avez perdu tous vos soins en ciselant la plus belle statue possible, vous qui, sans y prendre garde, devenez aussi insensibles et aussi morts que vos statues (1). »

Praxitèle eut son école, comme Phidias, Polyclète et Lysippe eurent la leur. Le nombre d'artistes que l'on peut grouper immédiatement autour de lui, et réunir en quelque sorte dans son atelier, est, il est vrai, très restreint. Mais son influence se prolongea au loin : les sculpteurs contemporains ont tous quelque chose de son esprit; Lysippe lui-même, si distinct que fût son génie de celui de Praxitèle, lui dut, comme nous espérons le montrer, plus d'une inspiration.

Tout auprès de Praxitèle, plaçons d'abord ses deux fils, Képhissodote et Timarchos, dont Pline a fixé la

---

(1) *Cohort. ad Gent., passim.* — V., sur la destruction systématique des œuvres de la sculpture grecque, M. Ménard, du *Polythéisme hellénique*, liv. II.

date aux dernières années du IVᵉ siècle. Ils sculptèrent une Bellone pour le temple de Mars à Athènes (1); un Cadmus, ou, selon quelques manuscrits, un autel pour le temple d'Hercule à Thèbes (2); la statue de leur oncle Théoxénides, suivant une inscription trouvée à Athènes (3); une autre statue iconique dont la base a été découverte près de l'*Érechteum* (4). Pline attribue particulièrement à Képhissodote une Latone, au sanctuaire du mont Palatin; une Vénus, au monument d'Asinius Pollion; un Esculape et une Diane au portique d'Octavie. Enfin Tatien cite les statues de deux femmes poëtes, Myro de Byzance et Anyté de Tégie, comme l'ouvrage de Képhissodote (5).

Nous connaissons ce dernier artiste par le témoignage de Pline, qui le proclame l'héritier de l'art paternel (6). « On vante beaucoup, continue l'écrivain romain, son groupe de Pergame, œuvre rare, où les doigts croient toucher des corps véritables plutôt que du marbre (7). » L'expression de *symplegma* indique la situation de deux corps qui s'entrelacent ou qui s'embrassent. La critique allemande (8), jusqu'à Jahn et Welcker (9), a pris les *Lutteurs* de la Tribune de Flo-

---

(1) Pausan., I, 8, 4.
(2) Id., IX, 12, 4.
(3) Ross., *Kunstbl.*, 1840, n° 13.
(4) Id., ibid.
(5) *Contr. Græc.*, 52.
(6) Artis hæres fuit. XXXVI, 24.
(7) Cujus laudatum est Pergami symplegma, signum nobile, digitis corpori verius quam marmori impressis.
(8) Ottf. Müller, *Denkm.*, I, 36, 149. — Winckelmann, *Werke*, 6, 84. — Doltiger, *Andeut.*, 177.
(9) *Archaol. Aufs.*, 754. — *Alt. Denkmal.*, p. 318.

rence pour le groupe de Képhissodote. Ces *Lutteurs* ont sans doute une attitude admirable, et une science consommée de l'anatomie plastique a présidé à leur composition. Mais ils font un contraste frappant avec l'Apollino et la Vénus de Médicis qui les avoisinent. Cette combinaison de mouvements et d'efforts, ce gonflement des veines et des muscles, annoncent plutôt un successeur de Myron qui a passé par l'École de Lysippe. Rien ne révèle dans les *Lutteurs* cette continuation du génie et des traditions de Praxitèle que Pline l'ancien rattache au nom de Képhissodote. Praxitèle ne s'adonna pas, comme Polyclète, à la représentation des athlètes. Mais d'autres textes de Pline jettent un certain jour sur cette question. On voyait au portique d'Octavie « la lutte de Pan et d'Olympus, œuvre d'Héliodore, le second groupe de ce genre fameux dans le monde (1). » La tradition, n'admet entre Pan et Olympus, que la lutte pacifique du chalumeau. Un des *tableaux* de Philostrate montre Olympus endormi sur des fleurs humides, auprès de ses flûtes, « et la foule amoureuse des satyres qui rougissent et qui rient en contemplant l'adolescent... » Le plus hardi d'entre eux s'empare avidement du chalumeau encore tiède, et y presse ses lèvres : il croit ainsi embrasser Olympus lui-même et respirer son souffle (2). » Le *symplegma* d'Héliodore n'avait pas cependant le caractère érotique des scènes que désigne ce mot dans la langue de Martial (3), et que Welcker fait entendre par un

---

(1) Pana et Olympum luctantes eodem loco Heliodorus, quod est alterum in terris symplegma nobile. XXXVI, 4, 10.
(2) *Imag.*, I, 19.
(3) XII, 43.

texte du *Banquet* de Platon (1). Le même sujet fait encore partie des antiques de Florence, de Naples et de la villa Ludovisi à Rome. Pline en vit la reproduction dans l'enceinte du Champ-de-Mars, à côté d'un groupe d'Achille et de Chiron; il en ignore l'auteur; mais l'un et l'autre étaient des chefs-d'œuvre, puisque leur gardien avait dû fournir la *caution capitale*. Le trait rapide par lequel Pline a décrit le monument de Képhissodote prouve que lui-même l'avait vu et étudié à Rome. Nos conjectures peuvent s'arrêter sur l'un ou l'autre des groupes du Champ-de-Mars, ou sur une scène analogue qui portât, dans l'idée voluptueuse qu'elle exprimait, la marque de l'École de Praxitèle.

Pline ne mentionne qu'un seul élève direct de Praxitèle, Pamphilos ou Papylos, dont le Jupiter *Hospitalier* était au monument de Pollion. Ajoutons à ce nom celui de Stephanos, qui est gravé sur le socle d'une statue de la villa *Albani* : Στέφανος Πραξιτέλους μαθητὴς ἐποίει. Un Hermès de la villa *Negroni* porte l'inscription Εὐβουλεὺς Πραξιτέλους (2). Le catalogue de la villa Albani désigne l'ouvrage de Stephanos comme portrait de Ptolémée. Les formes de ce personnage présentent quelque raideur. Il semble que l'artiste y ait imité à dessein les caractères de la sculpture archaïque.

Euphranor et Léocharès furent les contemporains de Praxitèle. Le premier était fameux par son Pâris où l'on reconnaissait à la fois l'amant d'Hélène et le meurtrier d'Achille (3); le second par son groupe de

---

(1) Καίρουσι ζυγκαταχείμενοι καὶ ζυμπεπλεγμένοι τοῖς ἀνδράσι. XVI.
(2) *Corp. Inscript. græc.*, n° 614.
(3) Pline, XXXIV, 77.

Ganymède et de l'aigle (1). Entre Praxitèle et Képhissodote se place Silanion d'Athènes dont Verrès détourna la Sappho… «Quel homme et même quel peuple, dit Cicéron, devait plutôt que Verrès, le plus habile, le plus instruit des connaisseurs, posséder le chef-d'œuvre de Silanion, un ouvrage aussi délicat, et d'un travail aussi parfait?… Je ne puis vous dire combien cette Sappho laissa de regrets. Outre qu'elle était d'une exécution admirable, une inscription grecque qu'on lit sur le piédestal ajoute encore à la douleur des peuples (2). » On voyait dans le sanctuaire de la rue des *Trépieds*, à côté du Faune de Praxitèle, un Amour et un Bacchus de Thymilos, sculpteur du même temps (3).

Pline cite encore plusieurs artistes contemporains dont les œuvres ont peu d'intérêt. l'École de Praxitèle se compose surtout de ces travailleurs anonymes qui sans relâche ont reproduit en bronze et en marbre les chefs-d'œuvre du maître, et qui en ont peuplé la Grèce et Rome. Ils prolongeaient ainsi, sans la perfectionner mais sans l'altérer, une tradition glorieuse. Ils ressemblaient à ces disciples fidèles des grandes écoles philosophiques qui portaient au loin l'enseignement original du maître, n'y ajoutant aucune doctrine nouvelle, mais par là même lui conservant toute son intégrité et tout son éclat.

---

(1) Pline, 79. Aquilam sentientem quid rapiat in Ganymede, et cui ferat, parcentem unguibus etiam per vestem.
(2) *In Verr.*, IV, 57.
(3) Pausan., I, 20, 2.

CHAPITRE V

Les dieux de Praxitèle.

SOMMAIRE : Praxitèle retrouve l'âme heureuse et voluptueuse des dieux antiques. Ses dieux, sculptés à une époque philosophique, n'ont plus la puissance majestueuse des divinités d'Homère. En quoi Praxitèle fut grec. Caractère propre à l'art grec dans l'expression du bonheur sensible. Étude des dieux de Praxitèle d'après les antiques des musées de l'Italie. La Vénus de Cnide. Le Bacchus d'Élide. L'Apollon Sauroctone. Les deux Cupidon. Le Faune.

Praxitèle a sculpté l'Olympe hellénique presque entier, Jupiter et Minerve, Junon et Apollon, Vénus, Cérès, Neptune, Mercure, Diane, Cupidon, Bacchus, Hercule; puis les demi-divinités des champs, des forêts et des fleuves, les Satyres, les Silènes et les Nymphes. La plupart de ces dieux avaient autrefois déjà exercé le ciseau de Phidias. Mais lorsque nous comparons les monuments des deux écoles qui ont survécu, et que nous rapprochons les sentiments des anciens sur le génie des deux maîtres, nous comprenons aussitôt combien ont été diverses leurs inspirations, et nous jugeons que la différence esthétique qui les sépare a pour cause première une différence philosophique, dont il est nécessaire d'expliquer tous les détails.

Les premières vues d'un peuple primitif et intelligent sur la nature, sur la vie humaine, sur l'avenir de l'âme, sur tout ce qui lui est caché et tout ce qui lui paraît mystérieux, font naître en lui des idées, des sentiments et des passions qui persisteront toujours, et qui forment tout d'abord ses habitudes morales et ses croyances religieuses. L'idée première du peuple grec enfant fut que la vie ici-bas était bonne; que la nature, remplie d'âmes divines, était tantôt terrible et tantôt bienfaisante pour l'homme; que le bonheur enfin était possible et facile, à l'abri de la colère des dieux, et dans la libre jouissance de tous les biens sensibles. Tout autre avait été la conception de plus d'un peuple de l'Orient, des Indiens, par exemple, à qui la vie terrestre ne semblait qu'un long rêve, dont le réveil ne commençait que dans les contemplations du paradis d'*Indra;* ou des Hébreux, qui regardaient cette existence comme un voyage douloureux accompli sous l'œil menaçant de Jehovah. « L'homme, dit l'Écriture, l'homme né de la femme vit peu de temps, et est rempli de beaucoup de misères (1). » L'Ecclésiaste s'ouvre en proclamant la vanité de toutes les joies humaines; les prophètes appellent « quiconque passe sur le chemin » au spectacle de leurs tristesses; ils se comparent au passereau qui veille sur un toit solitaire. « J'ai goûté un peu de miel, dit le Psalmiste, et je meurs. *Gustans gustavi paululum*

---

(1) On trouve la même réflexion attristée au fond de la pensée germanique : *Ohne Lacheln Kommt der Mensch, ohne Lacheln geht er, drei fliegende Minuten lang war er proh.* Sans rire vient l'homme, sans rire il repart : trois minutes fugitives il a été joyeux. (Jean-Paul.)

mellis, et ecce morior.» Mais les Grecs, qui s'attachaient avec amour à la vie présente s'imaginaient sous les plus sombres couleurs la vie future. Ulysse décrit ainsi les régions où séjournent les âmes des morts... « Notre navire arriva aux dernières limites du profond Océan. Là est le peuple et la ville des Cimmériens, enveloppés de brumes et de nuées : jamais ne les regardent les rayons du soleil étincelant, ni quand il monte vers le ciel plein d'étoiles, ni quand il redescend sur la terre; là une nuit mortelle s'étend sur les misérables humains (1). » L'esprit d'Achille, évoqué à son tour par Ulysse, dit à son ancien compagnon.» Non, ne me console pas de ma mort, vaillant Ulysse : j'aimerais bien mieux servir comme valet de charrue près d'un homme pauvre et qui aurait à peine de quoi vivre, plutôt que de régner sur les mânes de tous ceux qui sont morts (2). » L'enfer est odieux parce qu'il n'est pas réjoui par la lumière. Vivre en plein air, sous un ciel éclatant, est une condition de bonheur. A l'approche de l'hiver on chante le *Linus* mélancolique, et le joyeux *Pœan* au retour du printemps. Écoutez le vœu d'un de ces poëtes primitifs : « Quand s'épanouit la fleur du chardon, que la cigale chanteuse, assise sur un buisson et agitant ses ailes, répète son refrain perçant, dans la saison du laborieux été, alors les chèvres sont très grasses et le vin délicieux... Cherche donc l'ombre d'un rocher... emporte le vin de Biblos, le gâteau de fromage et le lait des chèvres qui ne nourrissent plus... Assis au frais, repu à sou-

---

(1) *Odyss.*, XI, 13.
(2) Ibid., 488.

hait, savoure le vin noir, le visage tourné du côté du zéphyr au souffle puissant, et sur les bords d'une source aux flots intarissables et limpides (1). » Le retour des saisons ramène régulièrement les travaux et les fêtes de la vie pastorale. « Jeunes filles et jeunes garçons, dit Homère, pleins d'une joie enfantine, portent dans des corbeilles de jonc le fruit doux comme le miel. Au milieu d'eux un enfant joue sur la lyre sonore des airs d'amour : les cordes chantent d'une voix mélodieuse, et les vendangeurs, frappant la terre en cadence et poussant des cris, dansent à la suite du musicien (2). » Les appétits naturels ont alors toute leur force : les compagnons d'Ulysse dévorent les bœufs du Soleil, et les amants de Pénélope dévastent les bergeries d'Eumée. Les passions instinctives se montrent dans leur profondeur et leur naïveté. La récompense la plus enviée d'une victoire est le don d'une captive. Achille et Agamemnon se disputent Briséis dans le conseil des chefs de la Grèce, et Minerve elle-même intervient pour apaiser la querelle. Mais Achille, privé de sa captive, « s'éloigna tout en pleurs de ses compagnons, et s'assit sur le rivage blanc d'écume, les yeux fixés sur la haute mer obscure (3). » Il se plaint à Thétis avec le ton douloureux d'un enfant qui souffre. De ces âmes jeunes et vivantes la sensibilité déborde et se répand sur toutes choses avec une égale abondance. Les sentiments sont facilement extrêmes et touchent aux limites des grandes passions. L'amitié diffère peu de l'amour. Achille pleure

---

(1) Hésiode, *Trav. et J.*, 582 et suiv.
(2) *Iliade*, XVIII, 552.
(3) *Iliade*, I, 348.

la mort de Patrocle avec plus d'amertume qu'il n'eût fait pour Briséis. « Quelle joie m'est réservée maintenant que Patrocle, mon compagnon bien-aimé, est mort, lui que je préférais à tous les Grecs, et qui m'était aussi cher que ma propre vie (1)?... »

La théologie primitive des Grecs reproduit leur morale primitive; la félicité des mortels devient aussi la félicité des dieux. L'homme, au sein de la nature où tout est mouvement, lumière et bruit, se crut entouré d'une foule d'être étranges, invisibles et éternels comme les lois de l'univers, d'une intelligence et d'une force supérieures à l'humanité. Il imagina de profondes analogies entre les phénomènes naturels et les esprits divins. Il rechercha curieusement quelles joies pouvaient remplir ces existences immortelles. Il leur fit aimer ce que lui-même aimait, et leur attribua sans discernement ses passions, ses plaisirs, et même ses vices. L'Olympe asiatique qui, en face des collines fleuries du Bosphore, prolonge dans la sérénité lumineuse du ciel sa vaste cime blanche de neige, n'est-il pas le trône même de Jupiter, autour duquel éclate le rire inextinguible des dieux? Ne voit-on pas, dans le miroitement des sources qui courent au soleil, briller le regard et le sourire des Nymphes? La volupté semblait alors couler à grands flots à travers la nature; c'était le temps évoqué en vers admirables par Alfred de Musset :

. . . . Le temps où le ciel sur la terre
Marchait et respirait dans un peuple de dieux;
Où Vénus Astarté, fille de l'onde amère,

---

(1) *Iliade*, XVIII, 80.

Secouait, vierge encor, les larmes de sa mère,
Et fécondait le monde en tordant ses cheveux.
Regrettez-vous le temps où les nymphes lascives
Ondoyaient au soleil parmi les fleurs des eaux,
Et d'un éclat de rire agaçaient sur les rives
Les faunes indolents couchés dans les roseaux ;
Où les sources tremblaient aux baisers de Narcisse?...

C'est chez les poëtes seuls qu'apparaît le caractère original de l'idée religieuse dans la Grèce antique. La langue flexible et imagée d'Homère put dépeindre cette vie passionnée des dieux que l'art trop imparfait de Dédale n'aurait su représenter. Plus tard, lorsque la sculpture fut parvenue à l'âge adulte, l'esprit public et les arts subissaient l'influence irrésistible des nouvelles théories morales qui, par Socrate, purifiaient les anciennes mœurs, et des nouvelles théories métaphysiques qui, par Anaxagore, contredisaient et détruisaient l'ancienne mythologie. La sculpture, qui aurait pu avoir son Praxitèle au VIIe ou au VIe siècle, si la connaissance du corps humain et les procédés d'exécution avaient été plus avancés, la sculpture, au temps de Périclès, n'eut pas, comme la poësie dramatique, à adopter de nouvelles traditions. Sophocle conçut l'âme humaine comme une intelligence capable de maîtriser des passions au milieu desquelles Eschyle la laissait lutter et succomber. Phidias qui, le premier donna au visage de ses dieux la beauté expressive, conçut l'âme divine comme une raison pure à la hauteur de laquelle les agitations de la passion ne pouvaient monter. Il y eut alors dans tous les arts une harmonie parfaite ; ils formèrent un concert où toutes les parties étaient d'accord : ce fut l'admirable et complet épanouissement du spiritualisme hellénique.

Mais ce ne fut qu'un moment, le plus glorieux il est vrai, de l'histoire du génie grec. Le mouvement non interrompu est une loi de l'esprit humain; c'est pourquoi les formes de l'art, et les systèmes philosophiques par lesquels il se manifeste sont dans un changement et un renouvellement perpétuels? L'art, après Sophocle et Phidias, la morale, après Socrate, auraient pu, en prolongeant plus avant leur impulsion, aboutir au *mysticisme*, c'est-à-dire sacrifier le corps à l'âme, la vie sensible à la pensée, la beauté plastique à la beauté expressive. Le siècle d'Alexandre eût vu naître l'art chrétien avant le christianisme, et la philosophie morale d'Alexandrie avant Plotin et Porphyre. L'originalité du génie hellénique était détruite.

Mais l'art grec s'arrêta, et comme si le souffle spiritualiste qui l'avait emporté si loin et si haut commençait à faiblir, il revint aux inspirations plus anciennes : il retrouva, avec Euripide, Zeuxis et Parrhasius, les puissances pathétiques du cœur humain, il chercha à réveiller, avec Scopas, la passion sur la figure des dieux; enfin il montra de nouveau, dans les créations de Praxitèle, l'Olympe d'Homère.

La morale socratique et platonicienne fut contrebalancée par les premières écoles sensualistes. Aristippe le *Cyrénaïque* était contemporain de Platon, et l'enseignement de ce dernier était encore vivant dans l'Académie, lorsque apparut Épicure. Seule la métaphysique, dont la théorie d'Anaxagore avait été le point de départ, obtint, à la suite des intuitions du *Banquet* et du *Parménide*, son dernier et logique développement dans les profondes conceptions d'Aristote. Ainsi, tandis que tout avait changé en Grèce, la sculpture, la poësie, la peinture, les doctrines morales et la politique, l'École péripatéticienne demeurait comme le dernier vestige de l'esprit grec, tel que l'avait connu le siècle de Périclès.

Cette persistance de la métaphysique spiritualiste produisit sur les arts, et particulièrement sur la sculpture, un effet remarquable. Un des résultats les plus certains de l'œuvre de Platon et d'Aristote fut la désorganisation du polythéisme. En affirmant l'unité, l'immutabilité et l'infinité d'un premier Être, les philosophes réduisirent les dieux antiques à n'être plus que les symboles mystiques des déterminations diverses de l'âme divine, ou des génies inférieurs, d'une puissance limitée, dignes tout au plus du culte et de la superstition populaires. La foi des fidèles abandonna les douze dieux qui avaient remplacé Saturne et Cybèle, et se retira dans la religion des *mystères*, où se perpétuaient les souvenirs des plus vieilles théogonies. L'art pouvait sans doute ressusciter en quelque sorte les dieux d'Homère, dont la beauté charmait toujours, même les incrédules, et dont le prestige poëtique dura encore plus de six cents ans après Aristote, jusqu'à l'empereur Julien et Libanius. Mais ces dieux auxquels les sages ne croyaient plus, et dont se riaient les sceptiques, devaient nécessairement perdre la majesté que l'imagination des hommes leur avait prêtée, au temps où l'on redoutait leur puissance. Cette majesté avait encore appartenu aux créations de Phidias, parce que cet artiste s'était proposé un idéal inconnu aux poëtes qui les premiers avaient célébré Jupiter et Minerve.

Praxitèle abandonna l'idéal de Phidias, mais il ne tenta pas de reproduire dans son intégrité l'idéal homérique. Les dieux, sous le ciseau de Praxitèle, n'ont ni toute-puissance ni grandeur ; leur haute taille, digne des montagnes qui autrefois servaient de marche-pied à leur trône, s'est abaissée jusqu'aux proportions de la nature humaine. Ils sont descendus sur la terre, faibles et désarmés, ne gardant de leur ancienne divinité que cet amour pour la félicité sensible qui avait fait régner dans l'Olympe toutes les passions et toutes les voluptés d'ici-bas. Praxitèle occupe ainsi, dans l'histoire de la sculpture antique, une place particulière et éminente. Son art a exprimé, par ses dieux, ces sensations et ces affections de l'âme que l'on peut comprendre sous un nom général : le bonheur de vivre.

C'est en cela surtout qu'il fut grec. Il retrouva ce sentiment primitif et tout hellénique, cet amour de la vie et de la joie qui éclatait jusque dans la formule ordinaire du salut : χαῖρε, réjouis-toi.

Si Praxitèle fut grec par l'âme heureuse et voluptueuse de ses dieux, il fut grec aussi par la mesure et la discrétion qu'il s'imposa dans l'expression de la vie sensible. Ses personnages ne se laissent pas emporter par l'élan aveugle de l'instinct. Une intelligence très haute veille toujours en eux, et répand sur tout leur être une sorte de dignité solennelle. Leur sourire est à la fois aimable, séduisant et majestueux. Ils sont bien de la famille des dieux de Phidias, non pas leurs frères, mais leur postérité. Comme eux ils sont pensifs ; mais tandis que les premiers ne semblent méditer que ces vérités pures qui remplissent l'âme d'une lumière éclatante, mais sans l'échauffer, les divinités plus humaines de Praxitèle songent aux sensations qui les charment sans les troubler : elles ont conscience de leur félicité. Donnez le sourire et une attitude plus molle à l'un des éphèbes des Panathénées, et vous aurez le Faune de Praxitèle. Le bonheur de l'un égale en sérénité la rêverie intellectuelle de l'autre.

Enfin Praxitèle fut grec par l'idéal des formes plastiques. La tradition ne lui attribue aucun *canon* particulier. Je crois qu'il s'astreignit moins rigoureusement que Polyclète à des proportions constantes. L'Apollon *Sauroctone*, le Faune et les deux Cupidon sont autant de types différents de l'homme en sa première jeunesse. Mais tous présentent la même grâce harmonieuse. Ils tiennent le milieu entre la force virile et la délicatesse trop efféminée, plus près peut-être de la seconde que de la première. Tous leurs traits sont indiqués avec une rare finesse d'exécution, mais sans qu'aucun d'eux attire plus que les autres l'attention du spectateur. Le même goût tempéré qui a écarté de ces personnages la représentation des sensations trop vives a présidé pareillement à la composition des moindres détails. L'attitude est paisible, sans immobilité ni raideur. Praxitèle eut la réputation d'un des premiers sculpteurs en marbre de l'antiquité (1). Le marbre blanc de Paros ou du Pentélique, dont le poli prend bientôt un reflet doré, représente mieux que le bronze ou même l'ivoire la chair mate et légèrement brunie par le soleil qui distingue les jeunes hommes

---

(1) Praxiteles quoque marmore felicior : ideo et clarior fuit. — Pline, XXXIV, 69.

des contrées orientales. Cette pâleur faiblement colorée du marbre, sous laquelle on devine une santé florissante, mais sans exubérance, est bien en rapport avec les sensations modérées et réfléchies, la joie contenue et intelligente qu'exprime l'art hellénique (1).

(1). Une école de peinture qui est demeurée fameuse, l'école flamande, a représenté, dans ses scènes d'intérieur et ses fêtes populaires, le même état psychologique que Praxitèle. Mais d'une inspiration commune sont sortis deux arts très différents : opposer l'un à l'autre, bien que la comparaison paraisse téméraire, c'est en même temps approfondir les caractères intimes de tous les deux.
Tous les goûts et tous les instincts de la race flamande sont rendus dans une toile de Téniers, *le festin à la campagne*, que l'on voit à Rome, dans la galerie *Doria Pamphili*, et qui mériterait d'être popularisée par la gravure. Nulle part l'appétit sensuel ne s'étale avec plus de naïveté, de bonhomie et d'entrain. Une longue table en équerre, chargée de victuailles fumantes, s'étend en plein air, dans le coin d'une cour de ferme. Tout autour se pressent joyeusement, dans leurs habits de dimanche, compères et commères, faces fleuries, épanouies et enluminées, yeux malins et moqueurs, bouches riantes et dents aiguës. Au milieu, et sur un siège d'honneur, trône la châtelaine du village, solennellement raide et majestueuse, et portant d'un air auguste sa couronne de baronne. Mais tant de dignité ne trouble nullement la gaieté des convives : l'un d'eux enlace amoureusement la taille de sa voisine, mais sans perdre un coup de dent ; une femme allaite son enfant, et un vieux dont l'œil est encore très vif, contemple en connaisseur la blanche et robuste poitrine de la flamande. Les pots circulent à la ronde avec les éclats de rire et les propos grivois. Au premier plan fument sur un feu pétillant les vastes marmites ; un cuisinier, tel que Sancho Pansa en vit aux noces de Gamache, y préside ; une servante puise dans leurs profondeurs. Au fond sont rangés en bel ordre les tonneaux de bière et de cidre, au pied desquels s'est réfugié un buveur solitaire. Sur l'un d'eux se tient un joueur de cornemuse, et, de chaque côté, un joueur de violon et de basse. Un jeune garçon à demi-ivre traverse la cour en chantant, maintenu par sa mère qui craint quelque scandale. Au-dessus de la table s'élève un vieux colombier d'où sort un peu de fumée roussâtre, et à la fenêtre du-

Les considérations générales qui précèdent vont trouver leurs preuves dans l'étude des œuvres de Praxitèle dont les musées de l'Italie possèdent de nombreuses reproductions, et dans la mention des autres monuments de la sculpture antique qui, sans

quel un bonhomme regarde le festin, à moitié caché par un volet qu'il soulève. Au fond, sur le bord du chemin, s'est arrêté un coche de campagne, et les gens qu'il charrie, charmés d'un si beau bruit, tendent leurs têtes curieuses vers la fête où ils brûlent de prendre part. Au dernier plan on découvre le village avec son clocher. Des pigeons reposent tranquillement au bord du colombier ; des oiseaux voltigent autour de son toit couvert de mousse ; un ciel clair, non pas profond, mais simplement joyeux, où traînent quelques blanches vapeurs, couronne le tableau champêtre, et verse son doux rayonnement sur les collines vertes de l'horizon, sur les toits du petit hameau, sur les vieilles murailles de la ferme, et sur les figures heureuses des convives.

Un tel sujet manque sans doute de noblesse; le lieu de la scène et les personnages sont des plus vulgaires ; l'action qu'ils accomplissent n'a rien de poëtique. Et cependant ils ont encore une beauté très réelle, bien qu'inférieure ; ils arrêtent nos regards et attirent sur eux notre sympathie, parce qu'ils sont vrais et vivants. Nous les admirons comme nous admirons des enfants qui prennent de tout cœur leurs ébats, même dans des jeux sans grâce et sans esprit. Leur propre contentement nous égaie: nous aimons le spectacle de cette sensualité joyeuse et de cette belle humeur. Ici tous les appétits se donnent pleine liberté. Les convives de Téniers ont encore leur raison, autrement ils n'auraient plus rien d'humain et seraient indignes de notre intérêt. Mais la raison, loin de maîtriser chez eux l'effervescence de l'instinct, s'en est faite la complice ; leur esprit n'est employé qu'à prolonger leur plaisirs : ils se jettent avec conscience et très volontairement sur toutes les jouissances qui sont à leur portée. Qu'importe que les plats soient grossiers, et la musique discordante : ils ne sont ni gourmets ni artistes ; pourvu que les mets s'entassent sur la table, que les brocs débordent et écument, et qu'ils aient dans l'oreille quelque vieux refrain de danse campagnarde, ils sont satisfaits et bien heureux.

Aucun de ces convives n'est beau, et Louis XIV reconnaîtrait en

être attribués au maître par la tradition, n'en portent pas moins l'empreinte de son École, et rentrent, pour ainsi dire, dans le cycle mythologique qu'il s'était choisi.

Un texte très explicite de Lucien (1), et la médaille Cnidienne frappée en l'honneur de Caracalla et de Plautilla, permettent de reconnaître avec certitude la plus fameuse des Vénus sculptées par Praxitèle. « Toute sa beauté est sans voiles, dit Lucien; aucun vêtement ne dérobe sa nudité; seulement une de ses mains cherche à la dérobée à couvrir son sein (2). » Dans la médaille de Cnide la déesse laisse retomber d'une de ses mains, sur un vase placé à gauche, sa dernière draperie. Elle marche et déjà descend dans la mer. La tête se penche et ses yeux se portent vers le voile qu'elle abandonne. Le mouvement de la main droite est plein de pudeur, mais l'attitude générale n'indique aucune inquiétude : Vénus sait que nul regard profane ne la contemple dans l'inviolable solitude qu'elle s'est choisie entre la mer et le ciel.

La Vénus du musée Pio-Clementino reproduit exactement, sauf la pose de la tête, le personnage de la médaille

---

eux ces *magots* de Téniers qu'il exilait des salons de Versailles. Mais du moins leurs physionomies expriment exactement leurs sensations présentes. Leurs larges mâchoires sont bien en rapport avec les bombances du moment; le gros rire ouvre sans peine leurs longues bouches; le plaisir met une étincelle dans leurs yeux gris; leur laideur naturelle est comme pétrie de bonne santé; la vulgarité de leurs traits obtient grâce en faveur de l'allégresse triomphante de leurs visages.

(1) *Imag.*, 6.
(2) Πᾶν δὲ τὸ κάλλος αὐτῆς ἀκάλυπτον, οὐδεμιᾶς ἐσθῆτος ἀμπεχούσης, γεγύμνωται, πλὴν ὅσα τῇ ἑτέρᾳ χειρὶ τὴν αἰδῶ λεληθότως ἐπικρύπτει.

de Cnide. Non seulement l'attitude et l'action sont identiques, mais la disposition même de la chevelure qui, dans la plupart des statues de Vénus, la Vénus de *Médicis*, par exemple, est réunie en nœud au sommet de la tête (1). Mais il y a peut-être trop d'abondance et d'enthousiasme dans les éloges que Visconti prodigue à la Vénus du Vatican (2). Le corps nous paraît lourd, surtout dans la partie supérieure. La ligne des épaules, à la naissance des bras, n'a pas assez d'ampleur ni de mollesse féminine. La tête qui, d'ailleurs, est rapportée, ne présente plus tout à fait le mouvement consacré par la médaille de Cnide. Le regard, au lieu de s'arrêter sur le vase, se porte plus loin à l'horizon. Cette tête, comme l'a justement remarqué Raphaël Mengs, est d'une beauté très supérieure à tout le reste du corps, moins parfaite cependant que la tête de Vénus du cabinet de Madrid, qui est peut-être, selon l'hypothèse de ce critique, le dernier débris de l'œuvre originale. L'artiste n'a pas sans doute répandu sur

---

(1). Nessuno vorrà dubitare che la famosa Venere dei medaglioni di Gnido, replicata la stessa in diversi conj, non sia tratta dal loro mirabile originale. Or la figura di Venere in questi medaglioni è perfettamente simile, anzi la stessa, colla presente statua, o si consideri la voltata del capo, o l'attitudine delle braccia, o l'andamento del corpo, il panno, l'urna, e fin l'acconciatura de' capelli che non sono, come nella maggior parte delle statue di Venere, raccolti in un nodo sopra la fronte. Visconti, t. I, *Tav.* XI.

(2). Non tanto l'aria del volto, e le grazziose fattezze convenienti a la piu bella di tutte le Dee; non tanto la gentil positura in cui è situata, reggendo colla mano un panno ornato di frange per asciugarsi, che cade agruppato sopra di un'urna, rende singolare questo bel simulacro di Venere, quanto il presentarci un'immagine della Venere di Gnido, capo d'opera di Prassitele, anzi della scultura, lavoro inclito nell'universo, secondo l'espressione di Plinio. Ibid.

le visage de la déesse cette majesté sévère qui nous frappe dans les traits de la Vénus de Milo. Mais la dignité s'y mêle encore à la grâce. Le sourire est noble. Homère avait ainsi imaginé Vénus dans le récit de ses amours avec Anchise, aux yeux de qui elle s'était montrée à la fois jeune fille voluptueuse et déesse.

L'œuvre de Praxitèle paraît avoir définitivement fixé pour l'art, même jusqu'aux dernières époques, le type de Vénus. Ce type fut reproduit, imité à l'envi. Le musée de Naples en possède plusieurs exemplaires, d'une valeur assez médiocre. Nous croyons que, séduits par le renom de la Vénus de Cnide, les sculpteurs exécutèrent souvent des portraits rappelant par leur mouvement la statue de Praxitèle. La Vénus du Capitole, lourde et peu idéale, n'est peut-être qu'un portrait. On a vu pareillement une statue iconique dans la Vénus de *Médicis* (1). Cette dernière diffère déjà sensiblement de celle du Vatican, surtout dans son expression morale. Elle est moins pudique que la Vénus cnidienne, bien qu'elle se voile de ses deux mains. Celle-là, plus naïve mais aussi plus auguste, s'avance droite et sans trouble ; la Vénus de *Médicis* se replie sur elle-même, comme pour mieux dérober sa beauté ; mais sa tête demeure haute et assurée, et son regard, démentant son attitude presque craintive, semble chercher autour d'elle l'admiration.

Bacchus, dieu oriental, symbole de la vie de la nature à son plus haut degré d'effervescence et de puissance, fut imaginé par l'art grec tantôt avec une phy-

---

(1) Offices de Florence.

sionomie joyeuse, sensuelle et dépourvue de noblesse, tel qu'il devait apparaître dans les *Grenouilles* et dans l'*Alceste*; tantôt, comme dans certaines peintures de Pompeï, avec un visage plus calme, mais efféminé, et un corps dont les formes arrondies diffèrent peu de celles de l'hermaphrodite. On reconnaît ce dernier Bacchus à sa chevelure séparée au milieu du front et descendant en forme de diadème, à la manière des femmes, au-dessus des oreilles ; sur chaque épaule se déroulent toujours quelques boucles échappées à la bandelette. Son attitude est nonchalante. Le Bacchus des Offices de Florence se soutient d'un bras sur l'épaule du jeune Ampélos. Dans la fête bachique sculptée en bas-relief sur un admirable vase du Vatican, le dieu contemple les ébats joyeux des Silènes et des Satyres ; mais il demeure immobile au milieu de l'ivresse de ses compagnons, appuyé d'un côté sur un long bâton, et de l'autre sur le cou d'un Faune, comme s'il redoutait de fatiguer son corps languissant. Dans quelques fresques de Pompeï, Bacchus est revêtu d'une robe orientale à plis flottants. Parfois il élève d'une main un raisin ou une coupe. Ottfried Müller (1) a conjecturé que le buste du musée Pio-Clementino (2) était un exemplaire du Bacchus d'Élide de Praxitèle. Cette conjecture est assez justifiée par les indications de Callistrate (3). Au premier coup d'œil, à la vue de ces longs cheveux régulièrement disposés autour du front, et surmontés d'une

---

(1) *Archaol.*
(2) Galerie dite des Statues.
(3) *Imag.*, 8.

guirlande de lierre, de ces joues florissantes, de cette bouche fine et voluptueuse (en partie restaurée), de ces grands yeux qui s'ouvrent sous une arcade peu profonde, on croit regarder plutôt la tête d'une jeune déesse.

La même impression est produite d'abord par la jolie statue de l'Apollon *Sauroctone*, voisine du buste de Bacchus. Ici, grâce aux descriptions des auteurs anciens, il est plus facile de nommer Praxitèle (1).

Le jeune dieu s'appuie du bras gauche sur le tronc d'arbre où monte le lézard vers lequel il se penche. La main droite, levée à la hauteur des hanches, tient la flèche. L'Apollon *Sauroctone* n'est pas le dieu fort et majestueux, vainqueur de Python, ni le divin poëte dont la lyre résonne parmi les muses. Ici Apollon a la faiblesse délicate d'un adolescent. On retrouve le même type dans le petit Apollon *Citharède* de bronze, et dans l'Apollino de marbre du musée de Naples. Ce dernier repose un bras sur sa tête. L'Apollon nu de la villa Borghèse, dont la chevelure retombe jusque sur la poitrine, ne se distingue guère d'un Bacchus que

---

(1). L'eta della nostra figura, l'attitudine di scagliar una frezza da vicino e senza l'arco, ch'esprime il *cominus*, la situazione del giovinetto mezzo nascosto dietro al tronco, su cui il rettile striscia, indicata da Plinio colla parola *insidiantem*, e da Marziale con quelle: *puer insidiose*, sono altrettanti segni per conoscervi la stessa opera rammentata da Marziale e da Plinio... L'azione di saettare non può esser equivoca che fra Apollo e Cupido, ma la mancanza delle ali esclude quest'ultimo. La chioma vezzosamente raccolta e quasi all'uso donnesco, è tutta propria del figlio di Latona, sebbene conviene ancora particolarmente all'eta in cui è figurato, nella quale, secondo la frase di Giovenale,

Ora puellares faciunt incerta capelli.
(Visconti, t. I. *Tav.* XIII.)

par la lyre qu'il tient dans ses bras. Enfin l'Apollino de la *Tribune* de Florence peut être considéré comme le modèle le plus achevé du dieu de Praxitèle.

L'Amour ne fut pas, dans la conception de Praxitèle, ce jeune enfant ailé que l'art antique a souvent représenté, tel par exemple qu'on le voit dans le groupe de Bacchus et Cupidon au musée de Naples; cet enfant ailé célébré en vers charmants par Anacréon et Lafontaine :

> Il pleuvait fort cette nuit :
> Le vent, le froid et l'orage
> Contre l'enfant faisaient rage.
> Ouvrez, dit-il, je suis nu (1)...

Le sculpteur fit du jeune dieu un adolescent; il lui donna l'âge des premières passions et des premiers plaisirs. Les descriptions de Callistrate ne laissent aucun doute sur ce point (2). L'Amour de Praxitèle est entré dans la puberté, « dans la fleur de la vie, » pour emprunter l'expression du rhéteur grec (παῖς ἀνθηρός). Il semble que le sculpteur ait retrouvé l'idéal même qu'avait imaginé Platon lorsqu'il célébrait, dans le discours d'Agathon, l'Amour éternellement jeune, heureux et bienfaisant. « Je dis que de tous les dieux le plus heureux c'est l'Amour, puisqu'il est le plus beau et le meilleur. Et voici pourquoi il est le plus beau : c'est que d'abord il est le plus jeune, Phèdre, n'aimant à vivre qu'avec les jeunes, car l'antique proverbe a bien raison : Le semblable se rapproche toujours du semblable... Il est donc jeune et tendre en même temps;

---

(1) *L'Amour mouillé*, Contes, liv. III.
(2) *Imag.*, 4 et 11.

mais il faudrait un poëte aussi grand qu'Homère pour dépeindre la délicatesse et la douceur du dieu... Les lignes de son corps sont molles et ondoyantes (1)... Sa chair est d'une beauté suave, puisqu'il vit sans cesse au milieu des fleurs ; car l'Amour ne séjourne ni dans un corps ni dans une âme, ni dans aucun lieu où rien ne fleurit, où tout est flétri ; mais s'il rencontre un endroit rempli de fleurs et de parfums, il s'y arrête et s'y repose (2). »

On peut reconnaître l'Amour de Parium dans la statue ailée du musée de Naples, et dans une statue plus parfaite encore, mais mutilée et sans tête, du musée de Londres (3). Le Cupidon de Naples marche lentement, la tête inclinée vers l'épaule droite, et le regard baissé vers la terre. Mais son visage est moins gracieux que celui du Cupidon du Vatican (4), qui est brisé à mi-corps, et dont les bras sont mutilés. Ce dernier, par sa taille, les traits de sa figure, le mouvement de la tête et la direction de ses bras, reproduit certainement, avec de légères différences, le même original que l'Amour de Naples. Ce buste fut découvert à *Centocelle*, non loin de Saint-Jean-de-Latran, sur l'emplacement des jardins d'Héliogabale. « Les boucles de sa chevelure, dit Callistrate, s'élevaient au-dessus du front, et, retenues par une bandelette, retombaient en l'ombrageant, mais ne le voilaient pas. » Visconti lui reconnaît « un visage céleste (5). » Rien n'égale, en

---

(1) Πρὸς δὲ τούτοις ὑγρὸς τὸ εἶδος.
(2) *Banquet*, 18.
(3) Plâtre à la villa Médicis. — (Académie de France.)
(4) Galerie des Statues.
(5) La grazia e la venusta sono le doti principali di questa scul-

effet, la douceur paisible de ses traits, où paraît encore toute la grâce de l'enfance, où se marquent déjà la méditation et la rêverie heureuse de la première jeunesse. On a surnommé ce buste le *Génie du Vatican*. Il est, dans cette vaste collection d'œuvres antiques, la représentation la plus aimable de l'adolescence. On ne saurait lui comparer que les éphèbes de la frise des Panathénées (1).

Il est facile de retrouver une imitation du Cupidon de Thespies dans un antique qui fut découvert, brisé en morceaux, près du Latran, restauré par Antonio d'Est, et placé au musée *Chiaramonti*. Il répond aux détails laissés par Callistrate ; il lève les deux bras, et le bras droit plus que l'autre, tenant son arc, et s'apprêtant à décocher une flèche. Dans ce mouvement il se rejette en arrière, et tout le poids de son corps se porte sur la partie gauche (2). Le même sujet est à la villa Albani ; il est enfin reproduit une seconde fois, mais dans des proportions beaucoup plus petites, au

---

tura, che non manca nè di verita, nè di morbidezza. La celeste fisionomia ce lo farebbe conoscere pel figlio di Venere, compagno delle Grazie. — *Pio-Clément*, t. I.

(1) On a découvert, durant notre second séjour à Rome, dans les fouilles du *Palais des Césars* au mont Palatin, un Cupidon sans tête, qui, par la taille et la démarche, rappelle les statues de Naples et de Rome. Le bras gauche, qui s'abaissait, est brisé au coude ; le bras droit, qui, à en juger par le mouvement de l'épaule, se portait en l'air, manque tout entier. Les grandes ailes presque intactes, subsistent encore ; l'arc et le carquois, de petite dimension, sont attachés au tronc d'arbre.

(2) Εἰς μὲν τὴν κορυφὴν τὸν δεξιὸν ἐπικάμπτων καρπόν, τῇ δὲ ἑτέρᾳ μετεωρίζων τὸ τόξον, καὶ τὴν τῆς βάσεως ἰσορροπίαν ἐπικλίνων ἐπὶ τὰ λαιά. *Imag.*, 3.

musée *Chiaramonti*. Sa pose est expressive, bien qu'elle semble contrainte et tourmentée, défaut causé sans doute par une restauration difficile. Mais la figure, plus animée et plus souriante que dans l'Amour de Parion, a des traits délicats, et n'est pas indigne du chef-d'œuvre que Phryné avait préféré à toutes les créations de Praxitèle.

Moins majestueux que l'Amour de Parion et le Bacchus d'Elide, mais plus voluptueux et plus humain était ce Faune de Praxitèle que les anciens connaissaient sous le nom d'*Illustre*, et dont les musées de Rome, le Vatican, le Capitole, la villa Borghèse, Saint-Jean-de-Latran, la villa Albani, enfin la glyptothèque de Munich renferment d'admirables reproductions (1). Tandis que tous les autres Faunes présentent ce type des dieux champêtres qu'Alcibiade retrouvait dans le visage disgracieux de Socrate, le Faune du maître athénien a la figure noble, les traits réguliers et purs des dieux du ciel. Son oreille, allongée en pointe, et que cachent à demi les boucles de sa chevelure, sont le dernier signe qu'il ait conservé de sa nature originelle. Il se repose, appuyé par l'avant-bras droit, contre un tronc d'arbre, le corps incliné à gauche, les jambes, à leur extrémité inférieure, se croisant l'une l'autre, dans cette attitude nonchalante qu'Aristophane décrit d'un seul vers, et qu'il reproche sévère-

---

(1) Non so se avanzo troppo le conjetture; ma io son persuaso che l'originale fosse il bel satiro di Prassitele, quello ch'egli stimava al pari del suo Cupido, e sopra tutte le rimanenti sue opere, quello che fu detto da' Greci, per antonomasia, il *Rinomato*, *Periboetos*. — Visconti, *Pio-Clement.*, t. II, *Tav.* XXX.

ment aux jeunes hommes comme une marque de mollesse :

Οὐδ' ἴσχειν τὼ πόδ' ἐναλλάξ (1).

Le Faune tient tantôt sa flûte, tantôt un roseau de la main droite, le bras gauche appuyé sur la hanche, qui, dans le mouvement du corps, ressort en dessinant une courbe gracieuse. La nébride descend de l'épaule droite, couvre de ses plis une partie de la poitrine, et retombe largement derrière le dos. La tête, couronnée de lierre ou de bandelettes, se penche faiblement sur l'épaule gauche (2).

Le Faune a vingt ans environ. Il est difficile d'imaginer une représentation plus accomplie de la jeunesse dans tout son éclat, un type plus charmant du bien-être facile et heureux. Tout son être est plongé dans une paix profonde; il s'épanouit à la vie comme une fleur rayonnante, inondée de chaleur et de lumière. Le sourire de ses lèvres éclaire tout son visage, sourire intelligent, qui ne révèle pas moins la médita-

---

(1) *Nuées*, 983.

(2) Effigiato nell' eta più propria della belleza, sembra che pur or si riposi dal suono del flauto, conservando encora i sensi e l'immaginazione commossi, dalli armonia da lui pur dinanzi destata. E vezzoramente appogiato ad un tronco col destro gomiso, e ripiega alquanto la testa sull' omero opposto; la vita che gentilmente serpeggia, fa rilevare il sinistro fianco, e le gambe negligentemente si soppraponogono, sicchè la figura tutta forma il più naturale e più grazioso contrapposto che possa idearsi... Quel serpeggiamento vezzosissimo e non affettato puo ammisarsi del pari ne' torsi d'ambedue i simulacri, l'incavalcar le gambe per dare una espressione villereccia o puerile al soggatto senza troppo deformarlo o avvilirlo. — Visconti, *Pio-Clement.*, t. II, Tav. XXX.

tion que la jouissance intérieure. Le Faune s'abandonne à une rêverie voluptueuse; il semble que les derniers accords de sa flûte maintenant muette, tout en caressant ses oreilles d'un son joyeux, aient éveillé dans son esprit des idées dont il s'enchante, et l'on sent flotter sur ce beau front des pensées sereines, comme ces vapeurs radieuses qui passent lentement sur un ciel d'été.

Praxitèle, dans ce chef-d'œuvre, avait interprété d'une manière singulièrement idéale la nature du Faune. Il l'avait en quelque sorte rendu digne de l'Olympe. Mais il montra aussi ces dieux champêtres, compagnons habituels de Bacchus, et ministres de ses fêtes, dans toute l'ivresse de leurs joies et de leurs plaisirs. Nous nous souvenons qu'il sculpta un groupe de Ménades, de Thyades, de Cariatides et de Silènes; Pan aux pieds de bouc, et portant une outre au milieu des Nymphes; un Satyre élevant une coupe de vin; un autre enfin, couronné ou chargé de raisins, selon la conjecture d'un critique (1), dans le groupe de Dionysos et de Mèthe mentionné par Pline. On peut se faire une idée de ces divinités bachiques de Praxitèle, grâce aux monuments innombrables et si variés des galeries de l'Europe. Il faut citer en première ligne le *Faune aux cymbales* de la *Tribune* de Florence, dont la tête et les bras sont de Michel-Ange. Ce qui est demeuré de l'œuvre antique, le corps replié en avant, la jambe droite dont le pied presse le *scabile*, sont d'un mouvement et d'un entrain remarquables. Le Faune de Pompéï, à Naples, retient contre sa poi-

---

(1) Welcker zu Philostr. *Imag.*, p. 212.

trine, dans les plis de sa nébride, des raisins et des poires; il se penche à gauche du côté d'une petite panthère qui se dresse pour atteindre aux fruits; il la menace en jouant d'un roseau qu'il agite de la main droite au-dessus de sa tête : le rire anime sa figure joyeuse. Ces humbles divinités, aimées et vénérées des pâtres et des laboureurs, génies familiers des petits domaines modestes, des vignes et des bois, goûtent toutes les jouissances naïves des hommes dont ils sont les compagnons et les protecteurs. Les uns élèvent en l'air, et contemplent une lourde grappe de raisin, source intarissable d'une gaieté qui vaut bien celle des dieux célestes abreuvés de nectar; les autres, le plus souvent très jeunes, adossés à un arbre, jouent, en riant, du chalumeau des bergers de Théocrite. Celui-ci, à la villa Borghèse, est assis sur un dauphin qu'il guide comme un coursier; celui-là, à Naples, couché sur un rocher, et à demi-ivre, fait résonner ses doigts. L'un porte, assis sur son épaule, Bacchus enfant qu'il divertit du son de ses cymbales: le petit dieu et son serviteur se regardent et rient (1); un autre, le vieux Pan, avec ses jambes et son visage de bouc, enseigne au jeune Olympos, qu'il embrasse étroitement, à chanter sur la flûte rustique. De pareils dieux n'habitent pas les grands temples de marbre, comme Minerve, Jupiter ou Junon, mais les ombrages des petits bois sacrés épars dans la campagne, parmi les hameaux, où, aux premières matinées de printemps, les bergers leur immolent une brebis ou un chevreau :

Nunc decet aut viridi nitidum caput impedire myrto,
Aut flore, terræ quem ferunt solutæ.

(1) Mus. de Naples. — Villa Albani.

Nunc et in umbrosis Fauno decet immolare lucis,
Seu poscat, agna, sive malit, hædo.

Jusqu'ici les textes et les vraisemblances nous ont permis d'assigner à Praxitèle, parmi les œuvres qui subsistent encore, ce qui lui appartient. Au-delà les renseignements nous manquent. Il serait intéressant de comparer à la Junon d'Argos, de Polyclète, sa Junon colossale de Platées dont une monnaie de cette ville, reconnue par Müller, reproduit peut-être l'effigie (1). Mais, dans l'absence de preuves plus certaines, il vaut mieux ne point conclure que de conclure légèrement. Il faut donc se résigner à ne reconnaître ni les douze grands dieux de Mégare, ni la Cérès, ni les deux Diane, ni le Neptune de notre sculpteur. Mais on peut assurer que les ouvrages de Praxitèle, dont les écrivains anciens ont laissé la description, avaient été les plus dignes de son rare génie.

(1) *Denkm. d. a. Kunst.*, 134.

CHAPITRE VI.

Le Groupe des Niobides.

Sommaire : La légende de Niobé suivant la tradition poëtique. Les bas-reliefs de la ville Albani, de Saint-Jean-de-Latran et du Vatican. Les statues principales du groupe de Florence.

Lorsque Priam vint dans le camp des Grecs supplier Achille de lui rendre le corps d'Hector, le fils de Pélée, voulant engager le vieux roi à s'asseoir à sa table, lui rappela l'exemple de Niobé, et lui raconta, en Grec ami des longs récits, la légende douloureuse des Niobides. « Niobé à la belle chevelure n'a pas oublié la nourriture; et cependant ses douze enfants venaient de mourir dans sa maison, six filles et six fils à la fleur de l'âge. Apollon, irrité contre Niobé, tua les fils avec son arc d'argent; Diane chasseresse tua les filles, parce que Niobé s'était comparée à Latone aux belles joues. Celle-ci, disait-elle, n'avait eu que deux enfants, tandis qu'elle-même en avait eu un grand nombre. Mais Apollon et Diane, bien qu'ils ne fussent que deux, firent périr la famille entière. Pendant neuf jours ils demeurèrent couchés à la place où ils étaient morts, et personne ne les ensevelissait, car Jupiter avait changé en pierre le cœur des hommes. Enfin le dixième jour les dieux du ciel ensevelirent les Niobides. Alors la mère songea à la nourriture, après qu'elle eût épuisé toutes ses larmes. Aujourd'hui, parmi les rochers, sur les montagnes désertes du Sipylus, séjour des nymphes divines qui erraient autour de l'Achéloüs, on voit encore une pierre qui semble pleurer sur la vengeance douloureuse des dieux (1). »

La légende de Niobé fut au nombre des traditions les plus tragiques de la Grèce (2), car elle était, non moins que l'histoire des familles d'Œdipe et d'Agamemnon, un témoignage de la jalousie impitoyable des Immortels, et des incertitudes de la félicité humaine. Nous savons peu de chose de la *Niobé* d'Eschyle, dont il reste à peine quelques vers. On peut supposer, d'après les critiques d'Euripide dans les *Grenouilles* d'Aristophane, que Niobé y apparaissait voilée, immobile, et poussant à peine un faible gémissement, au milieu de sa famille étendue et morte (3). « Elle était assise sur le tombeau, dit un fragment d'Eschyle, et *couvait* ses enfants morts (4). » Niobé prononçait sans doute les paroles suivantes : « Ma destinée, qui habitait les hauteurs du ciel, est retombée sur la terre, et m'a dit :

---

(1) *Iliade*, XIV, 602.
(2) Elle s'est perpétuée jusqu'à Dante, qui rencontre dans le Purgatoire un monument figuré de l'histoire des Niobides :

> O Niobe, con che occhi dolenti
> Vedev' io te segnata in su la strada,
> Tra sette e sette tuoi figliuoli spenti.
> (Ch. XII.)

(3) *Grenouilles*, 911.
(4) Εἰφημένη τάφον — τέκνοις ἐπῶζε τοῖς τεθνηκόσιν. *Fragm.*, 166.

apprends à ne pas estimer au-delà de son prix le bonheur des hommes (1). » Remarquons enfin cette pensée : « Dieu sait bien découvrir une faute dans la vie des mortels, lorsqu'il veut renverser de fond en comble une maison (2). » La *Niobé* de Sophocle est pareillement perdue. Un des fils criait en mourant : « O protége-moi (3) !... » Diogène de Laërce nous a conservé une parole de Niobé : « Je viens, pourquoi m'appelles-tu (4)? » qu'elle prononçait peut-être en entendant le dernier soupir d'un des siens. Antigone se compare à la Niobé du Sipylus, dont le front est toujours couvert de neige, et qui pleure éternellement (5).

Ovide enfin a décrit en vers pathétiques cette ruine de la famille de Niobé, dont les tragédies grecques et les œuvres d'art ont dû lui fournir les plus beaux traits, souvent reproduits par la poësie latine, jusqu'à Stace et Ausone :

. . . . . . Nunc miseranda vel hosti,
Corporibus gelidis incumbit, et ordine nullo
Oscula dispensat natos suprema per omnes,
A quibus ad cœlum liventia brachia tendens :
Pascere, crudelis, nostro, Latona, dolore. . .
. . . .
. . . . . . Stabant cum vestibus atris
Ante toros fratrum demisso crine sorores :

(1) *Fragm.* 174, cité par Platon, *Répub.*, II, 380.
(2) *Fragm.* 176.
(3) Plutarq., *Mor.*, 760. — Un des fils d'Ugolin : « Padre mio, che non m'aiceti ? »
(4) VII, 128. Ἔρχομαι· τί μ' αὔεις;
(5) *Antigone*, 823.

E quibus una, trahens hærentia viscere tela,
Imposito fratri moribunda relanguit ore;
Altera, solari miseram conata parentem,
Conticuit subito. . . . .
Hæc frustra fugiens collabitur; illa sorori
Immoritur : latet hæc ; illam trepidare videres.
Sexque datis letho, diversaque vulnera passis,
*Ultima restabat, quam toto corpore mater,
Tota veste tegens :* « Unam, minimamque relinque,
De multis minimam posco, clamavit, et unam. »
Dumque rogat, pro qua rogat, occidit. Orba resedit
Exanimes inter natos, natasque, virumque,
Diriguitque malis : nullos movet aura capillos ;
In vultu color est sine sanguine ; lumina mœstis
Stant immota genis : nihil est in imagine vivi (1).

Le moment le plus tragique du drame est certainement celui où Niobé embrasse et couvre de son corps la dernière de ses filles, parce qu'alors sa passion maternelle est d'autant plus profonde, qu'elle se repose tout entière sur une seule tête. L'attitude de la mère est très bien indiquée par Ovide, et semble décrite d'après la statue même du groupe de Florence. Un récit tel que celui des *Métamorphoses* peut, en exposant toute la suite d'une catastrophe, porter graduellement à son comble l'intérêt du lecteur ; une tragédie peut présenter aux yeux une série de situa-

---

(1) *Métam.*, lib. VI, 276. — Un poëte de la *Nouvelle Comédie*, Philémon, interprète ainsi la tradition racontée par Ovide : « Par les dieux, je n'ai jamais cru que Niobé fût devenue pierre, et je ne croirai jamais qu'un être humain ait pu ainsi se transformer ; mais comme les calamités qui l'accablaient et sa douleur l'empêchaient de parler à personne, on a imaginé cette légende : car la pierre n'a pas de voix. » (*Fragm. com. gr. poet.*, ed. Meinecke, II, 845.)

tions et de péripéties émouvantes, mais une œuvre d'art, un groupe de sculpture ou un tableau, est limité à un moment en quelque sorte indivisible de l'action. C'est au sculpteur ou au peintre à choisir la scène la plus propre à représenter et à caractériser le drame entier. Aussi existe-t-il, dans les monuments de l'art antique, plus d'une interprétation de la légende des Niobides (1).

La villa Albani possède un petit bas-relief ainsi désigné : *Tre figliuoli di Niobe con Diana che li saetta*. Piranesi (2) n'a décrit que Diane et l'un des fils de Niobé; les deux autres, dont l'un s'enfuit, et dont l'autre est étendu mort aux pieds de ses frères, sont un travail plus moderne. Diane apparaît de profil; elle tend son arc des deux mains et vise une victime nouvelle. Le jeune homme cherche à s'échapper en gravissant un rocher; mais les forces semblent lui manquer, et il retombe sur le genou droit. Son corps se rejette en arrière, et sa tête se relève au ciel avec un mouvement pathétique de supplication.

Un second bas-relief, d'une composition plus complète, se voit sur un sarcophage au musée de Saint-Jean-de-Latran à Rome. Niobé est à droite debout, et tient une de ses filles entre ses bras; un de ses enfants s'attache à son bras droit; un autre embrasse son épaule; le visage de la mère est contracté par la douleur; les enfants ont peur et pleurent. Par devant, un

---

(1) Le dr Stark, *Niobe und die Niobiden*, mentionne et décrit tous ces monuments, vases peints, bas-reliefs, etc., et les reproduit en outre par la gravure. Nous n'étudions ici que ceux que nous avons examinés par nous-même.

(2) *Bassirilievi antichi di Roma*.

des fils de Niobé repose couché sur les genoux d'un vieillard qui, de son bouclier, veut le protéger ; un autre est à genoux, soutenu par quelque vieux serviteur aux pieds duquel il va mourir.

Enfin, sur les trois côtés d'un sarcophage du Vatican (1), sont sculptées les différentes scènes de la fable des Niobides. Apollon et Diane, debout aux deux extrémités de la plinthe centrale, dirigent leurs flèches contre la famille : du côté d'Apollon sont les fils armés pour la chasse ; l'un d'eux est étendu mort aux pieds du dieu ; un autre se renverse en arrière et tombe ; un autre s'enfuit les mains levées au ciel ; un quatrième s'est agenouillé, et d'un bras se couvre les yeux ; un jeune enfant se réfugie dans les bras du *Pédagogue*. Dans la partie supérieure de la même plinthe, on voit dix Niobides couchés à terre et sans mouvement. Les deux faces latérales du sarcophage montrent deux jeunes filles accourant l'une vers l'autre avec effroi, et deux jeunes hommes, les personnages les plus remarquables de la composition. L'un d'eux retient dans ses bras son frère expirant dont il retarde la chute, et retourne la tête comme pour regarder la flèche qui doit le frapper à son tour. Le visage de tous les deux est calme et noble.

Ces deux dernières œuvres indiquent déjà dans quelles conditions différentes la poësie dramatique et la sculpture sont pour représenter un même sujet. La première pouvait, à la dernière scène d'une tragédie, montrer Niobé assise au milieu de ses douze enfants étendus à terre et sans mouvement. Mais il faut à la

---

(1) Visconti, *Pio-Clement.*, t. IV, tav. XVII.

sculpture des attitudes plus variées et plus de vie. Elle choisit donc le premier moment de la lutte entre les Niobides et les dieux : si les uns succombent, les autres résistent encore, supplient ou s'enfuient.

Un groupe destiné à remplir le fronton d'un temple ne pouvait adopter la disposition du bas-relief de Saint-Jean-de-Latran ou du Vatican. De ces derniers l'unité est absente. Dans l'un, Niobé, qui en est le principal personnage, est reléguée à une extrémité, et les deux vieillards deviennent chacun le centre d'une action particulière; dans l'autre elle se perd dans la foule un peu confuse de ses enfants. Un fronton, par la forme même de son cadre, impose un centre unique à la composition qu'il renferme. A mesure que, de chaque côté, l'angle se rétrécit, les mouvements des personnages perdent de leur liberté, leur corps se recourbe, et bientôt ils doivent s'asseoir ou se coucher. C'est donc vers le milieu que se porte l'intérêt de la scène entière. Dans le groupe de Florence, les Niobides se tournent des deux côtés vers leur mère comme vers la seule protection qui leur reste. L'artiste a mis d'accord l'unité matérielle et l'unité morale de son œuvre (1).

Le groupe des *Offices* de Florence se compose de seize personnages, y compris le *Pédagogue* qui attire à lui le plus jeune des fils. Nous adoptons la disposition de la planche de Welcker dans ses *Alte Denkmaler;* à chaque extrémité est couché un des enfants

---

(1) Es ist eine sehr richtige Bemerkung dass das Auge den Bewegungen der Sohne und Tochter folgend immer auf die Mutter zuruckgeführt wird. (Welcker, *Ueber die Gruppirung der Niobe und ihrer Kinder. Alt. Denkm.*)

blessé à mort, un jeune garçon d'un côté, une jeune fille de l'autre. Toute la partie archéologique du sujet qui nous occupe a été traitée avec une science complète par le critique allemand, ainsi que par le d^r Stark (1). Nous nous bornerons donc à étudier, au point de vue de la beauté expressive, les plus intéressants personnages de la composition.

Niobé est debout; du bras droit elle embrasse l'épaule de la plus jeune de ses filles qui, agenouillée et à demi-nue, se cache dans le sein de sa mère. Celle-ci, inclinée vers la gauche, se recourbe légèrement comme pour envelopper l'enfant; de son autre bras, relevé à la hauteur de la tête, elle amène à elle l'extrémité de son voile, et semble se préparer à en couvrir sa fille. La tête se porte vers le ciel avec supplication. Le désespoir n'en altère pas la beauté, et néanmoins le visage respire une profonde souffrance. Les cheveux sans désordre couronnent le front et retombent sur le cou et sur les épaules. Les traits ont gardé toute la pureté de leurs lignes. Les yeux regardent douloureusement vers les dieux vengeurs; la bouche s'ouvre, mais c'est moins un cri et un gémissement qu'une parole et une prière qui s'en échappent (2). Il y a, dans toute l'attitude de Niobé et dans le mouvement de sa tête qui ne plie pas encore, une grande dignité. Elle souffre noblement : en elle la majesté de la rivale de Latone et de la fille de Tantale embellit

---

(1) Ouvrages cités.
(2) Indem ihr Mund von dem Schrei bei dem ersten Anblicke sich noch nicht wieder geschlossen hat, hebt sie schon den Blick nach der Hohe, als wollte die ausrafen : o ihr Gotter! (Welcker, id., p. 291.

la douleur maternelle. Autour d'elle la mort descend sur ses enfants; mais il lui suffit d'un reste d'espérance pour demeurer debout, sans succomber; plutôt que d'exprimer l'excès du désespoir, le sculpteur grec, imitant le poëte tragique, eût recouvert d'un voile la figure de Niobé.

Une des jeunes filles tombe sur un genou, appuyée par un de ses frères qui s'arrête dans sa fuite, et étend au-dessus de sa propre tête sa tunique comme un bouclier qui les protége tous deux. La jeune fille s'incline aussi tranquille et aussi gracieuse, dit un écrivain allemand, qu'une fleur brisée : *Still wie eine gekniekte Blume*.

Un jeune garçon, au lieu de s'enfuir comme ses frères, s'arrête, met en terre le genou gauche, et, le bras droit appuyé sur la hanche, redresse vers le ciel une tête inflexible. Sa pose montre la fierté et l'indignation juvéniles : il demande compte aux dieux du mal qu'ils accomplissent, et brave le coup qui va l'atteindre à son tour.

Une jeune fille se penche en avant, et regarde avec compassion et effroi peut-être l'enfant mourant. Ce dernier est, après Niobé, l'œuvre la plus remarquable du groupe entier. Il est couché sur le dos. Son bras gauche repose sur sa poitrine, près de la blessure du cœur; le bras droit est relevé au-dessus de la tête. La vie lui échappe, et déjà de ses flancs soulevés s'envole le dernier souffle. Néanmoins il est très calme et très beau; son corps s'abandonne, et ses membres se détendent et s'affaissent au lieu de se raidir : *languescit moriens*; il commence moins son agonie qu'un sommeil profond; ses yeux sont à demi-clos; le mouvement de sa main qui s'est portée vers sa blessure est le signe unique qui révèle la souffrance dont il meurt.

Plusieurs des statues du groupe de Florence sont d'une exécution inférieure. Cependant on y reconnaît toujours les caractères auxquels toute la composition doit sa valeur : la douleur morale y est rendue avec ses différents degrés d'étonnement, d'épouvante ou de pitié ; mais l'expression pathétique s'y maintient dans cette mesure précise qui sauvegarde la beauté des physionomies et la noblesse harmonieuse des attitudes.

CHAPITRE VII

Les arts et l'esprit public au temps de Praxitèle.

Sommaire : Architecture : L'ordre *ionique* et le temple de la Victoire *sans ailes* à Athènes. Musique : le mode *ionien*. Peinture : Apelles et Protogènes. Poësie : la *moyenne* et la *nouvelle*. Comédie; caractère général des mœurs publiques; Ménandre. Métaphysique et morale : Epicure. Conclusion.

Il n'y a pas moins d'harmonie entre toutes les manifestations de l'esprit hellénique au temps de Praxitèle qu'au temps de Périclès et de Phidias. C'est à cette unité intellectuelle que le siècle d'Alexandre doit son originalité dans les arts, dans la poësie et dans la philosophie morale.

En architecture, l'ordre *dorique* qui fait la majesté sévère du Parthénon, est le plus généralement remplacé par l'ordre *ionique* ou par l'ordre *corinthien*. La légèreté et la grâce sont les principaux caractères de l'ordre *ionique*; l'ordre *corinthien* est déjà trop chargé d'ornements. « Les cannelures, dit M. Beulé décrivant la colonne *ionique*, au lieu de monter jusqu'au chapiteau, cessent pour faire place à un large collier qui termine le fût de la colonne. Sur ce large collier on voit s'élever alternativement, portés par d'élégantes spirales, la palmette et ce lis marin qu'on disait se pétrifier en quittant le fond des eaux : fable charmante, inventée par ceux qui virent transporter sur le marbre le lis qu'ils admiraient chaque été sur la plage sablonneuse des golfes de Grèce. Au-dessus du gorgerin commence le rang de perles. Puis les oves, séparés par un fer de lance, se détachent dans leur coquille délicate. Plus haut, la même tresse, qui se remarque au tore de la base, forme le tore du chapiteau.

« Alors commencent les volutes, avec leurs triples filets, enroulées comme les boucles d'une chevelure de femme. Elles s'unissent entre elles par ces belles courbes qui se redressèrent peu à peu avec la décadence de l'art, et qui devinrent, dans les monuments romains, de sèches et dures lignes droites...

« ... Il ne faut pas croire cependant que ce luxe de décoration fît paraître le chapiteau trop chargé. Tous ces détails sont si légers et d'un goût si exquis, leur importance est d'une mesure si heureuse, ils sont sculptés dans le marbre avec tant de délicatesse, qu'on dirait une broderie (1)... »

L'ordre *ionique* se mêle déjà, dans les Propylées, à l'ordre *dorique*. L'Érechtéion et le temple de la Victoire *sans ailes* (*aptère*) représentent, à l'Acropole d'Athènes, le premier de ces ordres dans toute sa grâce.

Nous ne pouvons que renvoyer, pour l'Érechtéion,

(1) *Acropole*, t. II, p. 269.

dont le plan est difficile à décrire, aux savantes études de M. Beulé (1). La date précise de ce temple est inconnue. On sait seulement qu'en 409 il n'était pas encore terminé. Plutarque ne l'a pas mentionné parmi les monuments élevés par Périclès. Sa beauté, dit M. Beulé, est d'un caractère trop différent des chefs-d'œuvre de ce temps pour qu'on puisse les confondre... Il faut au moins quelques années pour passer d'une simple et grandiose manière à la délicatesse et au raffinement (2). »

Le petit temple de la Victoire *aptère* qui s'élève à l'angle méridional du rocher de l'Acropole, en avant des Propylées, est un édifice beaucoup moins compliqué que le précédent. « Sur trois degrés s'élève une cella fermée de trois côtés; elle a, en largeur, un peu plus, en longueur, un peu moins de cinq mètres. L'entrée, à l'orient, est entre deux piliers qui soutiennent l'architrave... La cella est précédée d'un portique de même largeur, composé de quatre colonnes ioniques... Derrière il y a un portique semblable...

« Tout autour du temple règne une frise haute de quarante-quatre centimètres et ornée de sculptures; les frontons et le toit n'existent plus (3). » Les sculptures, dont les moulages occupent à présent la place de la frise de marbre, sont trop mutilées pour qu'on puisse en reconnaître les sujets.

« Le temple de la Victoire est fort petit; mais, à

---

(1) *Acropole*, t. II, p. 269.
(2) Ibid., p. 290.
(3) Ibid., t. I, p. 227.

défaut du grand aspect et de l'effet des temples doriques, il a de l'élégance et de la grâce. Le temps et la ruine semblent même y avoir ajouté plus de délicatesse, en découpant inégalement les cannelures des colonnes : ce ne sont plus des lignes d'architecture, mais les plis légers et ondoyants d'une étoffe, qui justifient les expressions de Vitruve. Sa grosseur réelle ainsi diminuée, la colonne paraît porter plus faiblement les belles volutes de son chapiteau ; comme une femme, pour continuer la comparaison du même auteur, qui fléchit sous sa riche coiffure...

« ... Quand la colonne était intacte, avec la suite de ses cannelures et toute la pureté de ses lignes, elle devait avoir un caractère différent, plus voisin de la fermeté que d'une mollesse efféminée... »

La date du temple de la Victoire est plus incertaine encore que celle de l'Érechtéion. Plutarque ne l'attribue pas à Périclès. Les proportions restreintes de cet édifice, son ordre architectonique, le peu qui reste de ses sculptures qui, par leur caractère, sont assez analogues à celles du monument chorégique de Lysicrate (1), toutes ces probabilités nous portent à le considérer comme postérieur au siècle de Périclès. Néanmoins nous ne voulons rien affirmer. Nous ne cherchons pas, en suppléant au silence de l'histoire, à assurer à notre synthèse une régularité absolue et artificielle. Ce qui importe aux résultats généraux vers lesquels tendent nos recherches, c'est que l'architecture austère du Parthénon disparut avec l'époque qui

---

(1) *Lanterne de Démosthène.* Ce monument appartient à la première moitié du IV⁰ siècle.

l'avait produite, et que pour occuper la lacune de temps qui sépare le grand art dorique de l'architecture gréco-romaine du portique d'Auguste, du temple de Jupiter-Olympien, et de l'arc d'Adrien, on ne rencontre, parmi les ruines d'Athènes et même de la Grèce entière, que les édifices plus gracieux qu'imposants que nous venons de rappeler.

En musique le mode ionien a succédé au mode dorien dans le goût public. Aristophane s'élevait déjà contre les inflexions efféminées qui, de son temps, remplaçaient dans les écoles l'harmonie plus sévère de l'ancienne musique. Platon, dans sa *République*, fit le procès aux modes musicaux venus des villes d'Asie, dont le caractère était pathétique, et qui, par l'émotion et l'attendrissement, portaient le trouble dans la raison. On a déchiffré dans les manuscrits d'Herculanum un *Traité sur la musique* de l'épicurien Philodemos, contemporain de Cicéron, qui le nomme avec éloge au deuxième livre du *de Finibus*. Ce philosophe divise la musique en deux genres : la musique *enharmonique*, et la musique *chromatique*. Celle-ci, d'après les renseignements que nous fournit Plutarque (1), répondait au mode ionien, et la première au mode dorien. Le genre chromatique, dit ce dernier écrivain, relâche l'âme de l'auditeur; le genre harmonique la raffermit (2). Philodemos s'élève contre les stoïciens qui, demeurant fidèles à l'art dorien, critiquaient les mélodies plus douces que la secte épicu-

---

(1) *De Musica.*
(2) Τῶν γενῶν διαχεῖ τὸ χρωματικὸν, ἡ δ' ἁρμονία συνίστησιν. *Non posse suavit. vivi secund. Epic.* 14.

rienne avait adoptées. « Les stoïciens, dit-il, appellent leur musique auguste, généreuse, simple et pure; ils traitent la nôtre d'efféminée, de vulgaire et de lâche; ils vantent la leur comme austère et toute-puissante, et accordent à la nôtre la douceur et la persuasion (1). » Plutarque regrette l'abandon des vieilles traditions. « De nos jours, au lieu de cette harmonie majestueuse, digne des hommes de cœur et des dieux, on met sur le théâtre une musique compliquée et bavarde (2). » Le même écrivain rapporte un passage du comique Phérécrates, dans lequel la Musique montre à la Justice son corps couvert de blessures, et se plaint des injures qu'elles a souffertes. « Mélanippides a été la cause de tous mes maux : il s'est emparé de moi, et m'a affaiblie en donnant douze cordes à la lyre... puis Phrynis me tourmentant, a fini par me corrompre tout entière, et des sept cordes de la lyre a tiré douze harmonies. » Phérécrates appartenait à l'ancienne comédie, et était postérieur à Périclès. La musique nouvelle convenait aux mœurs nouvelles dont les plus vieux comiques virent les commencements, et qu'ils condamnèrent. Elle accompagnait bien les fêtes et les divertissements dont les hétaires, telles que Phryné, étaient les reines. Alciphron, qui nous a conservé les détails de la vie athénienne, décrit ainsi, dans la lettre d'un pêcheur du Pirée, la promenade en mer d'un fils de famille et

---

(1) Οἱ μὲν τὴν μὲν φάσκοντες εἶναι σεμνὴν, καὶ γενναίαν, καὶ ἁπλῆν, καὶ καθαρὰν, τὴν δ' ἄνανδρον, καὶ φορτικὴν, καὶ ἀνελεύθερον· οἱ δὲ τὴν μὲν αὐστηρὰν καὶ δεσποτικὴν, τὴν δὲ ἥμερον καὶ πιθανὴν προσονομάζοντες. Col. 4.

(2) *De Musica*, XV.

de ses maîtresses. « Il fit tapisser de soies étrangères et de coussins moelleux le fond de ma nacelle ; puis il déploya une voile pour se garantir du soleil, dont les rayons, disait-il, lui étaient insupportables... Ainsi s'embarquèrent Pamphilos, ses compagnons et plusieurs femmes très belles, toutes musiciennes : l'une s'appelait Kroumation, et jouait de la flûte ; l'autre, Erato, et ses doigts erraient sur le psaltérion ; la troisième, Énejas ; la cymbale résonnait sous ses mains. Ma petite barque était un orchestre ; la mer retentissait au loin de chants joyeux ; tout était gaieté, volupté, harmonie !... Dieux, envoyez-moi encore quelque jeune homme aussi prodigue et aussi voluptueux !... » La musique grecque au IVe siècle, comme la sculpture et l'architecture de la même époque, gagna donc en grâce sensuelle et en délicatesse ce qu'elle avait perdu en grandeur et en majesté.

Vers le milieu du même siècle, à peu près au temps où Praxitèle était dans tout son éclat, la peinture fut très florissante à Sicyone et à Thèbes. Pausias de Sicyone fut le condisciple d'Apelles (1). Il peignit à l'encaustique. Avec lui la peinture commença à décorer les habitations privées. Il inventa l'art d'orner les caissons (2). Pausias composait, suivant Pline, de petits tableaux, peut-être des tableaux *de genre*. Il représentait le plus souvent des enfants... « Il aima dans sa jeunesse Glycère de Sicyone, celle qui inventa les couronnes de fleurs ; il lutta de talent avec sa maîtresse, et fit rendre par son art l'innombrable variété

---

(1) Pline, XXXV, 123.
(2) Idem et lacunaria primus pingere instituit, nec cameras ante eum taliter adornari mos fuit. — Id., ibid.

des nuances des fleurs. Enfin il la peignit elle-même, assise, avec une couronne dans les mains, et ce tableau, un des plus estimés qu'il fit fut appelé la *jeune fille à la guirlande*... Lucullus acheta une copie de cette œuvre douze talents aux Dionysiaques athéniennes (1). » Pausanias vit à Épidaure un Amour de Pausias qui, ayant déposé son arc et ses flèches, portait une lyre. « On montre aussi l'*Ivresse* du même artiste ; elle boit dans une coupe de verre, et l'on aperçoit, à travers la transparence du vase, le visage de la femme (2). »

Pline nous fait bien connaître le talent d'Aristides de Thèbes. « Le premier de tous, il peignit l'âme et les sentiments que les Grecs appellent *caractère*, ἤθη.» Ces paroles ne signifient pas qu'avant Aristides la peinture n'avait pas su trouver la beauté expressive, ni qu'Aristides eût un génie analogue à celui de Polygnote. Il ne faut pas exiger de Pline une précision irréprochable de jugements et d'expressions. La suite du passage rapproche clairement Aristides de Timanthe. « Il peignit aussi les passions profondes (*item perturbationes*). Il est l'auteur de cette mère blessée dans une prise de ville, et mourante, vers le sein de laquelle rampe son enfant : on voit que la mère craint que celui-ci ne suce du sang au lieu de lait (3). » Pline cite encore d'Aristides une jeune fille, peut-être Byblis, qui se donne la mort à cause de l'amour qu'elle a conçu pour son propre frère ; Bacchus et

---

(1) Pline, XXXV, 123.
(2) II, 17, 4.
(3) XXXV, 98.

Ariadne placés au temple de Cérès à Rome; un vieillard enseignant la lyre à un adolescent, au temple de la Fidélité, au Capitole.

Athènes possédait un peintre distingué, Nicias, ami de Praxitèle, aux marbres duquel il ajoutait une teinte délicate (1). Il était fort habile dans la distribution de la lumière et des ombres, et dans le relief des personnages. On remarquait surtout des tableaux de femmes, sa Néméa, que Silanus apporta d'Asie à Rome; une Diane, une Calypso, une Io et une Andromède; nommons enfin son tableau de Bacchus et Hyacinthe, qu'Auguste, *delectatus eo*, dit Pline, prit dans Alexandrie, et que Tibère dédia dans le temple consacré à cet empereur.

Mais le plus grand peintre de la Grèce au siècle d'Alexandre fut l'ionien Apelles dont trois villes, Cos, Éphèse et Colophon, se disputèrent la naissance. Apelles florissait encore sous les successeurs d'Alexandre, puisqu'il composa son tableau allégorique de la *Calomnie* à la suite d'une fausse accusation qui le fit tomber quelque temps dans la disgrâce de Ptolémée, roi d'Égypte (2). Il vivait donc encore à la fin du IVe siècle. Ottfried Müller le place entre la 106e et la 118e olympiade (356-308) (3). Il fut certainement plus jeune que Praxitèle d'environ vingt années. Lorsqu'il vit Phryné aux fêtes d'Éleusis, il entrait seulement

---

(1) Hic est Nicias de quo dicebat Praxiteles, interrogatus quæ maxime opera sua probaret in marmoribus, quibus Nicias manum admovisset, tantum circumlitioni ejus tribuebat. — Pline, XXXV, 133.
(2) Lucien, *de Calumn.*, 2.
(3) *Archaol.*, 140.

dans la carrière. La Vénus de Praxitèle a donc précédé sa Vénus *Anadyomène*, et c'est l'œuvre du sculpteur qui a inspiré l'œuvre du peintre.

Le jugement de Pline sur Apelles est important. « Seul il a fait plus peut-être pour la peinture que tous les autres artistes; il a même publié des ouvrages qui renferment ses doctrines. Son premier mérite fut la grâce, et par elle il se distingua des peintres éminents qui étaient ses contemporains. On admirait leurs ouvrages avec éloges, mais on reconnaissait qu'il leur manquait ce charme que les Grecs ont appelé *charis*; ils avaient tous les autres, mais pour celui-là Apelles seul était incomparable (1). »

L'antiquité mit au premier rang des travaux d'Apelles sa Vénus *Anadyomène* qu'il peignit pour le temple d'Esculape à Cos, où Auguste l'acheta cent talents, et qui fut consacrée par cet empereur dans le temple de César (2).

« Au milieu des fêtes Éleusiniennes et des cérémonies de Neptune, dit Athénée, Phryné, sous les yeux de la Grèce entière, déposa ses voiles, et, la chevelure dénouée, entra dans la mer : c'est elle qui servit de modèle pour la Vénus *Anadyomène* d'Apelles (3). » De nombreuses épigrammes ont célébré ce chef-d'œuvre. Citons seulement celle de Léonidas de Tarente. « Cypris sortait du sein de sa mère, et marchait sur la rive écumeuse et sonore; Apelles la vit, dans sa beauté voluptueuse, et peignit non des formes

---

(1) XXXV, 79.
(2) Strabon, XIV, 657. — Pline, XXXV, 91.
(3) XIII, 591. — Pline prétend que ce fut une hétaïre très belle, nommée Campaspe.

immobiles, mais la déesse vivante. Ses deux mains tordent sa chevelure humide, l'amour luit dans ses yeux purs; ses deux seins se gonflent comme des fruits mûrs. A sa vue Minerve et Junon s'écrieront: O Jupiter, nous ne disputons plus le prix de la beauté (1) ! » La partie inférieure du tableau s'étant altérée, aucun peintre n'osa restaurer l'œuvre d'Apelles. Elle périt tout à fait sous le règne de Néron. « Apelles, dit Pline, avait commencé pour Cos une autre Vénus qui devait l'emporter sur l'*Anadyomène*. Mais la mort l'empêcha de la finir, et l'on ne trouva personne qui pût continuer le tableau sur l'esquisse de l'auteur (2)... » Cicéron nous apprend qu'Apelles avait terminé la tête et la poitrine de cette seconde Vénus (3), mais que la beauté du visage désespéra les peintres (4).

Quelques autres créations d'Apelles se rangent, par leurs caractères, auprès de ses deux Vénus. Pausanias ne mentionne qu'une seule œuvre de cet artiste, *Charis,* l'une des Grâces qu'il peignit pour l'*Odéon* de Smyrne. Le voyageur grec remarque qu'elle était voilée, et s'étonne que de son temps on représente les Grâces nues (5).

Les anciens prétendaient que dans sa Diane entourée du chœur des jeunes filles, il avait surpassé la description d'Homère : « Autour d'elle jouent les

---

(1) *Anthol. Planud.*, IV, 183.
(2) XXXV, 92.
(3) *Epist. fam.*, I, 9.
(4) Oris enim pulchritudo reliqui corporis imitandi spem auferebat. — *De offic.*, III, 10.
(5) Il ne m'a pas été possible, dit-il, d'apprendre quel fut le premier sculpteur ou le premier peintre qui montra les Grâces sans voiles. — IX, 35, 6.

Nymphes des champs, filles de Jupiter; mais Diane les domine toutes de la tête et du visage : on reconnaît de loin la déesse, et cependant toutes sont belles. »

Τῇ δέ θ' ἅμα Νύμφαι, κοῦραι Διὸς αἰγιόχοιο,
Ἀγρονόμοι παίζουσι·...
Πασάων δ' ὕπερ ἥγε κάρη ἔχει ἠδὲ μέτωπα,
Ῥεῖά τ' ἀριγνώτη πέλεται, καλαὶ δέ τε πᾶσαι (1).

Il composa le portrait de Campaspe, courtisane aimée d'Alexandre, qui fit présent de sa maîtresse à l'artiste. L'amitié d'Alexandre, qui ne voulut être reproduit que par le seul Apelles, plaçait ce dernier à la tête des peintres de son temps, de même que l'amitié des papes éclairés de la Renaissance consacrait en quelque sorte la supériorité de Raphaël sur tous les artistes de l'Italie.

Si l'influence de Praxitèle est sensible dans la Vénus *Anadyomène* d'Apelles, on ne la retrouve pas moins dans le Satyre que Protogènes peignit à Rhodes, au milieu du camp même de Démétrius, qui, l'ayant fait venir de son petit jardin des faubourgs (2), lui donna l'hospitalité et la sécurité. « Cette œuvre, dit Pline, est connue sous le nom du *Satyre au repos*, qui, pour mieux montrer la paix profonde dont il jouit, tient ses flûtes à la main (3). » Il y a là très probablement une imitation du Faune *Périboëte*. Un autre contemporain d'Apelles, Antiphile, dont le pre-

---

(1) *Odyss.*, VI, 105. — Pline, XXXV, 96.
(2) Erat tunc Protogenes in suburbano hortulo suo.
(3) Satyrus hic est, quem *Anapauomenon* vocant, ne quid desit temporis ejus securitati, tenentem tibias. — XXXV, 105.

mier mérite fut, suivant Quintilien, la *facilitas* (1), se rendit pareillement fameux par « un Satyre très beau, portant la peau de panthère, appelé l'*Aposcopeuon* (2), » c'est-à-dire, ainsi que Brunn l'explique (3), qui fixe les yeux sur un point éloigné, tout en les protégeant d'une main contre les rayons trop vifs du soleil. Le même artiste fit aussi des tableaux *de genre* d'un caractère gracieux. « On loue, dit Pline, son enfant qui souffle le feu, et la lumière que réfléchissent les belles murailles de l'appartement, et le visage même de l'enfant (4). »

Mais déjà nous touchons, avec Protogènes, aux dernières années du IV⁰ siècle, et la peinture grecque, dont l'histoire n'offre plus dès lors que des noms obscurs, entre, par la recherche des effets attrayants de lumière, par le choix des sujets licencieux ou grotesques, par le développement de la peinture de décoration et de la *rhyparographie* (peinture de la vie commune), dans ce mouvement général qui, sous les successeurs d'Alexandre, poussa tous les beaux-arts vers leur déclin.

Il nous reste, pour compléter cette revue des œuvres de l'art, à interroger les poëtes.

La tragédie, après Sophocle et Euripide, ne produit plus de chefs-d'œuvre. La poësie lyrique est muette. L'idylle artificielle et gracieuse de Théocrite et de Moschus n'est pas née encore. Toute la poësie de ce

---

(1) *Institut. orat.*, XII, 10.
(2) Pline, XXXV, 140.
(3) *Geschich.*, etc., t. II, p. 248.
(4) Antiphilus puero ignem conflante laudatus, ac pulchra alias domo splendescente, ipsiusque pueri ore. — XXXV, 138.

temps est sur la scène comique d'Alexis, de Philémon et de Ménandre.

L'ancienne comédie a disparu avec la liberté de la Grèce et la licence des mœurs politiques. La moyenne comédie demeure encore sur la place publique, et si elle n'accable plus de bouffonneries violentes les hommes d'État, les philosophes et les poëtes, elle raille toujours, d'un ton moins haut, tout ce qui, dans les habitudes et dans la vie grecques, se montre encore aux yeux de tous : les sectes philosophiques, par exemple, les courtisanes, et certains personnages très communs alors dans Athènes, tels que le parasite et le soldat fanfaron, qui, par tempérament et de profession, vivaient en public. La nouvelle comédie conserve la plupart de ces types; mais elle pénètre plus profondément dans la connaissance de l'âme; elle analyse avec une finesse inconnue aux comiques antérieurs les passions et les ridicules; elle fait servir l'intrigue au développement des caractères; elle donne la peinture adoucie et épurée des mœurs contemporaines. « O Ménandre! ô vie humaine! s'écriait un écrivain, lequel de vous deux a le premier imité l'autre (1)?... » La comédie grecque du siècle d'Alexandre offre donc plus qu'un simple intérêt littéraire : elle nous fait spectateurs de la vie athénienne.

Il y a, entre la comédie d'Aristophane et la comédie de Ménandre, une différence plus essentielle que celle des sujets et des personnages. La vieille comédie n'était, sous la forme d'un pamphlet dialogué, que

---

(1) Ὦ Μένανδρε καὶ βίε, πότερος ἄρ' ὑμῶν πρότερον ἐμιμήσατο; *Aristoph. le gramm.*

la démonstration de quelque idée ou vérité générale, telles que le péril où les démagogues mettent la république, la corruption de la jeunesse et de l'art par les sophistes, le rôle du peuple dans le gouvernement, l'émancipation des femmes, etc. Socrate, Cléon et Euripide sont attaqués moins comme individus que comme les représentants d'idées nouvelles que le poëte persécute sous leur nom. De là, chez Aristophane, ces personnages symboliques ou même fantastiques qui servent de masques aux abstractions politiques et philosophiques de l'écrivain. Leurs émotions et leurs passions qui éclatent parfois en invectives inouïes ne sont jamais que les émotions et les passions d'Aristophane, dont la personnalité toujours présente remplit le drame entier. Enfin le poëte concentre dans sa *parabase*, l'enseignement qu'il a répandu dans les scènes et dans les chants du chœur. La comédie, à l'époque de la guerre du Péloponèse, eut un caractère tout intellectuel.

Elle le perdit aussitôt que, chassée de son ancien domaine, elle dut se renfermer dans l'observation des âmes individuelles et dans la description des ridicules humains. Son premier soin fut de transposer sa verve primitive. Elle traita la vie morale aussi librement qu'elle avait traité la vie politique. Elle étala les vices et la sensualité de ses personnages privés comme elle avait étalé l'effronterie des démagogues et l'impudence des sophistes. On peut juger de l'intrigue et des caractères dans la moyenne comédie par cette maxime d'un personnage d'Alexis : « Le sage doit réunir toutes les voluptés ; il y en a trois qui rendent la vie véritablement parfaite et heureuse :

boire, manger et faire l'amour; tout le reste n'est qu'accessoire (1)...

N'y a-t-il pas encore comme un écho d'Aristophane dans cette profession de foi d'un héros du même poëte? «Que viens-tu me radoter, bavardant de haut en bas, du Lycée à l'Académie, à l'Odéon, enfantillages de sophistes? Il n'est rien de bon dans tout cela. Buvons! buvons à outrance et assis, mon cher Sicon, et vive la joyeuse bombance, tant qu'il nous est permis de nous nourrir l'âme! Allons, un beau vacarme, Manès! rien de plus aimable que le ventre! le ventre, c'est ton père, le ventre, c'est ta mère (2)!

«Vertus, ambassades, commandements, vanités que tout cela, retentissement vide du pays des songes! La mort te glacera au temps marqué, et il ne te restera que ce que tu auras bu et mangé. Le reste n'est que cendre, cendre de Périclès, de Codrus et de Cimon.» Le buveur d'Antiphanes est du même avis. « Dis-moi, qu'est-ce que vivre? — C'est boire, par ma foi (3)! Vois les arbres qui sont humectés nuit et jour, comme ils deviennent grands et beaux; mais les autres, saisis

---

(1) Τὰς ἡδονὰς δεῖ συλλέγειν τὸν σώφρονα.
Τρεῖς δ' εἰσὶν αἵ γε τὴν δύναμιν κεκτημέναι
Τὴν ὡς ἀληθῶς συντελοῦσαν τῷ βίῳ,
Τὸ πιεῖν, τὸ φαγεῖν, τὸ τῆς ἀφροδίτης τυγχάνειν.
Τὰ δ' ἄλλα προςθήκας ἅπαντα χρὴ καλεῖν.
(*Fragm. poet. com. græc.*, edid. Didot, p. 581.)

(2) Πίνωμεν, ἐμπίνωμεν (ἡμένω) Σίχων,
Χαίρωμεν, ἕως ἔνεστι τὴν ψυχὴν τρέφειν!
Τύρβαζε, Μανῆ! γαστρὸς οὐδὲν ἥδιον.
Αὕτη πατήρ σοι καὶ πάλιν μήτηρ μόνη.
(Ibid., p. 524.)

(3) Ibid., p. 406.

par la soif et la sécheresse, meurent jusqu'à la racine. » Puisque le bonheur est à table, c'est presque un droit de le poursuivre, même à la table d'autrui ; quêter un dîner, c'est accomplir une action louable, et pour peu qu'on y mette de l'art, on prend dans la république un rang aussi éminent que profitable...
« Tous les jeunes gens appellent cet artiste un parasite, pour le flatter. Mais lui n'en a cure ; il dîne, Téléphe muet, ne répondant que d'un signe de tête à ceux qui l'interrogent ; aussi l'amphitryon prie-t-il les dieux de Thrace d'apaiser cette tempête de voracité ; car le jeune drôle tombe comme un ouragan sur la table de ses amis (1). » Tous les appétits doivent également régner, car leur harmonie est une source de félicité. « N'ai-je pas raison, dit le Zacynthien d'Antiphanes, d'aimer toutes les femmes, et de prendre du plaisir avec toutes les courtisanes (2) ? » Mais l'excès de la passion affaiblit la volonté, et livre l'amoureux aux fantaisies et aux perfidies de ses innombrables maîtresses. Parfois alors son dépit égale en emportement son amour... « Le malheureux qui a jamais aimé une courtisane ne saurait nommer une race plus horrible. Quel dragon sauvage, quelle chimère au souffle de feu, quelle Charybde, quelle Scylla à trois têtes... a jamais surpassé en malice ces êtres odieux ?... Nannion diffère-t-elle de Scylla, elle qui, après avoir étouffé deux amants, en cherche un troisième? Et Phryné, n'a-t-elle pas laissé Charybde bien loin derrière soi,

---

(1) *Fragm. poet. com. græc.*, edid. Didot, p. 557.
(2) Εἶτ' οὐ δικαίως εἰμὶ φιλογύνης ἐγώ — καὶ τὰς ἑταίρας ἡδέως πάσας ἔχω. — Ibid., p. 369.

elle qui, saisissant un capitaine de navire, l'a dévoré avec son fret (1)? » On entrevoit ainsi, parmi les débris de ces pièces dont on ne saurait restaurer un seul acte, une verve sensuelle qui paraît avoir été le caractère dominant de la moyenne comédie. Il semble qu'on ait sous les yeux quelque tableau à moitié effacé et détruit de Téniers, mais d'un Téniers grec, fidèle aux lois de la beauté plastique. Sous l'ombre épaisse que les années ont étendue sur la toile jadis éclatante et vivante, on distingue encore çà et là des figures de convives étincelantes et joyeuses, et dont les yeux jettent une flamme; il reste quelque chose de leurs attitudes voluptueuses; on reconnaît, à leurs mines obséquieuses et affamées, la troupe des parasites, et le vin brille encore au fond de vastes coupes.

La moyenne comédie occupe toute la première moitié du IVe siècle. La nouvelle comédie dut apparaître à l'époque de la bataille de Chéronée. Philémon débuta vers 338. Les circonstances politiques, de moins en moins favorables à la liberté du théâtre; le goût de l'observation psychologique qui produisait alors les analyses morales d'Aristote et de Théophraste; enfin le génie plus délicat et plus cultivé de Philémon et de Ménandre, formèrent un art nouveau et plus parfait.

Ces réformateurs de la scène comique vivent, comme leurs prédécesseurs, de la vie voluptueuse de leurs contemporains... « On remarquait Ménandre, illustre déjà par ses comédies...; il était inondé de parfums, vêtu d'une robe flottante, et marchait d'un pas effé-

(1) *Fragm. poet. com. græc.*, edid. Didot, ,p. 501.

miné et nonchalant (1).» Ménandre, que Pline l'ancien appelle *diligentissimus luxuriæ interpres* (2), et qui était, selon Suidas, d'un tempérament fort amoureux (3), s'attacha à Glycère (4), comme Praxitèle à Phryné. Il semble, dans le fragment qui suit, consoler sa maîtresse jalouse. « Glycère, pourquoi pleures-tu ? Je t'engage ma foi, ma bien-aimée, par Jupiter-Olympien et par Minerve, serment que j'ai fait tant de fois déjà (5)...» « L'amour, dit Plutarque (6), remplit comme un souffle les pièces de Ménandre :

Fabula jucundi nulla est sine amore Menandri (7).

Les passions de l'amour deviennent le ressort principal de l'intrigue comique. Le poëte célèbre le sentiment nouveau qui règne sur le théâtre en paroles qui rappellent Euripide ou Platon. » Y a-t-il un dieu plus grand que l'amour, et qui soit plus digne d'adoration ? Non, il n'est pas un homme si avare et d'un caractère si mesquin, qui ne réserve encore pour ce dieu une part de son bien ; ceux envers qui il est doux, et qui sont dans la jeunesse, sont soumis à cette loi. Mais ceux qui ont tardé jusqu'à la vieillesse pour s'acquitter envers lui, doivent lui payer en outre les intérêts du temps passé (8). » Et ailleurs : « O ma maî-

---

(1) Phèdre, *Fab.*, VI, 1.
(2) XXX, 2.
(3) Περὶ γυναῖκας ἐκμανέστατος. II, 531.
(4) *Athénée*, XIII, 594.
(5) *Fragm. com. græc.*, ed. Meincke, t. II, p. 981.
(6) Cité par Stobée, p. 393.
(7) Ovide, *Trist.*, II, 370.
(8) Ibid., 913.

tresse, rien n'est plus fort que l'amour, pas même Jupiter qui commande aux dieux du ciel (1) ! » Mais cet amour que peint Ménandre n'est plus l'instinct sensuel que les comiques antérieurs avaient surtout représenté. C'est une affection morale, et presque une souffrance. « A quoi donc, dit le poëte, tient le charme qui nous enchaîne? à la vue de la beauté? chansons! car alors tous les hommes seraient épris de la même femme. Tous les yeux jugent également la beauté. Ce qui captive les amants, c'est je ne sais quelle volupté qu'ils trouvent dans la possession. Pourquoi donc l'un, après avoir joui de cette femme, n'éprouve-t-il rien de pareil, mais la quitte-t-il en plaisantant, tandis que l'autre meurt d'amour? C'est l'occasion qui fait naître le mal de notre âme; c'est dans le cœur que chacun porte le trait qui le déchire (2). » Nous sommes encore loin sans doute de l'amour platonique ou chevaleresque. Dès que l'on peut renouer les fils brisés d'une intrigue de Ménandre, on entrevoit tantôt une jeune fille esclave convoitée et achetée par quelque fils de famille, tantôt une vierge déshonorée à la faveur du désordre des fêtes nocturnes. Mais nous sommes pareillement loin du libertinage intempérant et systématique. Ce qui charme les amoureux de Ménandre, ce n'est pas seulement la grâce du corps, mais aussi la grâce de l'esprit. L'hétaïre avait toutes les séductions; elle enchantait les artistes et les sages, Aristote et Apelles, Epicure et Platon. Elle était belle, spirituelle et joyeuse.

(1) Ovide, *Trist.*, 906.
(2) Stobée, LXIII, 34.

On aimait en elle et sa jeunesse et ses talents. « Elle n'est plus, Bacchis la belle! écrit un personnage d'Alciphron; ô cher Euthyclès, elle n'est plus! Elle ne m'a laissé que des larmes et le souvenir d'un amour aussi triste aujourd'hui qu'il fut délicieux... Qu'elle parlait bien! quel visage! quel chant digne des sirènes!.. Adieu aux gaies chansonnettes après le repas! adieu à ces doigts d'ivoire qui éveillaient la lyre endormie! Qu'est-elle maintenant, la fille chérie de toutes les Grâces (1)? »

Ainsi l'amour, dans la nouvelle comédie, ne fut pas moins une émotion de l'âme qu'une ardeur des sens. C'est pourquoi, malgré la mutilation de ces œuvres charmantes, il se révèle à nous tantôt profond, tantôt naïf. Ecoutez les plaintes de l'*Ephèbe* de Philémon: « Non, l'orage ne tombe pas seulement sur ceux qui vont en mer, mais aussi sur les simples promeneurs des portiques, et sur ceux mêmes qui restent renfermés dans leurs maisons. Et les navigateurs, après un jour ou une nuit de mauvais temps, sortent d'embarras et se sauvent, car le bon vent s'est levé ou le port a paru. Mais pour moi il n'en est pas ainsi : la tempête que j'essuie durera plus d'un jour, ma vie tout entière; et ma souffrance devient toujours plus grande (2). »

Ménandre, en son *Eunuque*, peignit l'amour ingénu, et Térence, le demi-Ménandre, a conservé

---

(1) *Epist.*, edid. Meincke, A. 38.

(2) .... οὐκ εἰς ἡμέραν
Κειμάζομαι μίαν γάρ, εἰς τὸ ζῆν δ'ὅλον,
Ἀεὶ τὸ λυπεῖσθαι δὲ μεῖζον γίνεται.
(*Fragm.*, Meincke, t. II, 826.)

toute sa grâce au jeune héros que l'on a bien surnommé le *Chérubin* de la scène antique (1). L'adolescent Chérestrate a peur d'aller vers sa maîtresse. « Que faire? n'irai-je pas à elle si la première elle m'appelle (2)? » Et plus tard, c'est encore lui sans doute, qui, enthousiaste, et ne touchant plus à la terre, raconte ainsi le bonheur qu'il a goûté pour la première fois : « Non, par Minerve, mes amis, je ne saurais trouver d'image pour vous rendre ce que j'ai alors éprouvé ; je cherche en moi-même ce qui tue le plus vite. Une trombe? mais tandis qu'elle tournoie, fond sur vous, vous écrase et vous brise, une éternité s'écoule ; un naufrage en pleine mer? mais on peut respirer et crier Jupiter sauveur ! ou encore « accroche-toi aux cordages, » puis attendre la seconde et la troisième vague qui vous engloutit ; on peut saisir une épave ! mais moi, à peine l'eus-je prise entre mes bras et embrassée, que je me sentis m'abîmer (3). » L'amour ingénu naît aux heures printanières de la première jeunesse, lorsque la sensation s'éveille et que l'âme est vierge encore, à la fois charmée et surprise des émotions inconnues qui l'agitent. La peinture en est aimable, même sous le pinceau maniéré de Longus. Que l'on ôte au Chérubin de Mozart un

---

(1) M. Ch. Benoît, *Essai sur la Comédie de Ménandre*, p. 19. — Terenc., *Eunuch.*, acte V, sc. 8 et 9 : « Quidnam hic properans prosilis? — *Chærea.* O populares! Ecquis me hodie vivit fortunatior?—Nemo, hercle, quisquam : nam in me plane Di potestatem suam — Omnem ostendere, cui tam subito tot contigerint commoda... Scis sponsam mihi? »

(2) *Fragm.*, Meineke, II, 903.

(3) Ibid., p. 970.

peu de sa timidité et de sa pureté enfantines, et l'on aura sans doute le Chérestrate de Ménandre :

> Non so più cosa son, cosa faccio,
> Or di foco, ora sono di ghiaccio;
> Ogni donna cangiar di colore,
> Ogni donna mi fa palpitar.
> Solo ai nomi d'amor, di diletto,
> Mi si turba, mi s'altera il petto...
> . . . .
> Voi che sapete
> Che cosa è amor,
> Donne, vedete
> S'io l'ho nel cor.

Il faut donner à l'adolescent amoureux de Ménandre la beauté, l'âge et le sourire rêveur de l'Amour ou du Faune de Praxitèle.

Une dernière grâce s'ajoute au génie de Ménandre : la tristesse. Aux dieux seuls, tels que les avait montrés le plus grand sculpteur du siècle, il était permis de goûter une inaltérable sérénité. Le poëte et l'artiste sont partis d'une même conception : la beauté, la félicité, la vie, pour les dieux et pour les mortels, sont dans cette volupté tranquille qui passe des sens à l'âme, et dont l'âme jouit autant que les sens. Mais les dieux sont éternels et bienheureux, et aucune souffrance ne chassera le sourire des lèvres du Cupidon et du Bacchus de Praxitèle. Ménandre, borné au cercle étroit des passions humaines, connaît la fragilité et les retours des joies d'ici bas. « O Parménon, dit-il, il n'en est pas du bonheur de cette vie comme d'un arbre qui pousse d'une seule racine : à côté du bien croît aussi le mal;... la vie est petite, et vite écoulée (1). » Parfois on rencontre dans les fragments de ce poëte grec des pensées étranges, et des images qui font songer à un autre temps. « Quand tu veux savoir qui tu es, regarde, en passant sur les chemins, les tombeaux qui les bordent. Là sont les os et la poussière légère des rois, des tyrans et des sages, de ceux qui étaient très fiers de leurs ancêtres et de leurs richesses, de leur gloire et de la beauté de leur corps. Mais le temps n'en a rien épargné. La tombe est le rendez-vous commun de tous les hommes (2). » Les choses éphémères de ce monde n'ont plus pour lui de prestige, sinon la nature, dont la beauté et la joie n'ont aucun déclin. « O Parménon, j'appelle un homme heureux et le plus heureux de tous celui qui s'en retourne de bonne heure là d'où il est venu, après avoir contemplé sans chagrin les magnificences augustes de la nature, le soleil qui se répand partout, les astres, l'eau, les nuages et le feu ; qu'il vive un siècle ou quelques courtes années, ce spectacle sera toujours le même, jamais il n'en verra de plus magnifique (3). » La mort est donc moins un mal qu'une délivrance. Celui que les dieux chérissent meurt jeune (4).

C'est ainsi que la comédie de Ménandre mêlait à des scènes passionnées les réflexions sérieuses et mélancoliques qui sont plus familières qu'on ne le croirait aux époques voluptueuses. Par un hasard digne

---

(1) Μικρόν τι τὸ βίου καὶ στενὸν ζῶμεν χρόνον. *Fragm.*, Meincke, II, p. 948.
(2) *Comp. Men. et Philem.*, p. 361.
(3) *Fragm.*, Meincke, II, p. 958.
(4) Ὂν οἱ θεοὶ φιλοῦσιν ἀποθνήσκει νέος. Ibid., p. 891.

d'être remarqué, la statue du poëte a été placée au fond de la galerie du Vatican où sont rangés un des Cupidon, l'Apollon *Sauroctone,* le Bacchus et le Faune de Praxitèle. Lorsqu'on a passé devant ces dieux charmants et insouciants, on s'arrête, comme à la fin du siècle qui avait vu Praxitèle, en face de cette figure grave, bienveillante et pensive de Ménandre, sur le front de qui la méditation attristée a creusé des rides.

Peu d'années après la mort d'Alexandre, et lorsque les arts, la poësie et les mœurs publiques avaient déjà donné à cette époque son caractère original, apparut le philosophe — *graiæ gentis decus* — qui seul, par sa métaphysique et ses doctrines morales, résuma toutes les idées et toutes les croyances dont l'ensemble avait constitué le génie grec durant près de cent années, et produit tour à tour Praxitèle, Apelles et Ménandre.

La philosophie tout entière d'Epicure tend à un problème unique : la recherche du bonheur. Une école de moralistes qui s'était produite après Socrate, la secte d'Aristippe *le Cyrénaïque*, avait cru résoudre ce problème en proposant à l'homme ce que l'on appelait alors « la volupté ou le plaisir en mouvement, » ἡδονὴ ἐν κινήσει, c'est-à-dire tous les plaisirs sensuels, goûtés à l'excès, et tels que les comprenaient les personnages de la moyenne comédie. Epicure opposa à Aristippe sa doctrine du *plaisir en repos*, ἡδονὴ καταστηματική, ou de *l'ataraxie,* par laquelle il expliqua la vie divine, et régla la vie humaine.

Epicure ne fut pas un athée : il descendait directement d'Aristote, et niait la Providence, mais non les dieux. Seulement, au lieu d'entraîner vers l'Etre absolu, par la force de l'amour et de l'intelligence, l'univers infini, il l'abandonnait au hasard, et reléguait dans un ciel inaccessible ses dieux fortunés et égoïstes. Lucrèce, son plus grand disciple, a décrit, en égalant Homère, cet Olympe d'Epicure :

> Apparet Divom numen, sedesque quietæ :
> Quas neque concutiunt ventei, nec nubila nimbis
> Adspergunt; neque nix, acri concreta pruina,
> Cana cadens violat; semperque innubilus æther
> Integit, et large diffuso lumine ridet.
> Omnia suppeditat porro natura, neque ulla
> Res animi pacem delibat tempore in ullo (1).

Les manuscrits d'Herculanum confirment ce que les dialogues philosophiques de Cicéron nous apprenaient sur le bonheur des dieux d'Epicure. Les dieux n'ont ni besoins, ni passions, car alors ils seraient semblables à l'humanité. Ils vivent immortellement, sans désirs et sans soucis, étrangers au monde, laissant l'homme s'agiter loin de leurs regards, sans espoir de récompense et sans crainte de châtiment. « L'Etre bienheureux et incorruptible, disait Epicure, ne s'inquiète de rien, et n'inquiète personne (2). » « Nous avons le droit d'appeler notre dieu bienheureux, disait l'interlocuteur épicurien de Cicéron au défenseur des idées stoïciennes, et le vôtre un dieu chargé de fati-

---

(1) III, 18.
(2) Τὸ μακάριον καὶ ἄφθαρτον οὔτε αὐτὸ πράγματα ἔχει, οὔτε ἄλλῳ παρέχει. *Monum. d'Herculan., Philodemos*, tabl. VI. — Cicéron, *de Nat. Deor.*, I, 17 : « Quod æternum beatumque sit, id nec habere ipsum negotii quidquam, nec exhibere alteri : itaque neque ira, neque gratia teneri, quod, quæ talia essent, imbecilla essent omnia. »

gues. Car si le monde est Dieu, qu'y a-t-il de moins tranquille que ce mouvement qui l'emporte sans relâche, d'une vitesse prodigieuse, autour de l'axe du ciel? Et là où n'est pas le repos, n'est pas le bonheur (*nisi quietum autem, nihil beatum est*). S'il y a dans le monde un dieu qui règne, qui gouverne et maintienne le cours des astres, le changement des saisons, l'ordre et les vicissitudes des choses, qui contemple les terres et les mers, et protége le bonheur et la vie des hommes, quel dieu embarrassé d'affaires fâcheuses et difficiles! Pour nous, nous plaçons la vie heureuse dans la sécurité de l'âme, et dans l'exemption de tout travail (1). » Le Dieu d'Epicure rappelle, par son indifférence absolue, le Dieu d'Aristote : seulement la détermination essentielle de l'âme divine a changé ; mais la pensée infinie de l'un ne surpasse pas en sérénité l'infinie volupté de l'autre.

« L'homme, disait Epicure, a besoin de plaisir, puisque l'absence du plaisir est une souffrance (2). » Et Torquatus, dans le *de Finibus,* développe ainsi la doctrine du maître : « Nous ne poursuivons pas seulement ce plaisir qui émeut la nature humaine par sa douceur suave, et que les sens connaissent avec jouissance ; mais nous regardons comme la plus grande volupté celle que l'on ressent dans l'absence de toute douleur. Lorsque nous sommes libres de souffrance, nous nous réjouissons d'être à l'abri des ennuis qu'elle entraîne ; or tout ce qui cause de la joie est un plaisir, tout ce qui attriste, une douleur ; ne pas souffrir c'est

---

(1) *De Nat. Deor.*, I, 20.
(2) Diog. Laër., *Epic.*, 128.

donc goûter du plaisir... Aussi Epicure n'a pas cru qu'il existe un état intermédiaire entre la souffrance et la volupté... Il pense que la privation de la douleur est le terme de la volupté suprême ; on peut encore la modifier et la varier, mais non pas l'augmenter.... Imaginons un homme jouissant sans cesse des plus grands plaisirs de l'âme et du corps, sans qu'aucune souffrance l'empêche ni le menace ; quel état plus heureux et plus préférable?... Les passions sont insatiables : elles ruinent les individus et les familles entières ; elles détruisent même les républiques. Elles engendrent haines, querelles, discordes, séditions et guerres. Non seulement elles produisent en dehors leurs effets, et, d'un élan aveugle, tombent sur autrui ; mais, renfermées dans l'intérieur des âmes, elles se contredisent et se combattent. Aussi rendent-elles l'existence très amère... Il faut rechercher la tempérance, parce qu'elle apporte la paix aux passions, les met en harmonie, et les adoucit... O quelle belle voie, large, simple et droite vers la vie bienheureuse!.. Mais cet Epicure que vous dites plongé dans les voluptés extrêmes vous crie que l'on ne peut vivre heureusement sans sagesse, sans honnêteté et sans justice... Les maladies de l'âme, vous dit-il, sont le désir immense et vain des richesses, de la gloire, de la puissance, et des plaisirs sensuels... Les enfants même, les animaux à qui la parole est refusée, guidés et enseignés par la nature, vous disent à leur tour qu'il n'y a de fortuné que le plaisir, et de douloureux que la souffrance ; et rien n'a altéré la rectitude de leur jugement. Mais ne devez-vous pas la plus grande reconnaissance au sage qui, entendant cette voix de la nature, a si bien compris ses enseignements solennels qu'il a voulu conduire l'humanité dans le chemin de la vie paisible, tranquille, insouciante et bienheureuse (1). » L'idéal de la vie humaine, suivant Epicure, cette joie de l'âme qui a pour principe l'absence des soucis et la santé du corps, a été décrit poëtiquement par Lucrèce dans son tableau des mœurs pastorales. « ... Les hommes jouaient de doux refrains sur la flûte qui résonne sous les doigts du musicien... Telles étaient les joies dont ils s'enchantaient, avec une nourriture abondante, car alors toute chose plaît au cœur. Souvent, réunis, couchés dans les touffes de gazon, près d'un ruisseau, sous les branches d'un grand arbre, ils se trouvaient heureux, avec peu de richesses, surtout quand souriait un beau jour, et que la saison diaprait de fleurs les herbes verdoyantes (2). »

Les idées d'Epicure étaient partagées par les esprits distingués de son temps. Ménandre disait : « Par Minerve, c'est une belle chose que l'honnêteté, et, après tout, la meilleure ressource qu'on ait encore dans la vie (3). » Et Philémon : « Les philosophes cherchent, m'a-t-on dit, et cherchent en perdant beaucoup de temps, ce qu'est le bien, et personne ne l'a encore trouvé ; ils nomment la vertu et la sagesse, et parlent de tout, mais non du bien. Dans mon champ, et tandis que je bêchais ma terre, je l'ai trouvé : c'est la paix (4). »

---

(1) *De fin. bon. et mal.*, I, *passim*.
(2) V. 1380.
(3) Stobée, XXXVII, 18.
(4) *Fragm.*, Meincke, par. II, p. 834.

La paix était alors l'aspiration de toutes les grandes âmes qui, après la chute de la liberté et de l'autonomie helléniques, et la ruine commençante de l'œuvre d'Alexandre, entrevoyaient avec angoisse les incertitudes de l'avenir. A la suite de l'âge spiritualiste et intellectuel de Périclès, de Phidias, de Socrate et de Sophocle, le génie grec était revenu, par les arts et la morale, à la vie sensible ; mais ses plus grands représentants, ses artistes et ses philosophes, Praxitèle, Ménandre, Epicure, le maintinrent dans cette modération et cette mesure qui ont toujours été parmi les qualités dominantes de l'esprit hellénique. Les moralistes crurent découvrir le bonheur dans cette joie tempérée et sereine de l'âme où la sculpture, la peinture et la poësie avaient trouvé la beauté.

CHAPITRE VIII.

Lysippe et la décadence de la sculpture après Praxitèle.

SOMMAIRE : Influence de Praxitèle sur le génie de Lysippe. Influence de Polyclète. Signes de décadence : recherche de l'*effet*. Sculpture colossale. Le *réalisme*. Ecoles de Rhodes et de Pergame. Le groupe de Laocoon. L'Hercule Farnèse. Conclusion.

Notre travail ne serait pas complet si nous ne montrions ce que devint la sculpture après Praxitèle, comme nous avons montré ce qu'elle fut avant lui. Il nous reste donc à nous arrêter quelque temps près de Lysippe, et à chercher en lui, ainsi que dans les monuments de l'école de Pergame et de l'école de Rhodes, les premiers signes de la décadence de l'art.

On peut, d'après l'indication de Pline (1), renfermer entre 330 et 320 le moment le plus florissant de Lysippe. Quelques critiques ont prétendu qu'il avait précédé Praxitèle lui-même dans la carrière, se fondant sur un texte de Pausanias, qui attribue au sculpteur sicyonien la statue de l'athlète Troïlos, vainqueur

(1) XXXIV, 51.

dans la 102° olympiade (372) (1). Mais il faudrait alors reculer Lysippe jusqu'en 408, date de la victoire de Polydamas, dont Pausanias vit aussi la statue (2). On doit donc s'en tenir au temps marqué par Pline et que confirme, outre un récit d'Athénée, la faveur dont jouissait Lysippe à la cour d'Alexandre. Lysippe aurait modelé pour Cassandre un vase en argile, à l'époque où ce général fondait Cassandrie, c'est-à-dire au plus tôt en 316 (3). Cet artiste eut donc sous les yeux tous les chefs-d'œuvre de Praxitèle. Il atteignit à une vieillesse avancée, s'il faut en croire une épigramme qui l'appelle γέρων (4). Pline évalue à 1,500 le nombre des ouvrages laissés par Lysippe.

Lysippe prétendait n'avoir eu d'autre maître que la nature (5). Mais il disait aussi que le *Doryphore* de Polyclète lui avait servi de modèle (6). Enfin il dut beaucoup à l'influence de Praxitèle. Il est facile de reconnaître dans les œuvres de Lysippe les traditions des deux grands sculpteurs.

L'inspiration de Praxitèle est visible dans les sujets qui suivent : le groupe en bronze d'Apollon et de Mercure se disputant le prix de la lyre (7); le Bacchus d'airain mentionné par Lucien (8); le Satyre, ou,

(1) Pausan., VI, 1, 2.
(2) VI, 5, 1.
(3) Athén., XI, 784. — Diod. Sic., XIX, 52.
(4) *Anal.*, III, 35.
(5) Eum enim interrogatum quem sequeretur antecedentium, dixisse demonstrata hominum multitudine naturam ipsam imitandam esse, non artificem. — Pline, XXXIV, 65.
(6) Polycleti Doryphorum sibi magistrum fuisse aiebat. — Cicéron, *Brutus*, 86.
(7) Paus., IX, 30, 1.
(8) *Jup. Trag.*, 12.

suivant quelques manuscrits, un groupe de satyres que l'on voyait à Athènes (1); le Cupidon de bronze que Lysippe exécuta pour les Thespiens, un certain nombre d'années après l'Amour de Praxitèle (2). Nous savons que Quintilien rapprochait Lysippe de Praxitèle pour la *vérité* plastique de ses ouvrages (3). Il donna donc aux divinités que nous venons de citer la grâce idéale et séduisante à la fois, que le sculpteur athénien avait répandue sur les formes jeunes et délicates de ses dieux. Toutefois on ne connaît de Lysippe aucune statue de Vénus. Pline signale parmi ses principaux mérites l'élégance et l'agrément dont s'éloigna son fils Euthycrates (4). Enfin Lysippe se rattachait probablement encore, par les qualités pathétiques, à cette école attique et ionienne qui avait produit le groupe de Niobé et de ses enfants. Le vers de Properce,

Gloria Lysippi est animosa effingere signa (5),

peut s'expliquer aussi bien par l'expression des sentiments profonds (*animi*) que par la représentation de la vie physique (*anima*). D'ailleurs il est des émotions morales qui ne font que redoubler, sur la physionomie, l'intensité de la force vitale. Le buste en marbre d'Alexandre mourant, qui est aux *Offices* de Florence,

---

(1) Pline, XXXIV, 64 : *Satyrorum turmam.*
(2) Θεσπιεῦσι δὲ ὕστερον χαλκοῦν εἰργάσατο Ἔρωτα Λύσιππος, καὶ ἔτι πρότερον τούτου Πραξιτέλης. Pausan., IX, 27, 3.
(3) Ad veritatem Lysippum ac Praxitelem accessisse optime affirmant. — XII, 10.
(4) Quanquam is, constantiam patris potius æmulatus quam elegantiam, austero maluit genere quam jucundo placere.—XXXIV, 66.
(5) III, 7, 9.

en fournit la preuve. Ce buste, un des plus rares chefs-d'œuvre de la sculpture grecque, une des énigmes de l'archéologie, suivant Ottfried Müller (1), est généralement attribué à Lysippe. Il reproduit certainement le type d'Alexandre, tel que le montrent les médailles antiques et les figures du Louvre, du Capitole et du musée de Naples. Lysippe avait représenté Alexandre un très grand nombre de fois et à tous les âges (2). Tout porte à croire que lui seul fut jugé digne de le montrer à sa dernière heure. On ne saurait assigner cette œuvre à Praxitèle, non qu'il dût être alors d'un âge trop avancé; mais aucun témoignage n'indique de relations entre Alexandre et cet artiste; et nous pensons qu'athénien de naissance, élevé et travaillant à Athènes, Praxitèle demeura toujours dans ce parti patriotique, peu favorable au Macédonien, que représentait Démosthènes.

La tête d'Alexandre, légèrement inclinée de gauche à droite, se relève avec un mouvement admirable : l'intelligence y éclate; les cheveux, retombant en touffes bouclées, découvrent le front; les yeux regardent au ciel avec supplication; la bouche s'entr'ouvre comme pour jeter une parole. On ne voit sur ce beau visage ni contraction, ni désordre, aucune agonie. La douleur de l'âme seule le pénètre. Cette tête mourante est encore pleine de génie. « L'âme, dit Homère, s'envole du corps, pleurant sur sa destinée :

« Ὃν πότμον γοάωσα, λιποῦς'ἀδροτῆτα καὶ ἥβην. »

(1) *Manuel d'archéol.*
(2) Fecit et Alexandrum magnum multis operibus, a pueritia ejus orsus. — Pline, XXXIV, 64.

Lysippe, en exagérant ou en altérant les principes de Polyclète, commença la décadence de la sculpture antique.

Il se tournait, en même temps que son contemporain Euphranor, vers l'étude de la beauté corporelle et la représentation de la force héroïque et athlétique dont l'école d'Argos avait naguère recherché l'idéal. Nous nous rappelons que la mesure avait été une des qualités de l'art de Polyclète. Lysippe l'abandonna, et tendit, par les proportions nouvelles qu'il imagina, et par l'exécution plus raffinée des détails, à imprimer à ses œuvres ce caractère particulier que l'on appelle l'*effet*. Les écoles qui suivirent et qui procédèrent toutes de Lysippe présentent à un degré remarquable le même caractère, auquel elles durent plus de défauts encore que de mérites. Car c'est une nécessité que l'art s'abaisse dès qu'il s'efforce surtout d'exciter la surprise et l'étonnement.

Lysippe inventa un *canon* nouveau que Pline indique en ces mots : « *Capita minora faciendo quam antiqui; corpora graciliora, siccioraque, per quæ proceritas signorum major videretur... nova intactaque ratione quadratas veterum staturas permutando* (1). » Ces dernières lignes expliquent très bien les suivantes : « *Vulgoque dicebat ab illis factos, quales essent, homines; a se, quales viderentur esse.* « Ces paroles ne signifient pas que les prédécesseurs de Lysippe fussent les imitateurs serviles de la réalité, et que le sculpteur de Sicyone découvrît l'idéal qu'ils auraient ignoré. Il

---

(1) XXXIV, 6. — L'athlète au *strygile* du Vatican, dont on attribue l'original à Lysippe, a été composé d'après cette nouvelle mesure.

faut, pour demeurer d'accord avec l'histoire de l'art, les commenter ainsi : Les anciens tiraient leur idéal de la nature même; Lysippe conçut le sien en dehors de la réalité.

Il rechercha l'effet non moins dans les détails les plus délicats du corps humain, dans la finesse ondoyante de la chevelure, par exemple (1), que dans la mesure trop colossale des proportions. Son Jupiter de Tarente était haut de quarante coudées, beaucoup plus élevé par conséquent que le Jupiter Olympien, qui avait 40 pieds. Son équilibre, dit Pline, était si parfaitement établi qu'on pouvait le mouvoir d'une seule main, et sans que le vent, si violent qu'il fût jamais, pût le renverser (2). L'Hercule de bronze de Lysippe, placé d'abord à Tarente, fut porté au Capitole par Fabius Maximus, puis dans l'hippodrome de Byzance au temps de Constantin. Les Vénitiens le fondirent lors de leur croisade. Le chroniqueur byzantin Nicétas-Choniata, qui s'indigne de la barbarie de ces étrangers ennemis des beaux-arts (3), a décrit ce colosse. Il était assis sur une peau de lion « dont la tête farouche semblait pousser un rugissement, et effrayait la multitude oisive de ce lieu; » il ne portait ni arc ni carquois : il étendait en avant, dans toute leur longueur, sa main et son pied droits; sa jambe gauche, repliée, soutenait son coude où s'appuyait sa tête at-

---

(1) Propriæ hujus videntur esse *argutiæ operum* custoditæ in minimis quoque rebus. — Statuariæ arti plurimum traditur contulisse, capillum exprimendo. — Pline, ibid.

(2) Ibid. Id quidem providisse et artifex dicitur, modico intervallo, unde maxime flatum opus erat frangi, opposita columna.

(3) Οἱ τοῦ καλοῦ ἀνέραστοι οὗτοι βάρβαροι.

tristée: le héros semblait déplorer les travaux auxquels Eurysthée l'avait condamné. Tous ses membres étaient en proportion avec son énorme taille. Un ruban tourné autour de son pouce pouvait servir de ceinture à un homme fait (1).

Le fameux colosse de Rhodes surpassa encore en grandeur l'Hercule de Tarente. Il fut l'œuvre de Charès, artiste rhodien, et élève de Lysippe. « Il avait, rapporte Pline, 70 coudées de haut. Cette statue, cinquante six ans après qu'on l'eut élevée, fut renversée par un tremblement de terre, et aujourd'hui encore, malgré sa chute, elle excite l'étonnement. Peu d'hommes peuvent embrasser son pouce. Ses doigts seuls sont plus longs que la plupart des statues (2); de profondes cavernes s'ouvrent dans ses membres brisés. On aperçoit au dedans des pierres énormes par le poids desquelles l'artiste avait affermi l'équilibre du colosse. » Les restes de cette statue furent vendus au VIIe siècle par un sultan sarrazin. Cédrénos prétend que l'on en chargea neuf cents chameaux (3).

C'est ainsi que la sculpture grecque perdait peu à peu le culte de la beauté idéale. L'invention qui illustra Lysistrate, frère de Lysippe, est encore un signe de décadence. « Le premier, dit Pline, il prit avec du plâtre l'empreinte de la figure humaine; il versait de la cire dans ce moule, et corrigeait ensuite cette première épreuve. Il s'efforça de rendre seulement la

---

(1) *Histor.*, edid. Niebuhr, p. 859.
(2) Majores sunt digiti quam pleræque statuæ... — Pline, XXXIV, 41.
(3) Ὃν ὠνησάμενος ἔμπορος ἐννακόσια καμήλια ἐφόρτωσε τὸν χαλκόν. *Histor. compend.*, ed. Niebuhr, t. I, p. 755.

plus parfaite ressemblance possible : auparavant on ne cherchait qu'à exécuter les œuvres les plus belles (1). Lysistrate découvrit aussi l'art de reproduire le moule des statues, et cet art prit tant d'importance, qu'on ne fit plus de statues sans épreuve d'argile. » La sculpture ne devait-elle pas perdre à ces perfectionnements du procédé mécanique qui mettent l'industrie à la place de l'art?

Avec l'école de Pergame qui florissait dans la seconde moitié du III° siècle, la sculpture grecque perdit encore quelques-unes de ses qualités originelles. Plus on s'éloigne des anciens foyers de l'art, d'Athènes et d'Argos, plus les anciennes traditions s'altèrent et disparaissent. Ce qui distingue particulièrement l'école de Pergame, c'est une tendance à l'abandon du type grec qui avait été, suivant la remarque profonde d'Hégel, plus favorable qu'aucun autre à la manifestation de la beauté. « Le profil grec, dit-il, ne peut être regardé nullement comme une forme extérieure ou accidentelle; il appartient à l'idéal de la beauté absolue, parce que c'est seulement dans cette conformation de la figure que l'expression de l'esprit refoule entièrement l'élément physique sur un plan inférieur, et, en second lieu, se dérobe le plus aux accidents de la forme, sans cependant montrer une simple régularité, et bannir toute individualité (2). »

Un seul texte de Pline nous fait connaître cette école. « Plusieurs artistes représentèrent la bataille

---

(1) Hic et similitudinem reddere instituit : ante eum quam pulcherrimas facere studebant. — XXXV, 153.
(2) *Esthétique*, traduct. Bénard, t. III, p. 211.

d'Attale et d'Eumènes contre les Gaulois, Isigonos, Pyromachos, Stratonikos et Antigonos qui écrivit aussi un livre sur son art (1). » L'archéologue Nibby, rapprochant, dans un travail ingénieux (2), du guerrier mourant du Capitole tous les caractères du type gaulois, suivant les anciens mêmes, reconnut dans cette œuvre un combattant barbare. Lord Byron l'a admiré et célébré :

> I see before me the gladiator lie;
> He leans upon his hand, his manly brow
> Consents to death but conquers agony,
> And his drooped head sinks gradually low (3).

Le groupe de la villa *Ludovisi*, longtemps surnommé *Pœtus et Arria*, nous montre encore un Gaulois qui soutient d'un bras sa femme expirante et qui de l'autre dirige contre lui-même l'épée dont il vient de la frapper. Rien ne démontre sans doute que ces deux œuvres sortent de l'école de Pergame. Mais elles permettent d'apprécier combien peu l'art devait gagner s'il abandonnait le type de beauté qu'il s'était proposé jusqu'alors.

L'art grec eut encore, dans l'école de Rhodes, issue de l'école de Lysippe, un déclin brillant. Les sculpteurs qui ont composé le groupe du Laocoon n'avaient certes pas un génie médiocre. Et cependant, malgré les éminentes qualités de cette œuvre, il faut mettre quelques restrictions au jugement que l'on porte sur

---

(1) XXXIV, 84.
(2) *Effemeridi letterarie di Roma*, 1821, aprile, p. 49.
(3) *Child-Har.*, cant. IV, stanz. 140.

sa valeur. Le sujet, très tragique, imposait à l'artiste la représentation d'une douleur violente et par conséquent d'un grand trouble sur le visage et dans l'attitude des personnages. Laocoon et ses fils luttent d'un effort désespéré. Les enfants paraissent surtout épouvantés ; ils regardent vers leur père avec effroi. Laocoon est mordu au côté gauche par le serpent qu'il tâche vainement d'arracher de lui-même. Il est tout entier à sa propre souffrance ; rien dans sa pose, dans son mouvement, dans son regard, ne rappelle le père : seul, sans ses fils à droite et à gauche, il formerait un sujet complet auquel on ne voudrait rien ajouter. Mais la présence des enfants qui se débattent et crient à ses côtés exigeait peut-être l'expression d'un sentiment moins personnel. Il est incontestable que la tendance nouvelle de l'art, dans le groupe de Laocoon, est de reproduire avec plus d'effet la sensation physique poussée à un excès où elle emporte tout l'homme. Le corps commençait à intéresser plus que l'âme (1).

L'analyse d'une dernière œuvre, de l'Hercule Farnèse du musée de Naples, où l'école de Lysippe a laissé sa marque, nous semble clore naturellement cette étude, parce qu'elle montre le commencement de la dernière transformation de l'art grec, au moment où il entrait dans de nouvelles traditions, et donnait naissance à l'art romain. Cet Hercule, qu'on a peut-être trop vanté, est moins le type de la force que de la santé physique. Il répond sans doute à plus d'un trait de la description qu'Aristote a faite de l'homme

---

(1) Overbek, t. II de son *Histoire de la plastique grecque*, donne une analyse très complète du Laocoon.

robuste (1). Mais dans l'Hercule Farnèse il y a excès de force vitale. Son propre corps lui pèse, et il est obligé de l'étayer sur sa massue. Winckelmann, qui l'admira beaucoup, l'a décrit en termes justes : « Hercule est représenté se reposant au milieu de ses travaux. Le statuaire nous offre ce héros les veines gonflées, les muscles tendus et élevés avec une élasticité extraordinaire. Ici nous le voyons se reposer, échauffé en quelque sorte, et cherchant à respirer après sa course pénible au jardin des Hespérides dont il tient les pommes dans sa main. Glycon ne s'est pas montré moins poëte qu'Apollonius, en empruntant des formes surhumaines dans l'expression des muscles qui sont tendus comme des collines pressées; et l'artiste s'est proposé pour but d'exprimer l'élasticité des fibres, en resserrant les muscles, et en leur donnant une tension circulaire (2). »

Certes, l'Hercule *Idéen* du Parthénon, l'Hercule dessiné par Phidias, avec des formes plus jeunes et plus pures, avec plus de noblesse et de beauté, présentait encore plus de puissance. Mais la sculpture avait perdu le secret d'unir la force à la grâce. En même temps qu'elle faisait ressortir, à l'aide d'une science anatomique irréprochable, tous les muscles du corps humain, elle devenait chaque jour plus impuissante à reproduire l'intelligence et la passion. Mais l'art grec avait eu, durant un siècle et demi, un

---

(1) Ἀνδρείου σημεῖα τρίχωμα σκληρόν... ὀστᾶ καὶ πλευραὶ καὶ τὰ ἀκρωτήρια τοῦ σώματος ἰσχυρὰ καὶ μεγάλα... τράχηλος ἐρρωμένος... τὸ στῆθος σαρκῶδες... ἰσχίον προσεσταλμένον... *Physiognom.*, cap. III.

(2) *Hist. de l'art*, liv. VI, ch. VI.

éclat sans pareil, et l'heure de la décadence ne vint pour lui qu'après un passé unique dans l'histoire de l'humanité (1).

---

(1) On voit à la villa Albani un petit Hercule de bronze où le type de l'Hercule Farnèse est interprété d'une façon originale. Le dieu appuie son bras droit sur la hanche; il se tient plus droit et plus ferme; il semble en même temps plus robuste et plus résolu. En outre il est moins chargé de chairs et de muscles, et gagne beaucoup en souplesse et en force.

CONCLUSION

Nous croyons avoir présenté tous les documents et développé toutes les idées propres à faire connaître l'art de Praxitèle et le génie de son temps. Il nous semble qu'il y a eu un accord singulier entre les qualités du grand sculpteur et les caractères de l'esprit grec au siècle d'Alexandre. Cet esprit se modifiait et se renouvelait tout entier. L'idéal que se proposaient les artistes, les poëtes et les moralistes, n'était plus le même qu'à l'âge de Périclès; mais cet idéal nouveau n'était pas moins un idéal unique que l'on peut retrouver sous toutes les formes de l'art, dans toutes les créations de la pensée. Ainsi l'histoire de la civilisation grecque, moins d'un siècle après Périclès, montra pour la seconde fois ce spectacle, qui ne s'est plus reproduit, d'une seule et féconde inspiration vivifiant à la fois toutes les œuvres du génie humain.

Praxitèle fut donc de son temps. Il dut beaucoup à ses contemporains : néanmoins sa part d'originalité est grande encore. Il ne fut pas le premier sans doute à rechercher la beauté dans l'expression de la vie sensible de l'âme. Il fut précédé par Euripide, par Zeuxis, par Timanthe, et par Scopas. Mais il donna à ses statues ce calme, cette grâce, et comme ce sourire intérieur que l'art grec a gardés jusqu'à son déclin. Qualités charmantes qui passèrent de Praxitèle à Apelles et à Protogènes, et qui, après avoir distingué les arts du dessin, jetèrent, avant de disparaître, leurs dernières lueurs sur la poësie de Ménandre.

Nous avons donc, durant tout ce travail, comparé souvent l'art du siècle de Phidias et de Périclès, et l'art du siècle de Praxitèle et d'Alexandre. Nous voudrions, en finissant notre étude, essayer de porter un jugement sur la valeur absolue de l'art grec à cette seconde et dernière période de sa splendeur.

Ici nous rencontrons le jugement même de Platon sur l'art en général, et particulièrement sur la poësie et la musique, jugement qui, répété et développé dans vingt dialogues, ne se contredit pas une seule fois, parce qu'il dérive logiquement des théories métaphysiques et morales du philosophe. Si l'on applique à l'histoire l'idée de Platon, on est contraint de condamner, avec une rigueur systématique, la sculpture, la peinture et la poësie grecques, à partir de la guerre du Péloponèse : il faut couronner de bandelettes Euripide, Praxitèle, Apelles et Ménandre, et les reconduire jusqu'aux frontières de la république.

Platon a souvent parlé avec profondeur de l'âme humaine, de sa nature et de ses destinées. Aucun philosophe, dans l'antiquité, n'a eu plus que lui conscience de la dignité souveraine que l'homme doit à cette force pensante et libre qui l'élève au-dessus des choses passagères et le fait semblable à Dieu. Mais, trop préoccupé des réalités éternelles, Platon crut que l'âme tout entière était dans cette faculté qui conçoit l'infini, et il relégua la passion et la sensation au rang de puissances inférieures, presque toujours rebelles et nuisibles, principes de désordre et de laideur. Toute sa morale tendit à l'asservissement et à la destruction de la vie sensible au profit de la raison. Le bien de l'homme et son bonheur furent pour Platon dans la contemplation impassible des idées pures, alors que l'âme, repliée sur elle-même, inaccessible à toute émotion, à tout plaisir, à toute tristesse, regarde face à face, dans le lointain lumineux de ses réminiscences, l'immortelle vérité.

Cette conception est belle, bien qu'elle sacrifie une part de la vie humaine, et depuis Platon, les plus nobles esprits et les plus divers, tels que Plotin, saint Benoît, Spinosa, ont montré qu'un pareil idéal n'est pas au-dessus des forces de l'humanité. Mais, si belle qu'elle soit, elle n'est pas pure d'erreur. Ce qui lui manque apparaît surtout dans la théorie de l'art qu'en a tirée le philosophe.

La sensibilité étant ainsi frappée d'indignité, il était naturel que l'art pathétique, celui qui cherche à émouvoir, fût également proscrit. En effet, puisque l'art est une imitation et une reproduction de la nature, à présenter comme idéal les côtés faibles et imparfaits de la nature humaine, il s'abaisse nécessairement et se dégrade. Mais en même temps il est dangereux et corrupteur, parce qu'il réveille dans l'âme du spectateur les instincts et les passions même qu'il reproduit, et qu'ainsi il diminue en nous cette prédominance de la raison qui fait toute notre valeur morale et notre unique beauté.

On peut objecter à ce spiritualisme transcendant de Platon que l'art et la morale sont deux conceptions très différentes de l'esprit, qui impliquent chacune des idées et des vérités différentes. Toutes les deux sans doute supposent une aspiration à un idéal. Le moraliste et l'artiste s'emparent de la nature pour la corriger, la transformer et l'embellir. Mais le moraliste, qui veut rendre l'homme meilleur et plus heureux, doit amoindrir ou accroître en lui certaines passions, afin d'établir entre toutes ses tendances, tous ses désirs et toutes ses volontés, cette subordination et cet équilibre qui sont la première condition de la paix et de l'ordre intérieurs. L'artiste, au contraire, qui recherche l'expression la plus juste et la plus frappante de la vie, loin de détruire la réalité en la recomposant, fait sortir de l'ombre les traits primitifs, en agrandit les proportions, et double l'intensité des passions humaines. Le moraliste écarte l'homme du plaisir et tempère son orgueil. L'artiste s'intéresse à à tous ses instincts; il comprend et accepte tout dans l'âme, même le mal. Othello étouffant Desdémone est beau, bien que criminel. Le cœur humain a ses violences funestes comme la nature; mais les orages de l'un et de l'autre, quels que soient leurs ravages, excitent toujours la sympathie de l'artiste qui reconnaît, dans les profondeurs les plus agitées, l'épanouissement mystérieux de la force vivante.

La vie en effet, la vie complète de l'esprit, du cœur et des sens, la vie humaine avec toutes ses joies, toute sa grandeur et toutes ses faiblesses, tel est le domaine légitime de l'art. Il s'amoindrit et se nuit à lui-même dès qu'il ralentit ou règle, au nom d'une loi morale, le vol de l'âme, qui est beau surtout parce qu'il est libre, et qu'il peut d'un coup d'aile tantôt monter à ces hauteurs radieuses qu'a célébrées Platon, tantôt s'égarer dans ces régions pleines d'ombre et de tristesse, où l'âme coupable cherche vainement la paix qu'elle ne mérite plus.

Phidias, artiste formé à l'école des métaphysiciens, avait donné une forme plastique à la pensée divine. Praxitèle, venu plus tard, avec un génie moins religieux et moins profond, mais un sentiment plus vrai de l'âme et de la vie humaines, montra dans ses ouvrages ce qu'il y a de plus harmonieux et de plus aimable dans nos passions et nos émotions. L'un a revêtu de la beauté des dieux des traits humains ; l'autre a mis dans la beauté humaine la noblesse et la sérénité divines. Abstraction faite des différences de l'exécution chez les deux statuaires, différences que la disparition des œuvres originales empêche de juger avec certitude, nous pouvons dire que l'art de Praxitèle égale, par la valeur absolue de son idée philosophique, l'art de Phidias.

Cette opinion n'est pas excessive, tant que l'on considère l'art au point de vue objectif, comme manifestation d'une beauté qui existe absolument, indépendante de l'esprit humain qui ne la crée pas, mais auquel elle s'impose, et qui demeure toujours égale à elle-même au milieu de la diversité des sensations et des sentiments qu'elle fait naître. Mais puisque l'art se mêle à notre vie pour l'ennoblir ou pour la charmer, et que par là il intéresse notre moralité, il est pareillement nécessaire de l'apprécier au point de vue subjectif, c'est-à-dire comme principe d'émotions et d'action. Ce second jugement peut modifier le premier, sans qu'il y ait entre eux contradiction ou antinomie. L'art voluptueux est moins parfait que l'art plus chaste et plus intellectuel, parce qu'au lieu d'apaiser et d'élever notre âme, il la trouble et l'incline vers une vie moins pure que celle de la pensée. Par là nous nous rapprochons de la théorie de Platon ; mais comme nous avons discerné les deux points de vue distincts de l'esprit en matière d'art, nous savons dans quelle mesure il convient d'adopter cette théorie. Il ne faut point proscrire l'art voluptueux, et sacrifier Praxitèle à Phidias. Mais il faudra préférer le sculpteur du Jupiter Olympien au sculpteur de la Vénus de Cnide, tant que l'âme humaine ne sera pas assez parfaite ou assez insensible pour recevoir, sans en être émue, l'impression de tous les genres de beauté.

La sculpture de Phidias a disparu sans retour avec les croyances religieuses d'où elle était sortie. Longtemps la tradition de Praxitèle parut suivre la même fortune. L'art romain ne put atteindre à la finesse et à la grâce de l'exécution ; l'art gothique ne comprenait ni ne recherchait la beauté séduisante de la forme. Mais aux jours de la Renaissance, en Italie comme en France, plus d'un artiste retrouva et remit en honneur ces deux qualités dont l'union avait fait l'originalité et le mérite de l'art grec au siècle d'Alexandre. Aujourd'hui encore, la sculpture tend plus volontiers vers le charme que vers la sublimité des conceptions. Praxitèle est toujours un maître dont l'enseignement est vivant et utile.

FIN

TABLE

Avant-propos. 1

CHAPITRE PREMIER.
La sculpture idéaliste, expression de la vie invisible de l'âme, au moyen de la vie du corps.

Sommaire : 1° Théorie. L'art, en général, nous détourne, par la contemplation de la beauté, des imperfections de la vie réelle. Théorie de Platon, que l'art a pour point de départ la réalité. Beauté du corps humain, ses degrés et ses conditions ; vie physiologique et vie psychologique. La forme idéale, en sculpture, condition essentielle de la beauté. Expression des sensations et des sentiments. Conditions dans lesquelles la sensibilité, trop violemment excitée, produit la laideur. Le mysticisme dans l'art. Expression de la vie de l'esprit. Expression de l'activité par l'attitude et le mouvement. — 2° Histoire des idées qui influèrent sur l'art en Grèce. Socrate, dans Xénophon. Platon, *L'amour platonique*. Aristote, *Traité de l'âme*. Conclusion. 11

CHAPITRE II.
L'art grec avant Praxitèle.

Sommaire : L'Egypte et Dédale. Représentation de la vie active de l'âme. Les métopes de Sélinunte. Le soldat de Marathon. Premiers centres de l'art. Athènes. Argos. Sicyone. Egine. Calamis. Pythagore. Myron. Polyclète. La Junon d'Argos. Le *Canon*. Caractères de la beauté suivant Polyclète. Signes de décadence après Polyclète. Phidias. Les dieux d'Homère, âmes passionnées. Théodicée des philosophes : Dieu conçu comme intelligence pure. Le Jupiter Olympien. La Minerve du Parthénon. La Vénus *Uranie* de Phidias. Les métopes, les frontons et la frise intérieure du Parthénon. Les autres arts recherchent, au siècle de Périclès, le même idéal que la sculpture. Polygnote. Le Parthénon et l'ordre *dorique*. La musique *dorienne*. Sophocle. Conformité des caractères de l'art au temps de Périclès et des doctrines esthétiques de Platon. Organisation intellectuelle de la cité athénienne. Règne intellectuel de Périclès. Conclusion. 60

CHAPITRE III.
L'art grec avant Praxitèle (*suite*).

Sommaire : La politique, la morale et l'art à l'époque de la guerre du Péloponèse. Euripide. Les peintres Zeuxis, Parrhasius et Timanthe. Scopas 162

CHAPITRE IV.
Vie de Praxitèle. Ses œuvres et son école.

SOMMAIRE : Date approximative de Praxitèle. Liste de ses œuvres. Qu'il est l'auteur probable du groupe des *Niobides*. Jugements généraux et particuliers des anciens sur ses œuvres. L'art de Praxitèle et les Pères de l'Eglise. L'école de Praxitèle. 184

CHAPITRE V.
Les dieux de Praxitèle.

SOMMAIRE : Praxitèle retrouve l'âme heureuse et voluptueuse des dieux antiques. Ses dieux, sculptés à une époque philosophique, n'ont plus la puissance majestueuse des divinités d'Homère. En quoi Praxitèle fut grec. Caractère propre à l'art grec dans l'expression du bonheur sensible. Etude des dieux de Praxitèle d'après les antiques des musées de l'Italie. La Vénus de Cnide. Le Bacchus d'Elide. L'Apollon Sauroctone. Les deux Cupidon. Le Faune 216

CHAPITRE VI.
Le Groupe des Niobides.

SOMMAIRE : La légende de Niobé suivant la tradition poëtique. Les bas-reliefs de la villa Albani, de Saint-Jean-de-Latran et du Vatican. Les statues principales du groupe de Florence. 241

CHAPITRE VII.
Les arts et l'esprit public au temps de Praxitèle.

SOMMAIRE : Architecture : L'ordre *ionique* et le temple de la Victoire *sans ailes* à Athènes. Musique : le mode *ionien*. Peinture : Apelles et Protogènes. Poësie : la *moyenne* et la *nouvelle* Comédie ; caractère général des mœurs publiques ; Ménandre. Métaphysique et morale : Epicure. Conclusion 251

CHAPITRE VIII.
Lysippe et la décadence de la sculpture après Praxitèle.

SOMMAIRE : Influence de Praxitèle sur le génie de Lysippe. Influence de Polyclète. Signes de décadence : recherche de l'*effet*. Sculpture colossale. Le *réalisme*. Ecoles de Rhodes et de Pergame. Le groupe de Laocoon. L'Hercule Farnèse. Conclusion. 281

Conclusion. 293

FIN DE LA TABLE.

DIJON, IMPRIMERIE J.-E. RABUTOT.

ERRATA

Page 44, ligne 4, lisez : le rappel sonné
— 69, — 2, — Olympie.
— 69, — 26, — enfants.
— 72, — 2, — coureurs à cheval.
— 74, à la note — *des* et *Ægina*.
— 86, — — μεγαλότεχνον.
— 96, ligne 8, — Demetrius.
— 101, — 25, — Ganymède.
— 113, note 1, — νοήσεως.
— 119, ligne 11, — Aspasius.
— 128, — 1, — supprimez la deuxième virgule.
— 130, — 28, — Tzetzès.
— 156, — 28, — ἐπιθυμητικὸν.
— 163, note 1, — ὀξεῖς.
— 174, ligne 1, — fleurs.
Page 178 : Le passage cité de Properce est obscur et paraît altéré. On s'accorde généralement à rapporter les premiers vers que nous avons mentionnés à une statue d'Auguste représenté sous les traits d'Apollon.
Page 192, note 12, — *OEnophorum*.
— 196, ligne 9, — σπιλούμενόν.
— 203, — 11, — χηρεύει.
— 205, — 22, — ὑγρὸς.
— 212, — 13, — Tégée.
— 212, note 8, — Bottiger.
— 214, — 1, — χαίρουσι.
— 217, à la note — *froh*.

Page 233, ligne 19, lisez : παῖς.
— 235, note 2, — δεξιὸν.
— 237, — 2, — dall'.... vezzosamente.... gomito.... ammirarsi.... soggetto....,
— 242, — 4, — Ἐφημένη.
— 243, — 3, — aiuti.
— 248, — 2, — sie ausrufen.
— 251, au sommaire : supprimez le point après la *nouvelle*.
— 271, note 2, — χειμάζομαι.

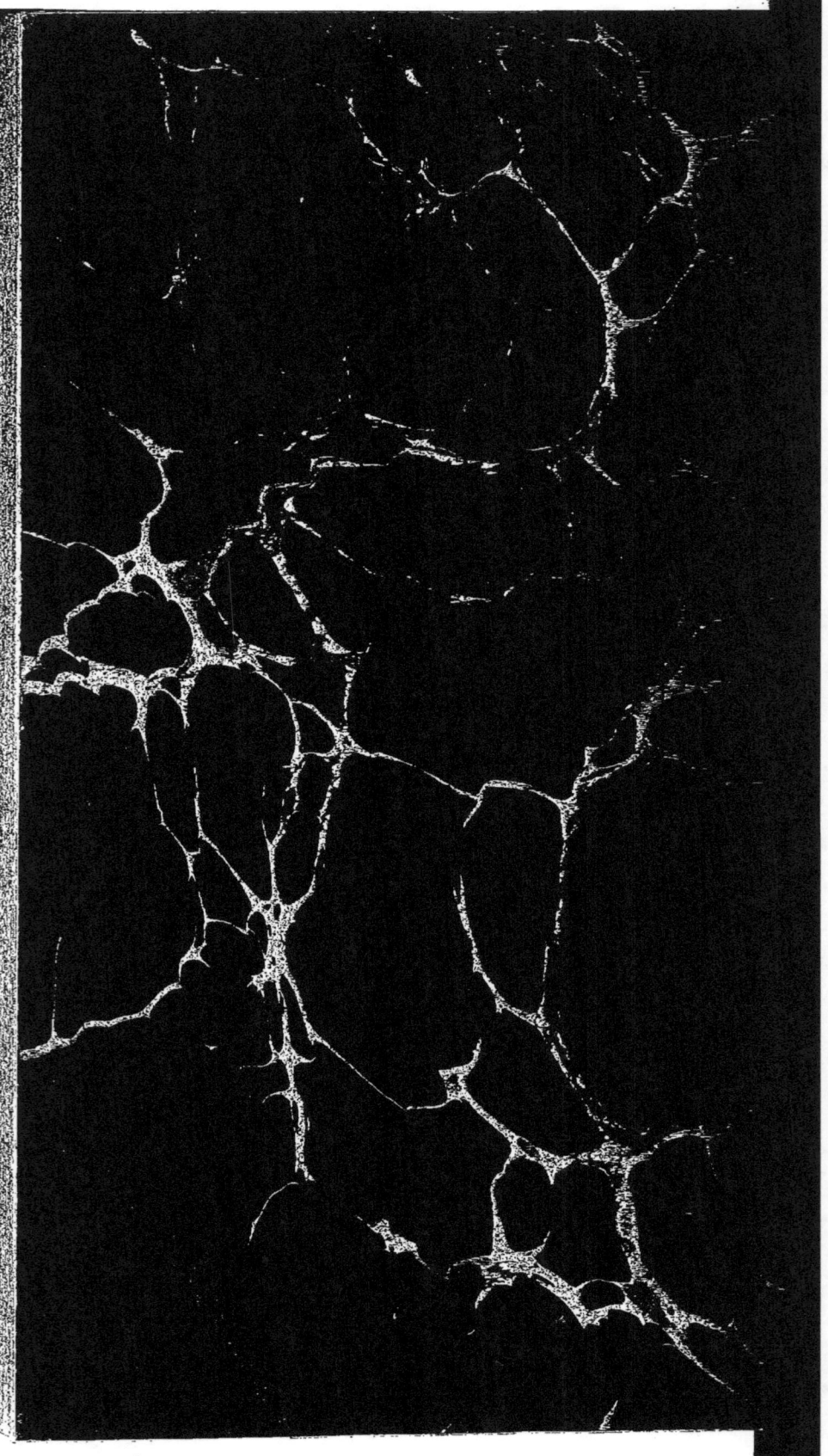

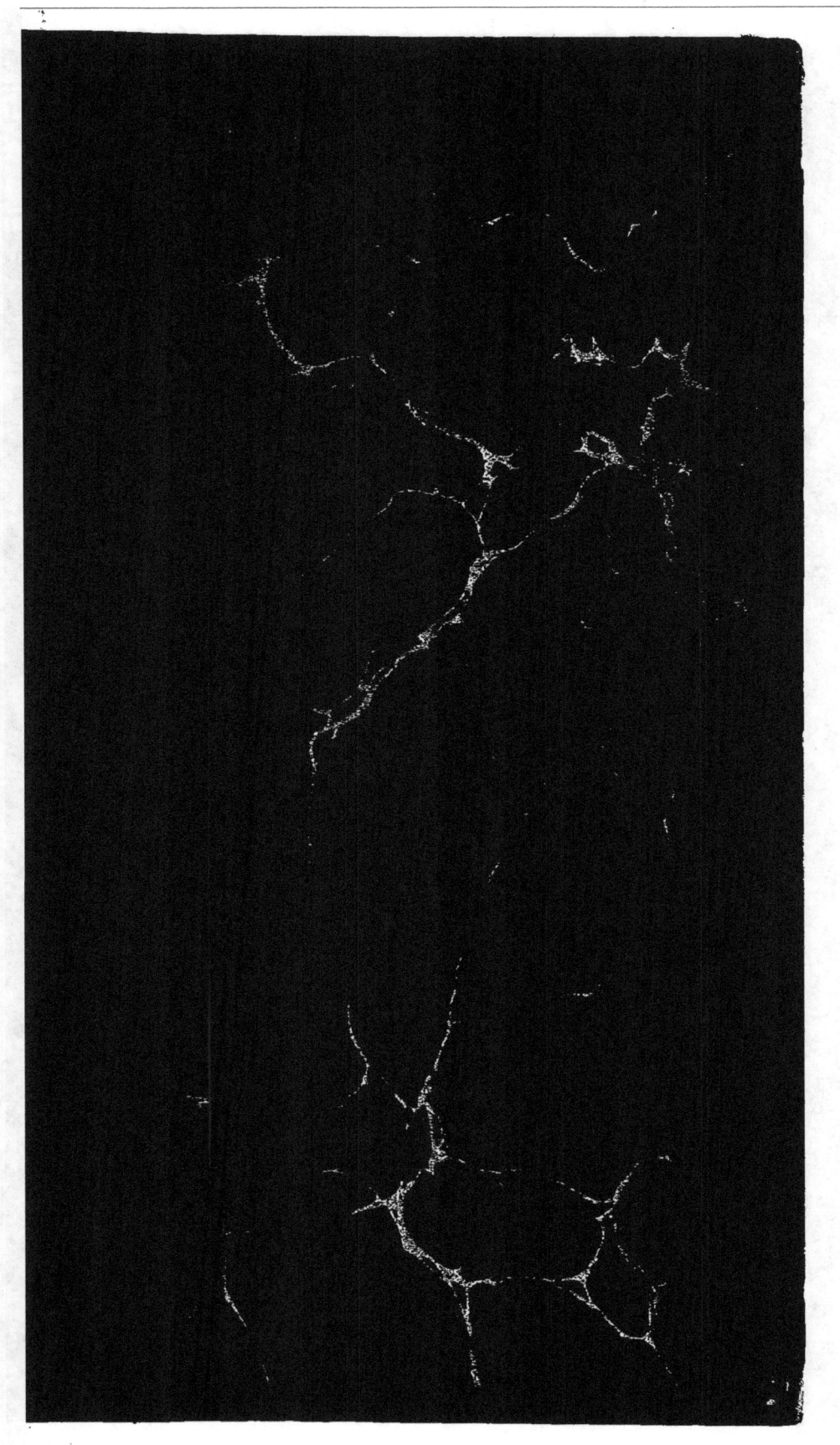